T0166175

Melanchthon deutsch

II

Theologie und Kirchenpolitik

Melanchthon deutsch

Begründet von
Michael Beyer, Stefan Rhein und Günther Wartenberg (†)

Übersetzungen
aus dem Lateinischen und Frühneuhochdeutschen
von

Michael Beyer
Siegfried Bräuer
Hans-Peter Hasse
Johannes Herrmann
Helmar Junghans (†)
Volker Leppin
Ute Mennecke-Haustein
Christian Peters
Bärbel Schäfer
Martin Treu
Günther Wartenberg (†)
Gerhard Weng (†)
Christian Winter

Melanchthon deutsch

Band 2

Theologie und Kirchenpolitik

Herausgegeben von
Michael Beyer, Stefan Rhein und Günther Wartenberg (†)

 Evangelische Verlagsanstalt · Leipzig

Bibliografische Information der Deutschen Nationalbibliothek

Die Deutsche Nationalbibliothek verzeichnet diese Publikation in der
Deutschen Nationalbibliografie; detaillierte bibliografische Daten sind
im Internet über <http://dnb.d-nb.de> abrufbar.

2., korrigierte Auflage 2011
© 1997 by Evangelische Verlagsanstalt GmbH · Leipzig
Printed in Germany · H 6527

Das Buch wurde auf alterungsbeständigem Papier gedruckt.

Gesamtgestaltung: Kai-Michael Gustmann, Leipzig
Druck und Binden: Druckhaus Köthen GmbH

ISBN 978-3-374-02832-0
www.eva-leipzig.de

Vorbemerkung zur 2. Auflage

Die Neuauflage von „Melanchthon deutsch" belegt, dass die Übersetzungen von Texten des Praeceptor Germaniae ihren Platz im Gespräch der Theologen, Historiker und Pädagogen gefunden haben. Nur wenige Korrekturen oder Veränderungen sind notwendig geworden. Die umfangreichste besteht darin, dass nun auch Band 1 von „Melanchthon deutsch" ein eigenes Register besitzt. Der Tod unseres Mitherausgebers Günther Wartenberg am 9. Juli 2007 hat auch in unserer gemeinsamen Arbeit eine große Lücke hinterlassen. Seinem Gedächtnis sei diese zweite Auflage gewidmet. Es wäre gewiss in Wartenbergs Sinn, wenn die Reihe „Melanchthon deutsch" künftig weitere Bände mit Texten aus Melanchthons vielfältigem humanistischen und reformatorischen Schaffen einer interessierten Öffentlichkeit zur Verfügung stellt.

Leipzig und Wittenberg, im Oktober 2010
Michael Beyer und Stefan Rhein

Vorwort zur 1. Auflage

Am 16. Februar 1997 jährte sich zum 500. Mal der Geburtstag Philipp Melanchthons. Bretten, Pforzheim, Heidelberg und Tübingen, das sind seine südwestdeutschen Lebensstationen mit Schul- und Universitätsbesuch, bis er 1518 als junger Griechischprofessor nach Wittenberg berufen wurde. Vom 14 Jahre älteren Martin Luther sogleich tief beeindruckt, beschäftigte er sich intensiv mit dessen neuer Theologie und verfasste bereits 1521 die erste evangelische Dogmatik („Loci communes"). Seine vielfältigen Studien machen ihn zu einem der bedeutendsten Universalgelehrten der frühen Neuzeit.

Melanchthon war Universitätsprofessor in Wittenberg für Griechisch und Theologie, der aber auch über Rhetorik, Geographie, Astronomie, Logik und vieles mehr Vorlesungen hielt. Er wurde zum engsten Mitarbeiter Luthers. Melanchthon verfasste die wichtigste Bekenntnisschrift der protestantischen Kirche, das „Augsburgische Bekenntnis" von 1530. Er agierte öffentlich und politisch und führte auf zahlreichen Religionsgesprächen und Reichstagen Verhandlungen, da Luther in Acht und Bann stand und Kursachsen nicht verlassen durfte. Melanchthon gilt aber auch als „Praeceptor Germaniae", als der Lehrer Deutschlands, der durch eine Vielzahl von Universitäts- und Schulordnungen, von Schulbüchern, Grammatiken und Kommentaren das protestantische Schulsystem geschaffen hat, das über die Grenzen der Konfessionen hinaus vorbildlich geworden ist, eine faszinierende Vielfalt, die sich in Hunderten von Schriften und in einem Briefwechsel von fast 10.000 erhaltenen Briefen widerspiegelt, einem der umfassendsten Briefwechsel, den wir von einem Menschen des 16. Jahrhunderts besitzen.

Melanchthons Gesamtwerk ist gleichwohl – trotz seines großen Einflusses auf die Zeitgenossen – heute zumeist unbekannt.
Nur in den wissenschaftlichen Fachkreisen der Kirchengeschichte
(und zunehmend in der Rhetorik-, Literatur- und Wissenschafts-
geschichte) werden seine Werke wahrgenommen. Größere Auf-
merksamkeit dürfen seit jeher nur die zu den Bekenntnisschriften
der evangelischen Kirche gezählte „Confessio Augustana" sowie
die „Loci communes", die beide in zahlreiche Sprachen übersetzt
wurden, beanspruchen. Bei den übrigen Werken verhindert die
Gelehrtensprache Latein die Rezeption nicht nur in der interessierten Öffentlichkeit, sondern auch – und dies sei mit bedauern-
dem Blick auf die allerorten schwindenden Kenntnisse in den antiken Sprachen hinzugefügt – in Kirche, Schule und Universität.
Ein „Melanchthon deutsch" ist notwendig, wenn nicht Melanchthons auch aktuelle Bedeutung von vornherein als hinfällig ein-
gestuft wird. Indessen greifen Fragestellungen wie die nach dem
Konzept für Allgemeinbildung, nach der Vergangenheit und Zukunft der Ökumene, nach dem Kultur- und Bildungsauftrag der
Kirche, nach dem Europa der Werte usw. gerade heute häufig auf
Melanchthons Wirken zurück.

Melanchthon auch heute sprechen zu lassen: Das ist das Ziel dieser beiden Übersetzungsbände. Sie wenden sich an denkbar viele
Gesprächspartner in all den Bereichen, in denen Melanchthon
selbst gewirkt hat: Schule, Universität, Kirche, Theologie, Politik. Melanchthon hat hohe Ansprüche an die Sprache gestellt;
sein Stilideal war die *perspicuitas,* das heißt die Durchsichtigkeit,
Transparenz, Klarheit, nicht die Fachsprache eingeweihter Spezi-
alisten. Dass die Übersetzungen die schwierige Balance zwischen
Treue zu einem vergangenen Sprechen und Verständlichkeit für
den modernen Adressaten halten, ist die gemeinsame Hoffnung
aller Beteiligten. Die Handschriften der Übersetzer, die nicht
eingeebnet werden sollten, deuten Melanchthons *perspicuitas* verschieden: als durchscheinende Präsenz von Melanchthons eigenem Schreiben oder als klärende Verständlichkeit und Öffnung
auf den Leser hin. Die Mühe des Übersetzens hätte sich gelohnt,

wenn das Gespräch über die Zeiten hinweg den sprachlichen und inhaltlichen Ansprüchen, die Melanchthon selbst gesetzt hat, in Ansätzen entspräche: „Die Rede darf sich keine Fehler bei den Wortbedeutungen leisten, muss Unklarheit und Durcheinander meiden und sich außerdem vor Witzeleien hüten. Wir sind dazu geboren, uns im Gespräch einander mitzuteilen. Weshalb das? Etwa, um nur Liebesgeschichten vorzulesen, auf Gastmählern zu wetteifern oder um darüber zu reden, wie man mit Verträgen, durch Kauf, Verkauf usw. am besten Geld scheffeln kann? Nein! Die Menschen sollen einander über Gott und die Aufgaben der Ethik unterrichten. Das wechselseitige Gespräch möge in guter Gesinnung erfolgen, das heißt es soll eine wirklich angenehme Auseinandersetzung über diese grundlegenden Dinge sein" (aus der in Band 2 abgedruckten „Rede über das unentbehrliche Band zwischen den Schulen und dem Predigtamt").

Die Themen der übersetzten Texte, die in den beiden Bänden unter den Überschriften „Schule und Universität", „Philosophie, Geschichte und Politik", „Theologie" und „Kirchenpolitik" versammelt sind, können nur eine Ahnung von der Weite des Werkes Melanchthons vermitteln. Sie sind zumeist aus seiner breiten Vorlesungstätigkeit erwachsen, die ihren institutionellen Ort sowohl in der Artistischen als auch in der Theologischen Fakultät besaß. Ausschließlich vollständige Schriften werden im Folgenden vorgestellt, da das Vorgehen, Ausschnitte nach vorgegebenen Themenrastern anzuordnen, den systematischen und zugleich assoziationsreichen Gedankenduktus Melanchthons zerstört hätte. Dies bedingte eine nicht immer leichte Auswahl an überschaubaren Texten, zumal der Wunsch, den Universalgelehrten, Humanisten und Reformator in verschiedenen Textgattungen zu präsentieren, gleichfalls erfüllt sein wollte. Aufnahme gefunden haben Thesenreihen, Postillen, Gebete, Anekdoten, Briefe, Studienordnungen, Gutachten, Traktate, vor allem aber Reden, die Melanchthon als regelmäßige *declamationes* 1523 an der Universität Wittenberg einführte. Sie umfassen das gesamte Wissensspektrum Melanchthons – von Theologie, Medizin, Philosophie, Geschichte bis hin zu Astronomie – und wurden zumeist von seinen Schülern vorgetragen. Ihre Sprechlänge von etwa 20 Minuten bis zu einer Stunde wie auch ihre kunstvoll stilisierte Behandlung eines abgeschlossenen Themas machen sie für unsere Ausgabe überaus attraktiv.

Die Herausgeber mussten sich schweren Herzens gegen den Abdruck der Originale entscheiden, um möglichst viele Texte aufnehmen zu können. Als biographische Einführung kommt ein Zeitgenosse zu Wort, der Melanchthonschüler und Tübinger Theologe Jakob Heerbrand.

1829/30 hat Friedrich August Koethe „Philipp Melanchthon's Werke, in einer auf den allgemeinen Gebrauch berechneten Auswahl" in drei Bänden deutscher Übersetzungen herausgegeben. Über 160 Jahre später liegt nunmehr eine Auswahl neuer Übersetzungen vor. Unser besonderer Dank gilt allen Übersetzern, die mit ihrem vielfältigen Wissen diesen Schritt Melanchthons in die Öffentlichkeit der deutschen Sprache heute überhaupt erst ermöglicht haben.

Bretten und Leipzig, Palmarum 1997
Die Herausgeber

Inhalt

THEOLOGIE

Baccalaureatsthesen

1519

Die hier gebotenen Thesen dienten der Erlangung des Grades eines Baccalaureus biblicus und wurden von Melanchthon in einer Disputation am 9. September 1519 verteidigt. Auch Luther wohnte diesem akademischen Akt bei. Er zeigte sich tief beeindruckt und schrieb noch am 3. Oktober 1519 an Johann von Staupitz in Regensburg: „Philipps Thesen … sind ziemlich frech, aber höchst vernünftig. Er hat so geantwortet, dass er uns allen als das erschien, was er ist, nämlich als ein Wunder. Wenn Christus will, wird dieser Mann viele Martin Luthers übertreffen. Für den Teufel und die scholastische Theologie ist er ein fürchterlicher Gegner. Er kennt nämlich ihre Spielchen, er kennt zugleich aber auch den Fels Christus[1]. Deshalb wird Philipp, obwohl er auch jetzt schon stark ist, mit der Zeit noch stärker werden. Amen."[2]

Melanchthons Thesen kursierten schon bald nicht mehr nur in Gestalt der gedruckten Disputationszettel, sondern auch in zahlreichen Abschriften. Dass die Sätze Aufsehen erregt haben, ist gut zu verstehen. Sie erklärten nämlich erstmals die Heilige Schrift zur alleinigen Norm und bestritten gleichzeitig die kirchlichen Lehren vom Sakrament der Priesterweihe sowie von der substantiellen Wandlung der Abendmahlsgaben Brot und Wein in Leib und Blut Christi.

Wie Melanchthon selbst bezeugt, hat sich dann auch die Kritik seiner Gegner vor allem auf die in dieser Hinsicht besonders brisanten Thesen 16 bis 18 konzentriert.[3] Namentlich Johann Eck, der von Melanchthon erst kurz zuvor öffentlich bloßgestellt worden war,[4] beschwerte sich schon im Herbst 1519 bei Kurfürst Friedrich dem Weisen von Sachsen über sie.[5]

Die interessante Überlieferungsgeschichte der Thesenreihe muss hier außer Betracht bleiben. Eine der bekannten Abschriften stammt von der Hand Thomas Müntzers.

Übersetzungsgrundlage: SupplMel 6 I, 78 f = MSA 1, 24 f.

Der Ehrwürdige Vater Petrus Fontinus, Dekan der Theologischen Fakultät, trägt die unterbreiteten Thesen vor. Philipp Melanchthon antwortet.

1 Die menschliche Natur liebt sich um ihrer selbst willen sehr.

2 Sie ist jedoch nicht dazu imstande, Gott um seiner selbst willen zu lieben.

3 Nicht nur das göttliche, sondern auch das natürliche Gesetz fordert, dass Gott um seiner selbst willen geliebt werden soll.

4 Weil wir das nicht können, ist das Gesetz die Ursache dafür, dass wir Gott wie Knechte fürchten.

5 Es ist unvermeidlich, dass man das, was man fürchtet, hasst.

6 Also bewirkt das Gesetz, dass uns Gott ebenfalls verhasst ist.

7 So wie der Hass nicht der Beginn der Liebe ist, so ist auch die Knechtsfurcht nicht der Beginn einer kindlichen Furcht[6].

8 Daraus ergibt sich schlüssig, dass die Knechtsfurcht nicht der Beginn der Buße ist.

9 Folglich ist die Gerechtigkeit eine Wohltat Christi.

10 All unsere Gerechtigkeit ist eine umsonst geschenkte Zurechnung Gottes.[7]

11 Folglich ist es keineswegs überzogen zu behaupten, dass auch gute Werke Sünden sind.

12 Der Verstand kann jenseits von Vernunft oder Erfahrung keiner These zustimmen.

13 Auch kann der Wille von sich aus den Verstand nicht ohne triftigen Grund dazu zwingen, einer These zuzustimmen.

14 Der durch die Liebe zu einem Gegenstand hingezogene Wille erteilt dem Verstand glaubwürdig Weisung, einer These zuzustimmen.

15 Diese Zustimmung ist der Glaube bzw. die Weisheit.

16 Für einen Christen ist es nicht notwendig, über die Dinge hinaus, die ihm durch die Schrift bezeugt werden, noch weitere zu glauben.

17 Die Autorität der Konzilien ist geringer zu achten als die Autorität der Schrift.

18 Folglich ist es noch längst nicht häretisch, wenn man nicht an die (durch die Weihe übermittelte) unverlierbare Qualität

des Priesters, an die Wandlung der Abendmahlsgaben und an ähnliche Dinge glaubt.

19 Der „erworbene Glaube"[8] ist eine bloße Einbildung.

20 Wer sich in einem Punkt schuldig macht, macht sich in allen Punkten strafbar.

21 Das sind Gebote: den Feind zu lieben, sich nicht zu rächen, nicht zu schwören und alle Dinge gemeinsam zu besitzen.

22 Die Naturgesetze sind der Seele anerschaffene Eigentümlichkeiten.

23 Die Natur strebt mehr danach gut zu sein als einfach zu sein.

24 Gott ist nach göttlichen Maßstäben zugleich der eine und die Summe aller Dinge.

---

[1] Vgl. 1Kor 10,4. [2] Übersetzt nach WA Br 1,514,33–37 (Nr. 202). [3] Vgl. MBW.T 1, 167–176 (Nr. 76) = CR 1, 137–146 (Nr. 62), an Johannes Heß in Breslau, Februar 1520. [4] In einem offenen Brief, der „Epistola de Lipsica Disputatione", an Johannes Oekolampad in Augsburg im Sommer 1519; vgl. MSA 1, 3–11. [5] Vgl. WA Br 1,492,480–489 (Nr. 192, Beilage 2), 8. November 1519. [6] Eine Ehrfurcht, wie sie Kinder gegenüber ihren Eltern empfinden. [7] Gott schenkt dem Menschen seine Gerechtigkeit und rechnet sie diesem, der selbst nicht gerecht ist, zu, ohne dass der Mensch etwas dafür tun könnte. [8] Mit „fides aquisita" wird in der scholastischen Diktion ein Glaube bezeichnet, der die Bedingung für den Gnadenempfang ist und der umso größer wird, je mehr der Mensch seine eigenen Fähigkeiten für den Gnadenerwerb einsetzt.

Der Unterschied zwischen weltlicher und christlicher Gerechtigkeit

Unterschidt zwischen weltlicher und Christlicher Fromkeyt 1522

Dieser Unterscheidung liegt die im Spätmittelalter stark verbreitete Zwei-regimentenlehre zu Grunde, die auch Luther zunehmend rezipierte. Sie unterscheidet zwischen einem weltlichen und einem geistlichen Regiment Gottes, wodurch Gott einerseits die Schöpfung erhält und anderer-seits den Menschen erlöst und heiligt. Wie sich die Gerechtigkeit in den beiden Regimenten voneinander unterscheidet, ist Melanchthons Thema. Er bearbeitete es in seinen Grundzügen und schuf dadurch einen Text, der sich für die elementare Unterweisung eignete oder vielleicht sogar dafür bestimmt war.

Er erschien als eine nur vier Blätter umfassende Flugschrift 1522 in Hagenau, Straßburg und Zwickau (VD16 M 4351–4353). Er wurde 1529 in eine Anleitung zum Beichten von Johannes Bugenhagen (VD16 M 4354) und 1538 in eine Magdeburger Ausgabe des Katechismus von Johannes Brenz aufgenommen. Die lateinische Übersetzung „Quid inter mundi et Christi iustitiam intersit" wurde in Straßburg um 1524 in ei-ner Sammelschrift veröffentlicht, die Martin Luthers „Methodus, quid in evangeliis quaerendum et expectandum sit, docens" (Ein kleiner Unter-richt, was man in den Evangelien suchen und erwarten soll [lat.]) (Ben-zing 2002 = VD16 M 4355) eröffnete.

Übersetzungsgrundlage: MSA 1, 171–175.

Die Heilige Schrift schreibt von zweierlei Gerechtigkeit, eine heißt göttliche, die andere weltliche. Paulus nennt die weltliche Gerechtigkeit an die Kolosser „στοιχεῖα κόσμου"[1], Ordnung der Welt. Diese besteht in äußerlicher Zucht, Ehrbarkeit, Benehmen, Sitten und Bräuchen, und die Vernunft kann diese begreifen. Ja, sie ist der Vernunft von Gott eingepflanzt, wie dem Baum einge-pflanzt ist, dass er diese oder jene Frucht trägt. Ebenso ist dem

Menschen die Überzeugung eingepflanzt, man soll niemandem Schaden zufügen, man soll allgemeinen Frieden halten, man soll jedermann Höflichkeit erweisen. So weit erstreckt sich die menschliche Gerechtigkeit, wie weit menschliche Vernunft von sich selbst aus sehen kann.

Es kann aber die menschliche Vernunft von sich selbst aus nichts gewiss in Bezug auf Gott schlussfolgern. Denn wenn sie schon einräumt, dass ein Gott sei, und hört, dass er richten werde und diejenigen selig machen wolle, die ihn verehren, lässt sich die Vernunft dennoch nicht bewegen, sich vor seinem Gericht zu entsetzen. Und sie bildet sich ein, die Hölle sei nicht so heiß, Gott sei nicht so grausam, weil sie sieht, dass sehr großes Unrecht oft – wie sie meint – ungestraft bleibt.

Viel weniger kann die Vernunft begreifen, dass Gott die Sünde verzeiht. Sie hält ihn nicht für so freundlich und so gut, dass er sich unserer so sehr annehme. Sie gewinnt auch nicht den Eindruck, dass Gott so nahe um uns und bei uns ist, dass er in jeder Not seine Augen auf uns hat, sondern sie erdichtet sich einen Gott, der droben sitzt und uns schaffen lässt, was wir können. Wie denn die Poeten Jupiter beschreiben: Als ihn Thetis suchte, war er nicht daheim, sondern in einem Wirtshaus in Äthiopien.[2] Und die Kreter haben Jupiter ohne Ohren gemalt, womit sie zu verstehen gaben, dass er uns nicht erhört.[3] Und diese sind fürwahr weise Leute gewesen, haben die Natur der menschlichen Vernunft richtig gesehen und Gott gemalt, wie die Vernunft sich ihn vorstellt. So sagt auch Gott im Psalter: „Der Heiden Götter haben Augen und sehen nicht, haben Ohren und hören nicht."[4] Dagegen ist es für uns nötig, einen Gott zu haben, den wir deshalb haben, dass er uns sehe und höre.

Weil nun die Vernunft dies nicht vermag oder begreift, hat Gott seinen Sohn ins Fleisch geworfen, dass er uns des Vaters Willen vor Augen hält[5] und unsere Blindheit und erdichtete Einbildung von Gott zusammen mit allen Sünden, die aus solch einer Blindheit folgen, wegnehme und den Heiligen Geist ausgieße, damit wir zur wahren Erkenntnis Gottes kämen. Dazu hilft uns keines unserer Werke oder Verdienste.

Dies ist nun die göttliche Gerechtigkeit in uns, die Christus mit dem Heiligen Geist in uns wirkt: Unser Herz wird vom Heiligen Geist bewegt, so dass es wegen unserer Sünden vor dem großen Zorn Gottes erschrickt und die Gnade und Verzeihung der Sünde durch Christus ergreift. Und es empfängt dann Trost und gewinnt eine sichere, fröhliche, herzhafte Zuversicht zu Gott. Es ergibt sich bereitwillig in allen Anfechtungen Gott und erwartet Gutes von ihm. Es merkt, dass er allezeit auf uns Acht gibt, in aller Kreatur um uns wirkt und alle Kreatur ernährt, schützt und erhält. Das schlussfolgert das Herz über Gott gewiss, wenn der Heilige Geist da ist, der von Gott in uns auf diese Weise Zeugnis gibt, Joh 16 und Röm 8.[6] Dieses gewisse Schlussfolgern nennt Paulus im zweiten Brief an die Kolosser „πληροφορίας"[7].

Solche Gotteserkenntnis und solcher Glaube ist die göttliche Gerechtigkeit in uns, die Gott vor allem fordert, wie er Joh 17 sagt: „Dies ist das ewige Leben, dass man den Vater und Christus kennt."[8] Und Habakuk sagt: „Der Gerechte lebt seines Glaubens."[9] Ein solcher Glaube wirkt in uns ein demütiges Herz, das fühlt, wie wir zu Recht allen Kreaturen unterworfen sein sollen, so wie Christus der niedrigste unter allen Menschen geworden ist, Jes 53.[10] Denn wenn das Herz sieht, was es mit Recht vor Gott verdient hat und wie gnädig es doch beschenkt ist, dann kann es sich nicht zurückhalten. Es muss sich selbst tadeln und jedermann unterwerfen, jedermann dienen usw. Und wie der Heilige Geist rein ist, so wird es ein keusches, reines Herz, das vor unkeuscher Lust und Begierde erschrickt. So spricht Gott, er will einen neuen Bund schließen, Jer 31,[11] und seine Gebote nicht auf eine Tafel, sondern in unsere Herzen schreiben, damit wir ihn kennen. Und er sagt Jes 45, er wolle Kinder machen, die Gott lehre.[12]

Hier siehst du, auf welche Weise ein christliches Herz tüchtig ist. Wo das nun ist, da ist Gott. Daneben gibt es eine äußerliche Gerechtigkeit oder Zucht, die uns vor Gott nicht rechtfertigt. Denn die rechte Gerechtigkeit, die soll Leben sein. Darum ist allein der Geist Christi in uns lebendige Gerechtigkeit. Äußerliche Ordnungen zergehen mit dem Leib und haben kein Leben. Darum können sie auch weder Leben noch Gerechtigkeit geben,

Kol 2.[13] Wo folglich nur solche äußerliche Gerechtigkeit ist, da ist nur Heuchelei.

Die äußerliche Gerechtigkeit ist erstens ganz in der Gewalt begriffen, welche die Schrift „das Schwert" nennt. Und wie uns Gott dem Schwert unterworfen hat, so fordert er auch äußerliche Zucht und Sitten, welche die weltliche Obrigkeit einsetzt, um Frieden zu erhalten. Und jeder ist der weltlichen Obrigkeit Gehorsam schuldig, sofern sie nichts gegen Gott zu tun gebietet, wenn sie auch schon ohnehin mit Gewalt vorgeht, denn Christus sagt: „Wer dich dringt eine Meile zu gehen, mit dem gehe zwei."[14]

Zweitens ist die äußerliche Gerechtigkeit von Gott gebotene Kindererziehung, die man „παιδαγωγία" nennt. Diese ist keine göttliche Gerechtigkeit, sondern eine äußerliche Übung, jedoch von Gott den Eltern befohlen, damit sie die Kinder vor groben Sünden bewahren. Wie wenn man Kinder oder dumme Leute gewöhnt, zu fasten, zu beten, zur Kirche zu gehen, in bestimmter Kleidung zu gehen, Gal 4.[15] Was das Schwert nicht fordert, lässt Gott frei, doch soll man auch da der Liebe dienen, z. B. wo Kinder oder schwache Gewissen sind, soll man ihnen in ihrer Schwachheit dienen.

Wenn nun aber Prediger kommen und vorgeben, die göttliche Gerechtigkeit bestehe in Fasten oder solchen Sachen, oder die weltliche Obrigkeit fordert solches, als wären es Dinge, darauf die Christenheit steht, sollen wir widerstreben und bekennen, was christliche Gerechtigkeit ist und darüber unser Leben lassen. Denn wir sollen uns nicht mit Gewalt wehren.

In den Zehn Geboten ist das alles enthalten. Denn das erste fordert den Glauben, indem Gott spricht: „Ich bin Gott dein Herr."[16] Weil er sich unser Herr nennt, will er mit uns zu tun haben. Ebenso „Ich bin ein starker Eiferer, der der Väter Missetat straft und übt Barmherzigkeit"[17], und er will, dass man sich zu ihm wende, ob er straft oder hilft.

Das zweite Gebot fordert, dass man seinen Namen dazu gebrauche und rühme, dass er der Helfer und Richter ist, wie geschrieben steht Joel 2: „Wer den Namen Gottes anruft, dem wird geholfen."[18]

Das dritte Gebot fordert, dass Gott allein in uns wirkt.

Das vierte unterwirft uns den Eltern und jeder Obrigkeit.

Das fünfte fordert Liebe,

das sechste Keuschheit,[19]

das achte Liebe.

Das neunte und zehnte fordern ein von allen fleischlichen Begierden reines Herz. Solche Reinheit bringt der Heilige Geist mit sich.

---

[1] Kol 2,8.   [2] Vgl. Homer, Ilias 1,413–427.   [3] Plutarch, Isis und Osiris 75 E.   [4] Ps 115,4 f.; 135,13 f.   [5] Joh 1,14.18.   [6] Joh 16,13; Röm 8,16.   [7] Kol 2,2.   [8] Joh 17,3.   [9] Hab 2,4; zitiert Röm 1,17.   [10] Jes 53,3.   [11] Jer 31,31–33.   [12] Vgl. Jes 44,3–5.   [13] Kol 2,23.   [14] Mt 5,41.   [15] Gal 4,3.   [16] Ex 20,2.   [17] Ex 20,5 f.   [18] Vgl. Jo 2,12–27.   [19] Eine Aussage zum siebenten Gebot fehlt.

Rede über das unentbehrliche Band zwischen den Schulen und dem Predigtamt

Oratio de necessaria coniunctione scholarum cum ministerio evangelii   1543

Am 10. Oktober 1543 fand in Leipzig die erste feierliche Präsentation von Doktoren der Theologie statt, die aus der reformatorisch umgestalteten Universität hervorgegangen waren. Die Abschlussrede hielt dabei der Hebraist und neue Doktor Bernhard Ziegler, der mit Luther und Melanchthon befreundet war. Die Rede Zieglers ist von Melanchthon verfasst worden, der ursprünglich zusammen mit Luther an der Leipziger Doktorfeier teilnehmen wollte. Die Programmatik der Rede fügt sich ein in die laufende Erneuerung von Kirche und Universität im albertinischen Sachsen seit 1539. Der Anspruch einer auf der Basis humanistischer Wissenschaften, insbesondere der alten Sprachen und der Rhetorik, wirkenden akademischen Theologie im Gesamtkontext des Gemeinwesens und im Sinne des allgemeinen Wohles wird sehr deutlich. Schulen, Hochschulen und Kirche sind in diesem Sinn nur aufeinander bezogen denkbar; ihnen als den Pflanzstätten von Religion und Humanität, in denen das Gespräch Priorität vor Machtausübung hat, muss jede Unterstützung durch die gesamte Gesellschaft, repräsentiert durch deren politische Führer, zuteil werden.

Übersetzungsgrundlage: CR 11, 606–618.

Weil mir an diesem Ort Brauch und Sitte die Verpflichtung auferlegen, zu einem kirchlichen Thema zu sprechen, wäre die Wahl aus vielen Gründen angesichts einer so großen Menge wichtiger Dinge schwierig. So habe ich einen besonders verbreiteten Stoff aufgenommen, dessen Überdenken freilich dazu führen soll, die humanistischen Studien anzufachen, und uns ermutigen soll, diese Lebensform noch mehr zu lieben wie auch die Mühen dieses Kriegsdienstes besser zu ertragen. Reden will ich nämlich über die humanistischen Schulen. Ich will zeigen, dass die Schulen durch göttlichen Ratschluss immer den Kirchen beigesellt gewesen sind und ihnen mit Recht zugehören. Ich habe großes Vergnügen daran, indem ich alle Zeiten der Kirche und den gesamten Geschichtsverlauf im Geist wiederhole, so viele Leuchten des Menschengeschlechts: Adam, Noah, Sem, Abraham, Joseph, Elia, Elisa, die Apostel, wie mit eigenen Augen zu sehen. Ich meine, dass auch euch die Erinnerung an diese Menschen und an die großartigen Dinge, die sie vollbrachten, überaus angenehm ist.

Wenn mich also bei der Stoffwahl die Annehmlichkeit dieser Dinge bewegte, gab freilich jener andere Grund den Ausschlag: Ich weiß, dass unser Stand nicht nur allgemeiner Verachtung, sondern geradezu dem Hass ausgesetzt ist. Viele Menschen halten unser Tun nicht für lebensnotwendig, sondern bewerten es als trägen Müßiggang: Theologen werden wie Aussatz und Pest des Gemeinwesens verflucht. Ich bin jedoch in menschlichen Dingen nicht so einfältig, dass ich meinte, man könnte durch eine Rede alle diejenigen heilen, die so denken. Und doch muss jener Irrtum in seiner vollen Tragweite erkannt werden, damit wir die Lebensform, zu der wir durch Gott berufen sind, besser verstehen, unsere Herzen in unserem Lebensgang stärken und den guten Anlagen in dieser jugendlichen Versammlung, die uns zuhört, ehrenhafte und wirklich nützliche Ansichten einpflanzen. Was lässt sich Ehrenvolleres denken, als dass wir, obgleich an Lehre, Weisheit und Tugend bei weitem unterlegen, uns in Gottes Kirche doch tatsächlich der gleichen Aufgabe unterziehen, welche jene großartigen Menschen – Noah, Sem, Abraham, Jesaja, Jeremia, Johannes der Täufer und die Apostel – auf sich nahmen?

Ich nehme keinem Stand etwas von seiner Würde, sondern sehe lieber zu, alle zu ehren. Ich erinnere an das Wort des Aristoteles, der – um anzudeuten, dass das Leben einer Vielfalt von Abstufungen und Fertigkeiten bedürfe – sagt: Nicht nur aus Ärzten allein, sondern aus Ärzten und Bauern besteht eine Bürgerschaft.[1] Das heißt, sie besteht in der Verbindung aller Wissenschaften, die Gott als Schutzwehr des Lebens hat zum Vorschein kommen lassen. Besonders große Ehre kommt denjenigen zu, die den Rat leiten, nicht geringere den Soldaten, die das Gemeinwesen bewaffnet beschirmen, danach an je ihrem Ort den Bauern und Handwerkern, zu denen man die Kaufleute rechnen muss. Gott wollte, dass die Menschen untereinander eng in diese Ämtervielfalt eingebunden wären.

Doch auf welches Ziel müssen alle diese Pflichten ausgerichtet werden? Womöglich gibt irgend so ein Schwein aus der Herde Epikurs[2] folgende Auskunft: Damit wir uns in einem sorgenfreien Leben auf angenehme Weise Vergnügungen hingeben könnten; und während angeborene Glut allmählich verraucht, vermodern wir gelassen ohne Hoffnung auf Unsterblichkeit. Solche Rede atmet schändlichen Frevel! Denn ganz im Gegenteil dazu sind doch die Menschen zur Gemeinschaft geschaffen, damit in dieser Versammlung die Kenntnis Gottes aufleuchte, Gott verehrt und angerufen wird und die Menschen einander in dieser Lehre unterrichten, welche den Zugang zu ewiger Freude und zum Umgang mit Gott eröffnet. Ihr wisst, dass diese Gemeinschaft von Menschen einer Schule gleicht, in welcher Menschen vornehmlich über Gott und über die Tugend nachdenken müssen.

Die Wohnstätten dieser Versammlung sind die Gemeinwesen. Und wir sollen darauf achten, dass alle – die Fürsten, das Heer, die Bauern und Handwerker, dazu alle anderen Stände – diesem höchsten Werk, nämlich der Verkündigung der Lehre, treu bleiben. Nicht deshalb führte David auswärtige Kriege, damit er von Elefanten herunter triumphierend in die Stadt einzöge, sondern damit der Knabe und das Mädchen zu Hause, im Tempel, in den Schulen die Buchstaben erlernten, den Mose läsen und denen zuhörten, die Gesetz und Verheißungen erläuterten, in denen sich Gott enthüllt hatte. Die Waffen der Tapferen schützten jene Versammlungen in Tempel und Schulen, damit die Kenntnis Gottes unter den Menschen nicht vollständig ausgetilgt werden konnte. Doch gibt es wenige Herrscher, die innerhalb dieses Rahmens handeln. Julius Caesar kämpfte, damit sein Ansehen nicht von seinen Neidern geschmählert würde. Marcus Antonius führte Kriege, um von fremdem Gut üppig leben zu können. In der Kirche aber müssen alle Verständigen jenes höchste Ziel – die Ge-

meinwesen zu entwickeln, zu festigen und zu schützen – sorgsam
beachten, damit es möglich ist, in ihnen die Kenntnis von Gott
auszubreiten.

Ich will ein Gleichnis – vielleicht nicht gerade treffend – von
einer geringfügigen Sache als Beispiel hinzufügen. Es gibt freilich
viele schlichte, doch dabei erhellende Gleichnisse von hochwichtigen Dingen. Wenn ich über das gemeinschaftliche Leben nachdenke und mir nachts zuweilen ein Diener mit einer leuchtenden
Laterne vorangeht, dann kommt mir oft in den Sinn, dass die
Gemeinwesen der Laterne gleichen, die himmlische Lehre aber
dem Licht. Und wie die Laterne bei Dunkelheit ohne Licht nutzlos ist, so sind auch die festen Mauern der Städte unnütz, wenn die
Erkenntnis Gottes und die Lehre von den guten Dingen erlischt.
Man muss also zugestehen, dass die Kirchen und Versammlungen
nötig sind, die Gott dienen, die die Lehre von seinem Wesen und
Willen überall ausstreuen.

Niemand außer den Kyklopen[3] wird wagen, dem zu widersprechen. Wenn zudem auch einige meinen, dass Menschen ohne
Bildung, lediglich durch die Natur geleitet, den göttlichen Willen erfassen können, so wissen doch wir in der Kirche, dass sich
Gott in unendlicher Güte dem Menschengeschlecht mit sicheren
und herrlichen Zeugnissen enthüllt hat, um uns den verborgenen
Willen über unser Heil zu offenbaren. Vom Himmel herab hat er
das Gesetz gesprochen, hat den Sohn gesandt, hat Zeugnisse hinzugefügt, die Auferweckung der Toten etwa, und anderes getan,
welches anerkanntermaßen allein Gottes Werke sind. Auch hat er
mit deutlicher Stimme befohlen, dass der Sohn gehört würde, als
er sagte: „Dies ist mein lieber Sohn, den hört!"[4]

Deshalb muss die Kirche eine Lehre haben, die nicht auf der
Weisheit menschlichen Scharfsinns beruht, sondern eine verborgene Stimme Gottes ist, ans Licht gebracht durch den Sohn aus dem
Schoß des ewigen Vaters. Gott wollte, dass diese Stimme sogleich
von Anbeginn an durch Schriften überliefert würde, damit für alle
Zeiten die Erinnerung an sie bewahrt werden könnte. Groß und
bewundernswert ist Gottes Schöpfungswerk, jedoch nicht weniger
die Wohltat, dass er sich selbst enthüllte, zu den Menschen kam

und sich freundlich mit uns unterhielt. Damit wollte er zeigen, dass seine Sorge dem Menschengeschlecht gilt.

Deshalb muss die Kirche eine Lehre haben, die nicht auf der Weisheit menschlichen Scharfsinns beruht, sondern eine verborgene Stimme Gottes ist, ans Licht gebracht durch den Sohn aus dem Schoß des ewigen Vaters. Gott wollte, dass diese Stimme sogleich von Anbeginn an durch Schriften überliefert würde, damit für alle Zeiten die Erinnerung an sie bewahrt werden könnte. Groß und bewundernswert ist Gottes Schöpfungswerk, jedoch nicht weniger die Wohltat, dass er sich selbst enthüllte, zu den Menschen kam und sich freundlich mit uns unterhielt. Damit wollte er zeigen, dass seine Sorge dem Menschengeschlecht gilt.

Ich meinerseits werde bewegt, über Gottes Güte nachzudenken, sobald ich die mannigfache Natur der Dinge in ihrer wunderbaren Vielfalt betrachte, die für unseren Gebrauch eingerichtet ist. Doch um vieles heftiger bin ich ergriffen, sooft ich an die Gespräche Gottes mit den Vätern und Propheten denke, an jenen freundlichen Umgang, den Christus mit allem Volk pflegte, an das vom Himmel ausgebreitete Licht des Heiligen Geistes und an die Gespräche, die Christus nach seiner Auferstehung mit vielen Menschen hatte. Das Nachdenken über diese bemerkenswerten Dinge sollte die Sinne aller Menschen anhaltend beschäftigen. Denn nicht vergeblich und grundlos hat sich Gott sooft in so deutlichen Zeugnissen enthüllt. Wir sollen nicht meinen, dass es sich hier um inhaltsleere Wahngebilde handelt, noch um Blendwerk oder Spielerei. Gott hat große und ernsthafte Dinge getan und wollte zeigen, dass er sich wirklich um unser Heil sorgt.

Gemäß seinem Wort wollte er, dass wir die Zeugnisse der Lehre überliefern: mit ihr gibt er uns an den Gaben und der Gemeinschaft seiner Glückseligkeit Anteil. Und er wollte nicht, dass allein die Väter, die Propheten und Apostel in jenen freundschaftlichen Zusammenkünften Ruhe fanden, sondern will, dass alle Menschen aller Zeiten in dieser Lehre getröstet werden. Wie Mose, als er in der Felsenkluft stand, Gott persönlich im reinen Licht sah,[5] so magst du sicher wissen, dass er mit dir spricht, umso mehr, sooft du diese Bücher der Propheten und Apostel liest, welche

Gott der Kirche übergeben hat, damit sie seine Stimme immerzu höre.

Nun aber dazu, was ich zu sagen beabsichtige! Wenn Gott will, dass das prophetische und das apostolische Buch in der Kirche immerzu erhalten bleibt und unsere Sinne durch die Heilige Schrift gelenkt werden und die Kenntnis seiner selbst entzündet wird, ist es immer notwendig, den Kirchen Schulen beizugeben. Denn diese sollen die Wissenschaften vermitteln und das göttliche Wort verständlich darlegen. Auch wenn ich von einer kaum zu bezweifelnden Sache spreche, muss man dennoch – weil die Wissenschaften so sehr verachtet sind – sehr deutlich werden. Zuerst sind die Geschichte aller Zeitalter und die Abfolge aller Zeiten der Kirche zu betrachten. Ihr wisst, dass im Gemeinwesen des Mose dem Heiligtum – Tabernakel genannt – Priester- und Levitenklassen zugeordnet waren. Die sollten nicht nur Opfertiere schlachten. Vielmehr sollten sie das Volk im Gesetz unterweisen, den Unentschiedenen Antwort geben und Lehrstreitigkeiten entscheiden. So wird es klar bezeugt in 5. Mose 17. Dieses Kapitel befiehlt, die Streitigkeiten vor die Priester, die Leviten und das Heiligtum zu bringen. Und die Streitfälle sollten nicht nach Gutdünken der Mächtigen, sondern nach göttlichem Gesetz beigelegt werden.[6]

Glaubt nur nicht, dass diese Priesterscharen nutzlos herumsaßen oder nur mit Opferdienst beschäftigt waren. Sie hatten wirklich mehr zu tun; hatten wahrhaftig eine größere Last zu tragen: Sie sollten Wächter und Vermittler der Lehre sein, sollten die schwierigsten Streitigkeiten schlichten. Denn ihr Beruf umfasste die Wissenschaften, das göttliche Gesetz, Geschichte, Kalenderkunde auf Grund von Sternbeobachtung, Naturwissenschaft, Medizin und auch Musik. Zu ihren vornehmsten Aufgaben zählte das getreue Festhalten von Vorgängen, die sich im Volk Gottes ereigneten, damit die Kirche eine fortlaufende Geschichtsdarstellung besitze. Gott wollte nämlich, dass die Nachfahren Kenntnisse über die zurückliegenden Zeiten hätten, um sichere Zeugnisse der Lehre zu haben. Denn Gott wollte nicht, dass unsere Gedanken ziellos herumgeistern: in Unkenntnis des Weltenanfangs und der Ursprünge der Religion, ihrer Ausbreitung, ihres Verfälschens und ihres Erneuerns. Deshalb wollte Gott, dass in der Kirche immer eine zwar kurze, wohl aber umfassende Darstellung aller Zeiten vorhanden ist, was er auch erreicht hat.

Was also war jener Priesterzusammenschluss anderes als eine bestausgestattete Schule oder Universität? Er war jedenfalls etwa 1500 Jahre lang, bis auf Christus, der Vermittler und Hüter der göttlichen Lehre. Zwar gebärdeten sich die obersten Priester oft als Tyrannen, und wegen der Trägheit der Priester verdunkelte sich die Lehre; Gott aber erweckte durch Propheten in dieser Schule immer wieder von neuem die Studien der Tugend und das Licht der Lehre. Weil schließlich Gott verheißen hatte, dieser Versammlung beizustehen, gab es immer einige rechtschaffene und nützliche Lehrer, welche die Blüte des Volkes ausbildeten. Und hierbei ist insbesondere die Abfolge bedeutender Menschen angemessen zu betrachten. Beinahe wie in einer Schlachtreihe die Kämpfer in die Fußtapfen der gefallenen Vorgänger treten, gab es in dieser Schule eine ständige Abfolge von Priestern und Propheten. Nach Samuel spielte Nathan eine bedeutende Rolle,[7] dann, unter Salomo und Jerobeam – Ahia von Silo.[8] Ihm folgte Hanani zur Zeit des Königs Asa.[9] Darauf ist Elia erweckt worden, der lange Zeit Großartiges leistete und sein Amt, ehe er von Gott in den Himmel entrückt wurde, auf Elisa übertrug.[10] Dieser hat nicht nur etwa 70 Jahre lang die entscheidenden Beschlüsse für das Reich bestimmt, sondern hat sich auch der Bildungsaufgabe gestellt, weil ihn stets Scharen von Schülern in großer Zahl und sehr beharrlich überallhin begleiteten. Als alten Mann sah ihn der junge Jesaja; den Greis Jesaja sah Jeremia; der junge Daniel den alten Jeremia; Sacharja kannte noch Daniel; Esra und Nehemia den Sacharja, den Nehemia schließlich sah Onias. So ist es durch Jesus Sirach verbreitet worden.[11]

Nach längerer Zeit folgten die Makkabäerkriege. Nach heidnischer Sitte wetteiferten damals die Priester schon lange ehrgeizig um die Obergewalt. Dabei vernachlässigten sie schändlich Lehre und Zucht. Dennoch gab es den Priester Mattathias, der ein Bekenner des göttlichen Gesetzes war. Ihm schlossen sich viele rechtschaffene Leute an.[12] Später lebten Simeon und Zacharias, die bei Lukas erwähnt werden.[13] Dann kam der Täufer Johannes, und nach ihm begann Christus zu lehren, der die fleißige Schule der Apostel unterhielt.

Ich habe eine lange Zeit durchlaufen: Nicht nur gute Erinnerung an so viele hervorragende Menschen finden sich in dieser Reihe, sondern auch vieles andere, woran sich rechtschaffene Gemüter ergötzen können. Wir sehen, dass sich Gott seiner Kirche angenommen hat. Denn immerzu hat er ihr Führer gegeben und seine Anwesenheit deutlich bezeugt. Wir sehen ebenfalls, wie das Ansehen der Lehre durch Taten vom Himmel befestigt wurde. Dies zu betrachten mag am meisten erfreuen. Und jene Großen, die ich anführte, haben nicht nur in der Ratsversammlung das Wort geführt, sondern hatten zumeist Hörergemeinden, denen sie das Gesetz und die göttlichen Verheißungen auslegten. Genau das stellen die Geschichten von Elia, Elisa, von Johannes dem Täufer und Christus vor aller Augen. Und die Hebräer bekräftigten für alle Zukunft die Einrichtung des Mose, der – wie in 4. Mose 11 erwähnt – 70 Älteste auswählte.[14] Dies war später ein Kollegium überaus gelehrter Männer und wurde „Sanhedrin", auf Griechisch „Synhedrion", genannt. Doch wie gut jene auserwählte Versammlung immer gewesen sein mag, fest steht, dass die Propheten eifrige Hörerschaften hatten.

Diesen Brauch, den die Apostel bei Johannes dem Täufer und Christus bewahrt gesehen hatten, behielten sie auch selbst bei. Sicher ist, dass der Evangelist Johannes in Ephesos Hausgenossen unterrichtete, die sich ganz der Lehre hingegeben hatten. Zu ihnen gehörte auch Polykarp,[15] der nachher etwa 50 Jahre lang die von Johannes überlieferte Lehre in der Kirche zu Smyrna erfolgreich fortpflanzte. Dessen Hörer Irenaeus hat die Ströme der Lehre nach Ungarn und Frankreich geleitet. Und solche Schulen haben offenbar dort bestanden, wo zahlenmäßig große Kirchen ansässig waren. Größtes Ansehen genossen die Schulen von Antiochia, Alexandria – dort lehrte Origenes – und Byzanz, in der nach Gregor von Nazianz Basilius der Große gelehrt hat.

Gewiss sind die Kollegiatstifte anfangs nichts anderes gewesen als Versammlungen von Lehrenden und Lernenden. Ich denke, dass auch in Deutschland noch vor Attila den Kirchen Lateinschulen angeschlossen waren. Denn Irenaeus und Epiphanius führen Zeugnisse deutscher Kirchen an. Daraus wird deutlich, dass das Evangelium schnell nach Deutschland verpflanzt worden ist und es in dieser Nation so etwas wie literarische Studien gegeben hat.

Auch lesen wir, dass Lucius von Kyrene, ein Paulusschüler, das Evangelium zuerst im heutigen Regensburg an der Donau lehrte. Dass er mit römischen Heeren, welche Rhätien besetzt hielten, in diese Gegend gekommen war, stimmt damit überein. Durch den Petrusschüler, den gelehrten Maternus, erstrahlte das Evangelium im Volk von Straßburg und Köln. Wie Eusebius von Caesarea bezeugt, weilte Trophimus in Arles; Clemens hat die Lothringer zur Erkenntnis Christi gerufen; Crescens soll nach Mainz gekommen sein; der Paulusschüler Markus hat, wie alte Nachrichten der Kirche von Passau an der Donau bezeugen, in Wien, dem Bischofssitz von Österreich, vor dem Passauer Kollegium gepredigt.[16] Wenn so viele große und bedeutende Männer nach Deutschland und Frankreich kamen, galt ihre vordringliche Sorge zweifelsohne den Studien, um den Nachfahren durch recht unterrichtete und wirklich gelehrte Männer das Evangelium einzupflanzen.

Obwohl dann, in den barbarischen Zeiten, als die vandalischen, hunnischen und fränkischen Kriege große Verwüstungen anrichteten, die alten Kollegien zu Grunde gegangen waren, konnten die Kirchen, die irgendwie überlebt hatten, dennoch der Wissenschaften nicht entbehren. Wiederum wurden also Kollegiatstifte und Klöster begründet. Und als die Stifte die Studien vernachlässigten, weil sie durch königliche oder höfische Umtriebe in Besitz genommen waren, ging die Lehraufgabe an die Klöster über. Weil diese mit kultischen Aufgaben überladen wurden, konnten sie sich nicht zugleich der beschwerlichen und schwierigen Lehraufgabe unterziehen. Also entstanden die Universitäten, in denen die wissenschaftlichen Studien einigermaßen angefacht, aber die Bande der Zucht sehr stark gelockert wurden.

An dieser historischen Übersicht ist hinreichend zu erkennen, dass einerseits den Kirchen immer die Schulen angeschlossen gewesen sind, andererseits aber, bei Verlust der Studien, das Licht des Evangeliums ausgelöscht wurde. Ist das aber so, dann müssen jedenfalls weise Herrscher Kirche wie Universität in ihre Obhut nehmen. Zweifelsohne ist es die höchste Pflicht des Herrschers, die Kenntnis Gottes unter den Menschen zu erhalten. Dieser hohen Aufgabe dienen unsere Studien. Es sorge also der Herrscher dafür, dass die Universitäten durch ausgezeichnete, intelligente, gebildete, an Tugend und Kenntnis hervorragende Gelehrte erblühen, welche um die nutzbringende Theorie der Redekunst wissen und treu ihre Pflicht tun. Die Fürsten müssen diese Lehrer beim Aufrechterhalten der Zucht unterstützen. Denn ohne den Einfluss der Obrigkeit kann das nicht geschehen. Treue Lehrer muss man auch ehrenvoll entlohnen. Freilich ist zuviel Reichtum nicht wünschenswert. Einerseits bedroht die Sorge um das Auskommen die wissenschaftlichen Studien, andererseits steigert Reichtum das Wohlleben bei den Faulen. Der Mittelweg tut not! Zum einen, weil die Lehrer ihr eigentliches Amt nicht wahrnehmen können, wenn sie dazu gezwungen sind, die Nahrung für sich und die Ihren anderwärts zu erlangen, zum anderen, weil arme Schüler gefördert werden müssen, damit den Kirchen die Pastoren nicht fehlen. Jene Leute, die davon träumen, dass die Pastoren aus beliebigem Holz geschnitzt werden und die Religionslehre sofort, ohne Wissenschaft, ohne längere Unterweisung, aufnehmen können, irren sich nämlich sehr.

Zuerst muss die Gattung der prophetischen und apostolischen Rede studiert werden. Also sind die alten Sprachen zu erlernen, und die gesamte Methode der Redegestaltung ist zur Kenntnis zu nehmen. Dafür benötigen tüchtige Gelehrte die Lektüre der alten Schriften, literarische Übungen und schließlich auch Zeit. Später wird die Mühe größer. Die Kirche verfügt über eine gewisse eigene, menschliches Urteilen übersteigende Weisheit. Sie hat einen Feind, den Teufel, der versucht, die Wahrheit zu verschütten. Es gibt viele verkehrte Geister, welche entweder mutwillig oder aus Ehrgeiz oder Streitsucht die wahren Lehrsätze verfälschen. Zu allen Zeiten gab es also in der Kirche überaus scharfe Meinungsverschiedenheiten. Aber zur Lösung der bedeutendsten Streitigkeiten bedarf es nicht nur geistiger Regsamkeit und ausgewogener Kenntnis der Heiligen Schrift, sondern auch der Disputationskunst, der Redegewandtheit und historischer Kenntnisse, Kenntnisse des Altertums und vor allem früherer Entscheidungen. Wer sich dem Kampf um die Wahrheit stellt, muss so wichtige Dinge ausführlich abgehandelt und diskutiert haben. Und es genügt nicht, lediglich für sich selbst zu studieren. Lehrsätze müssen verglichen, Urteile vieler Menschen müssen gehört und Irrtümer ausgeräumt werden, sobald uns einmal späteres, genaueres Nachdenken auf die rechte Bahn zurückbringt. Nichts aber ist schlechter und gefährlicher, als listig Gründe gegen die Wahrheit zu suchen, wie diejenigen, die sich schämen, falsche Lehrsätze zu überprüfen und nachzubessern, und lieber im Irrtum verharren. Wenn wir also in diesem Studium sowohl allein, besonders jedoch durch Disputationen in Gegenwart anderer, oft und anhaltend nach der Wahrheit gesucht haben, müssen endlich auf Grund intensiver Beratung solche Sätze ausgewählt werden, welche wir dem Volk gleichsam als Orakel und Gesetze vorlegen wollen. Die Vorfahren waren deshalb an zahlreichem Schulbesuch interessiert und haben die Disputationen eingerichtet, damit sich die Studenten an diese Art des Aufstellens von Ansichten gewöhnten und sich zugleich mit dieser Übung in der Kunst des Erörterns zurüsteten und ihr Redetalent stärkten. Auf welche Weise, ganz zu schweigen vom Nutzen, kann man etwas angenehmer überdenken? Was gibt es besseres, als von einem gelehrten Menschen zu hören, welche Stellung er zu besonders wichtigen Dingen bezieht, durch welche Anordnung der Wörter, wie anschaulich, wie sachgemäß, dazu auch wie bescheiden er die Dinge auseinandersetzt?

Die Rede darf sich keine Fehler bei den Wortbedeutungen leisten, muss Unklarheit und Durcheinander meiden und sich außerdem vor Witzeleien hüten. Wir sind dazu geboren, uns im Gespräch einander mitzuteilen. Weshalb das? Etwa, um nur Liebesgeschichten vorzulesen, auf Gastmählern zu wetteifern oder um darüber zu reden, wie man mit Verträgen, durch Kauf, Verkauf usw. am besten Geld scheffeln kann? Nein! Die Menschen sollen einander über Gott und die Aufgaben der Ethik unterrichten. Das wechselseitige Gespräch möge in guter Gesinnung erfolgen, d. h. es soll eine wirklich angenehme Auseinandersetzung über diese grundlegenden Dinge sein.

Besonders aber mag unsere Versammlung hier, die auf die Leitung der Kirche vorbereitet werden muss, folgende Vergleiche schätzen. Nicht einmal in einem kleinen Kahn übergibt man einem Menschen das Ruder, wenn der nicht rudern gelernt hat. Keiner kann ohne Unterweisung die Äcker bestellen. Über andere, kompliziertere Fertigkeiten will ich gar nicht reden! Um wie viel geringer mag einer als Ausleger der himmlischen Lehre, als Leiter der Kirche sein, wenn er nichts gelernt hat? Auch wenn es notwendig ist, dass alle Knaben und Greise das Ganze der himmlischen Lehre kennen, kann es sich dabei um eine Kurzfassung handeln, die dennoch nicht sinnlos ist, wie wir es bei Dionysius Areopagita lesen, dass der Apostel Bartholomäus gesagt habe, das Evangelium sei lang und kurz. Das Ganze kann kurz überliefert werden, aber nach und nach muss in allen Frommen – mögen sie nun gebildet sein oder nicht – durch Meditation und Vergleichen der prophetischen und apostolischen Predigten die Erkenntnis der göttlichen Dinge an Anschaulichkeit zunehmen. Ohne Unterrichten und Erklären geht das nicht. Doch um erklären zu können, braucht man, wie ich oben ausgeführt habe, eine ausführliche und umfassende Lehre.

Christus befiehlt, dass der tüchtige Schriftgelehrte Neues und Altes hervorbringe.[17] Er will also, dass der Schriftgelehrte, d. h. der Doktor nicht einfältig und ungeübt, sondern zuvor in der Kirche zu guter Form herangebildet und in die wahre und heilsame Lehre eingeführt ist. Paulus wiederholt später oft dieses Gebot und verlangt, das Lehren nicht aufzugeben; ja, er verlangt, jemanden auszuwählen, der nicht nur lehren, sondern die Lehre auch verteidigen kann.[18] Wie viele Dinge umfasst schon eine der beiden Aufgaben! Denn wie viel Bildung, Fleiß, Kenntnis und Selbstbeherrschung, wie viel Einsicht erfordert es, um klar und einfach zu lehren, Unübersichtliches zu klären, Dunkles mit Licht zu erfüllen und die Form der Rede dem Verstehen von Gebildeten und Ungebildeten anzupassen, also – wie Paulus sagt – den Weisen wie Unweisen nützlich zu sein?[19] Um wie vieles schwieriger gestaltet sich dann die Verteidigung! Hier ist es notwendig, die Lehrgegenstände zusammenzustellen, Auseinandersetzungen aller Zeiten zu beurteilen, Lug und Trug aufzudecken, Spitzfindigkeiten zurückzuweisen, falschen Schein zu entlarven sowie wahre Sätze hervorzuheben und zu untermauern. Ohne die Breite wissenschaftlicher Fertigkeit kann sich niemand darin auszeichnen. Umso mehr muss man sich darüber wundern, was Paulus sagt, dass unsere Hoffnung in der Tröstung liegt, die die Heilige Schrift gibt.[20] Kann sich Hoffnung auf Buchstaben stützen, auch wenn es sich um diese schriftlichen Urkunden handelt? Die Täufer dürften zwar sagen, dass diese Stimme überaus ungereimt spreche. Doch sagt Paulus in großer Einsicht: Die Hoffnung stützt sich auf den ewigen Gott selbst.[21] Und Paulus kettet uns an diesen Gott, der sich im Wort offenbart hat, als er durch Propheten und Apostel mittels Buchstaben zur Sprache gebracht werden wollte, damit die Zeugnisse immer bestehen blieben. In ihnen wollte er den verborgenen Willen bezüglich der Versöhnung erkennen lassen, der nicht vom Scharfsinn menschlichen Geistes erfasst werden konnte. Dazu gibt es viele Gründe, warum uns Gott an diese Zeugnisse fesselt.

So oft das Gemüt ein Gebet beginnt und Gott sucht, dann möge es nicht nur den Himmel und die Welt als Werkstück betrachten, das es an den Baumeister mahnt, sondern sich zugleich auch die Worte des Evangeliums vergegenwärtigen. Es richte den Blick auf Gottes Sohn, der sich uns offenbart und die Verfassungen der Versöhnung verkündet hat, und spreche so:

Du, allmächtiger, ewiger und lebendiger Gott, du ewiger Vater unseres Herrn Jesus Christus, dich rufe ich an, dich, der du dich in unendlicher Güte offenbart und über deinem Sohn, unserem Herrn Jesus Christus, ausgerufen hast: „Auf ihn hört!"[22] Schöpfer und Bewahrer aller Dinge, mit deinem Sohn, unserem Herrn Jesus Christus, der ewig ist wie du, und mit dem Heiligen Geist: Um deines Sohnes Jesu Christi willen, von dem Du wolltest, dass er sich für uns zum Opfer brachte, erbarme dich meiner. Lenke mich, hilf mir und erneuere mich durch deinen Heiligen Geist. Lenke und bewahre deine Kirche; bewahre auch die Gemeinwesen, die den leidgeprüften Kirchen Herberge gewähren.

Diese Gestalt des christlichen Gebetes unterscheidet sich vom heidnischen, vom jüdischen und türkischen Gebet. Diesen Unterschied muss man erkennen, vorbringen und ständig einprägen. Er kann aber nicht ohne die Wissenschaften und den Vergleich der Anschauungen erörtert werden. Deshalb will Gott in der Kirche die humanistischen Wissenschaften immer gepflegt sehen. Damit aber die Studien nicht wieder ausgelöscht werden, verteidigt er die Schulen auf wundersame Weise. Denn er will, dass wir allesamt die Kirche als unsere Lehrerin hören, so wie es besonders geistreich in der Geschichte von Simson gezeigt wird: „Ihr hättet es nicht erraten, hättet ihr nicht mit meiner Kuh gepflügt."[23] Vom Volk Israel haben wir das Evangelium gelernt, das die Apostel unter den Völkern verbreiteten. So gab Gott der Kirche nacheinander immer einige Gelehrte; er wollte immerzu Zeugnisse seines Willens vorhanden wissen. Darum sind Fürsten, sind Gemeinwesen, sind wir selbst, die wir die Lehrtätigkeit wahrnehmen, fest davon überzeugt, dass unter allen Aufgaben der Menschen diese die wichtigste ist: die Studien zu bewahren und fortzupflanzen. Jedermann an seinem Ort mag sich mühen, damit die Schulen in vollem Schmuck erblühen. Undankbarkeit ist nämlich am meisten zu tadeln, weil sich uns Gott in seiner unermesslichen Güte und seinem Erbarmen offenbart und uns fürsorglich – in diesen schriftlichen Zeugnissen sozusagen verbürgt – seinen verborgenen Willen überliefert hat, nämlich, dass er uns durch seine eigene Stimme sowohl diese Zeugnisse als ewige Güter gewährt als auch zulässt, dass wir solche große Freigebigkeit Gottes uns gegenüber vernachlässigen und verachten.

Danken wir Gott, weil er unseren erlauchtesten Fürsten[24] bewegt hat, sich für gottgefälliges Lehren und rechte Leitung in den Kirchen seines Landes sowie für die Entwicklung der Wissenschaften einzusetzen. Nach seinem Beispiel hegt und pflegt der hochverehrte Rat dieser Stadt Leipzig großzügig die Universität. Ist diese auch gut ausgestattet, so besitzt sie freilich, wenn man es recht betrachtet, keine größere und göttlichere Zierde als die Lehre. Und in der Tat kann erst jenes Gemeinwesen als ehrenhaft gelten, in dem zur politischen Ordnung die Kenntnis Gottes und

die Erforschung aller anderen ehrenhaften Wissenschaften hinzutreten.

Dass aber dieser Besitz auf Dauer bleibe, hängt in anderer Weise auch noch von uns ab: Die Universitäten sollen Aristokratien
sein, vergleichbar den Bienenstöcken, wo jedermann seine Pflicht
zielstrebig erfüllt, wo wir Nützliches lehren, die Mühen redlich
aufteilen, uns einander beistehen und bewusst selbstbeherrscht
die allgemeine Eintracht bewahren. Wir wollen darauf bedacht
sein, dass wir in einer christlichen, zumindest aber menschlichen
Gemeinschaft leben. Wir wollen nicht an der Rohheit der Kyklopen Gefallen finden, bei denen, wie Euripides sagt, „keiner jemals
auf den anderen hört"[25]. Persönliche Eitelkeit soll unter einzelnen
Gruppen, auch unter den Professoren, keine Streitigkeiten entfachen; selbstsüchtige Begierde hinter dem Gemeinwohl zurück-
stehen, öffentliche Ruhe eigener Leidenschaft vorgezogen werden.

Wenn ich darüber nachdenke und diese Wünsche hege, fällt
mir oft die Geschichte des Plinius von den beiden Ziegen ein:
Als sie sich auf einer so schmalen Brücke begegneten, die keinen
Raum dafür bot, dass die eine an der anderen vorbeigehen konnte,
fanden sie mit erstaunlicher Geschicklichkeit einen Ausweg. Die
eine legte sich nämlich so auf der Brücke nieder, dass die andere
auf ihren ausgestreckten Körper treten und über ihn hinweglaufen
konnte.[26]

Es gibt viele Gelegenheiten, bei denen mit Notwendigkeit große Unruhe auftritt, wenn keiner dem anderen nachgibt. Wir müssen uns der Folgen für das Gemeinwesen bewusst sein und unser
Ungestüm zügeln. Die einen lassen sich wegen Lohn und Ehre, die
anderen unterdessen wegen Parteieneifers hinreißen, wo es doch
um vieles richtiger wäre, sich selbst zurückzunehmen und – so wie
jene Ziegen einander auswichen – durch Selbstbeherrschung den
Stein des Anstoßes aus dem Weg zu räumen.

Tun wir das, dann wird Gott der Schule und unseren Studi-
en gewogen sein. Denn er fordert zweierlei: Treue in der Amts-
führung und die Sorge um die Bewahrung der Eintracht. Und
beiderlei Tugend verheißt er gewaltigen Lohn. Erinnert euch an
das Gleichnis im Evangelium, wo Christus den Sklaven lobt, der

sein Geld gut angelegt hatte.[27] Und der Psalm sagt über die Eintracht: Dort verheißt der Herr den Segen.[28] Was soll man denn davon halten, dass Christus, der die Füße seiner Jünger wusch, uns befiehlt, sein Beispiel nachzuahmen?[29] Es ist nicht Knechtschaft, sondern Tugend aus Gottes freier Gnade, diejenigen persönlichen Kränkungen zu tolerieren, deren Ahndung der öffentlichen Ruhe schadet. Diese Tugend wollen wir uns selbst auferlegen, und an diese wahren und philosophischen Aufgaben wollen wir uns besonders sorgfältig gewöhnen, womit wir den Blick auf Gott richten, der auf Grund dieser Mäßigung umso mehr die Schule begünstigt. Halten wir dies uns und anderen vor Augen (denn entweder werden Menschen bewegt, sich der Wahrheit zuzuwenden und dadurch zu leben – denn die Lüge ist der Tod, und ihr Vater ist immer schon ein Mörder gewesen –, oder sie wenden sich ihr nicht zu, womit das Zeugnis unverbesserlicher Ruchlosigkeit erhalten bleibt), prägen wir dies uns und den anderen ein: Die Schulen sind unverzichtbar für die Bewahrung von Frömmigkeit, Religion und der bürgerlichen, häuslichen wie öffentlichen Ordnung. Wie denn, ich bitte euch, soll die künftige Gestalt von Reichen oder Städten beschaffen sein, wenn es keine Erziehung und Lehre durch die Wissenschaften gibt?

Die Sache bedarf eigentlich keinerlei Beweisführung! Betrachten wir doch nur die Orte, die einstmals den Studien Heimat geboten haben, wo auch jetzt die Kollegien jene schulischen Ehrentitel beibehalten, allerdings nur, um ihre Würde zu erhöhen und Vorteile im Rang zu haben. Wir sehen, wie viel Schimpflichkeit täglich in ihnen offenbar wird. Die eigenen wie fremde Leute beginnen, sie kräftig zu verachten. Sie werden eingeschränkt und gehen allmählich zu Boden. Unterdessen versuchen sie, ihr Verderben abzuwenden, indem sie – wie es immer so geht – Unkenntnis und Barbarei vermehren, und führen damit natürlich einen viel größeren Zusammenbruch herbei. Denn sicher hat keinen Bestand, was sich gegen die Wahrheit und Christus auflehnt. Denn sie stürmen, wie man sagt, mit Hörnern gegen Erz an. Ihr Beispiel will uns also bewegen und ermahnen, den Bestand der Schulen für das Gemeinwesen und die Kirche Christi zu fördern.

Es gibt viele, die mit hochmütigem Sinn auf Ehre ausgehen, bereits im Licht des Gemeinwesens stehen und schnell vergessen, woher sie aufgestiegen sind. Freilich steht fest, dass durch keinen anderen Ruf die Menschen höher emporgehoben werden, als durch ihre Gelehrsamkeit. Aber welcher Verkehrtheit huldigen jene, die später auf die Welt der Schule als auf eine niedere herabsehen und ihr feindselig und gehässig begegnen oder sie zumindest wie Fremde vernachlässigen. Was tun nun einige andere Mächtige und Reiche, die einst Sklaven des Aberglaubens waren, nachdem die Wahrheit der Religion verkündet worden ist? Mit guten Werken machen sie den Schlangenlohn wieder gut, und die erworbene Freiheit missbrauchen sie, um ihre Begierden auszuleben. Bisher haben die Schulen in Deutschland einigermaßen überlebt. Die Kollegiatstifte, die schon längst zu fallen drohen, wanken in den Grundfesten. Die Mönche, töricht, ungebildet und lächerlich in ihrem Aberglauben, sind beinahe verschwunden. Überall sorgen die Schulen für sich nur schlecht und liegen überall brach. Was erst sein wird, wenn sie ganz verwüstet sind, wollen wir lieber nicht beschreien.

Deshalb wollen wir alle, gleich welchen Rang wir einnehmen, in Geist und Absicht übereinstimmen, Mühen und Lasten teilen und uns in unseren Pflichten gegenseitig unterstützen. So wie überhaupt keine Gemeinschaft blühen und langen Bestand haben kann ohne eine bürgerliche und schulische Ordnung, so können bürgerliche und schulische Ordnung nicht auseinandergerissen werden, ohne dass das ganze Gemeinwesen untergeht. Daher sollen Fürsten und Städte das Schulwesen verteidigen, es pflegen und fördern, ihm durch Freigebigkeit aufhelfen, will sagen, es überhaupt erst aufrichten. Dann aber pflege die Schule auch Fürsten und Städte, bereichere, schmücke und preise sie: Sie stelle auch den Höfen, der Ratsversammlung wie dem Rathaus und vor allem den Kirchen gute, nützliche, in Lehre und Rechtschaffenheit hervorragende Diener bereit.

Dieses Band wird Gott bestätigen und in ihm segnen und gedeihen lassen unser Bemühen, unseren Eifer und unser Tun, indem er all dies hinlenkt zum Lob seines heiligen Namens und dem Wachstum der Kirche Jesu Christi. Und Gott flehe ich an von ganzem Herzen, um des Sohnes willen, des Mittlers, damit er die Reste seiner Kirche inmitten des tobenden Erdkreises bewahrt und ihm gefällige Studien in dieser Hochschule und andernorts bewahrt. Amen.

Damit beende ich meine Rede.

[1] Aristoteles, Ethica Nicomachea 4,62,10.   [2] Vgl. etwa Horaz, Epistulae 1,4,16. [3] Wildes Volk der griechischen Mythologie; hier angewandt auf Menschen, die jede Ordnung ablehnen.   [4] Mt 17,5.   [5] Vgl. Ex 33,18–23.   [6] Dtn 17,8–13. [7] 2Chr 16,7–10.   [8] 1Kön 11,29–39.   [9] 2Sam 7,1–17; 12,1–24.   [10] Vgl. 1Kön 17–2Kön 2.   [11] Vgl. das „Lob der Väter", Sir 46–49, das allerdings nur teilweise diese Informationen enthält.   [12] 1Makk 2.   [13] Lk 2,25–35; 1,5–23.57–79. [14] Num 11,16 f. 24 f.   [15] Eusebius von Caesarea, Historia ecclesiastica 5,24,16. [16] Zur Mission in Deutschland vgl. Albert Hauck: Kirchengeschichte Deutschlands I. Leipzig 1922, 5–9.   [17] Vgl. Mt 13,52.   [18] Phil 1,16.   [19] Vgl. Röm 1,14. [20] Vgl. Röm 15,4.   [21] Vgl. 1Tim 5,5.   [22] Vgl. Mt 17,5.   [23] Ri 14,18.   [24] Herzog Moritz von Sachsen.   [25] Euripides, Kyklops 120.   [26] Vgl. Plinius d. Ä., Naturgeschichte 8, 201; WA TR 6, 297 (Nr. 6963).   [27] Vgl. Lk 19,11–26.   [28] Vgl. Ps 133.   [29] Joh 13,3–15.

Vorrede zur Vorlesung
über das Nizänische Glaubensbekenntnis

Enarratio Symboli Nicaeni: Praefatio 1550

Auf Anregung Melanchthons wurde an der Theologischen Fakultät der
Universität Wittenberg eine Vorlesung über das Nizänische Glaubensbekenntnis eingerichtet. Caspar Cruciger übernahm diese Aufgabe und las
seit 1546 über das „Symbolum Nicaenum". Nach dem Tod Crucigers
setzte zunächst Georg Major die Vorlesung fort. Spätestens im Jahr 1550
übernahm dann Melanchthon die Vorlesung, wobei Major die Vorle-
sungsmanuskripte Melanchthons öffentlich vortrug.[1] Im Frühjahr 1550
gab Melanchthon den ersten Teil der „Enarratio" zum Druck.[2] Hierfür
schrieb er diese Vorrede.[3] Crucigers Text fügte er die von ihm selbst verfassten Kapitel hinzu. Im Bewusstsein, ein gemeinsames Werk heraus-
zugeben, verzichtete er darauf, auf dem Titelblatt des Druckes einen
bestimmten Autor als Verfasser anzugeben. Aus dem Text war nicht zu
ersehen, welche Teile von Cruciger und welche von Melanchthon verfasst
worden waren. Das hat später mit dazu beigetragen, dass die Verfasser-
schaft Crucigers in Vergessenheit geriet und die „Enarratio" als Ganzes
dem Werk Melanchthons zugeordnet wurde. In seiner Vorrede hatte
Melanchthon jedoch ausdrücklich darauf hingewiesen, dass Cruciger die
Vorlesung in Wittenberg begonnen hatte.

Für Melanchthon war die Auslegung des Nizänischen Symbols die
sachgemäße Fortsetzung seiner „Loci theologici". Der Konzeption nach
waren die im Jahr 1550 publizierten Kapitel nur der erste Teil einer ge-
planten Gesamtdarstellung der reformatorischen Dogmatik. In der Vorrede kündigte Melanchthon die Veröffentlichung weiterer Teile der Vorlesung an für den Fall, dass das Werk Anerkennung fände. Das angestrebte
Publikationsvorhaben blieb jedoch unvollendet.[4] Auch die Texte der in
den Jahren 1555/57 wiederholten Vorlesung („Explicatio Symboli Nicaeni") blieben Fragment und wurden zu Melanchthons Lebzeiten nicht
mehr gedruckt.

Auf dem Hintergrund des Scheiterns der Religionsgespräche und der
Situation nach dem Augsburger Interim (1548) war es Melanchthon ein
wichtiges Anliegen, auf das gemeinsame theologische Fundament der
Protestanten hinzuweisen. Mit der „Enarratio Symboli Nicaeni" sollte

die Übereinstimmung der reformatorischen Lehre mit den Dogmen und Lehren der Alten Kirche herausgestellt werden. Die Vorrede Melanchthons enthält grundsätzliche Ausführungen über die Aufgaben der Theologie als Wissenschaft und deren Bedeutung für die Bewahrung und Verbreitung der göttlichen Lehre.

Übersetzungsgrundlage: CR 7, 575–579.

Den hochverehrten Herren und Lehrern der Kirche Gottes in Niedersachsen und in den benachbarten Territorien entbietet Philipp Melanchthon seinen Gruß.[5]

Es steht fest, dass das Menschengeschlecht nicht aus purem Zufall und nicht ohne Sinn entstanden ist, etwa nur der sinnlichen Genüsse wegen[6] oder um der ungeheuren Mühsale willen, die die Erhaltung der öffentlichen Ordnung mit sich bringt, sondern vielmehr dazu, dass es gleichsam einen Schauplatz[7] oder einen Tempel gäbe, in dem sich Gott bekannt macht, und damit jemand da wäre, dem Gott seine Weisheit und Güte bis auf alle Ewigkeit mitteilte. Damit er erkannt wird, hat er sich offenbart, und zwar nicht nur in seinen Spuren, die den Lebewesen dieser Welt[8] eingeprägt sind,[9] sondern auch durch Kundgabe des Wortes der Lehre,[10] der er – abgesehen von der Offenbarung in der Ordnung der Natur – klare Zeugnisse beigegeben hat. Durch dieses Wort sammelt er sich eine ewige Kirche entsprechend dem Wort des Gottessohnes: „Heilige sie, Vater, in Deiner Wahrheit; Dein Wort ist die Wahrheit."[11] Er will, dass dieses Wort von der Kirche in treuem Glauben unverfälscht erhalten wird und dass es zu allen Zeiten unter den Menschen zur Sprache kommt. Von dieser Norm aber ist von Anfang an eine große Zahl von Menschen abgewichen und weicht noch immer davon ab, angestachelt vom Wahnsinn des Teufels oder von der eigenen Unbeständigkeit. Mit einer geradezu erstaunlichen Frechheit verspotten die einen nach Art der Kyklopen[12] jegliche Erwähnung der Gottheit und der Vorsehung, während andere neue Redefiguren,[13] Gebräuche[14] und Meinungen erdichten und aufstellen. Doch Gott lässt es keinesfalls zu, dass das Licht der wahren Erkenntnis ganz ausgelöscht wird, sondern er bewahrt die Kirche[15] als Wächterin der wahren Lehre. Daher gibt es in dieser Kirche seit der Zeit der Ureltern,[16] als die Verheißung gegeben wurde, dass der „Nachkomme der Frau den Kopf der Schlange zertreten wird"[17], eine einige und beständige Lehre über das Wesen und den Willen Gottes.

Die Kirche schafft keine neue Lehre, sondern diese[18] ist gleichsam die Grammatik des göttlichen Wortes: Sie[19] lehrt die Jugend, was die Wörter bedeuten, sie unterteilt und führt die Glieder der Lehre nacheinander an, sie fügt klare Zeugnisse hinzu aus den prophetischen und apostolischen Schriften oder auch aus den anerkannten Geschichtsbüchern von den Synoden oder ähnlichen Quellen,[20] und schließlich weist sie mit diesem Licht der Wahrheit die ihr widersprechenden Meinungen zurück. Gott erhält nämlich in der Kirche das evangelische Predigtamt, das die prophetischen und apostolischen Schriften zur Sprache bringt und das Wort, von dem ich gesprochen habe,[21] auslegt. Nichts anderes tun wir[22] mit dieser Erklärung des Bekenntnisses und mit unseren anderen Schriften. Keineswegs begründen wir eine neue Art der Lehre, sondern bemühen uns, jenes einhellige, beständige Wort der katholischen[23] Kirche Gottes, das die Urväter,[24] Propheten und Apostel zur Sprache gebracht haben und das in den Glaubensbekenntnissen ausgedrückt ist, an die Nachkommen weiterzugeben. Aus diesem Grund ist es nötig, die Jugend auf die kirchliche Lehre aufmerksam zu machen, an den wahren Bedeutungen der Wörter festzuhalten und die falschen zu verwerfen.

Hier muss äußerst sorgfältig vorgegangen werden! Wie oft sind schon Wörter wie „Wort", „Geist", „Person", „Hypostase", „Sünde", „Gesetz", „Gerechtigkeit", „Gnade", „Glaube", „Bekenntnis", „Kirche", „Opfer" verdreht und entstellt worden, indem ihnen falsche Bedeutungen beigelegt wurden? In ausufernden Reden werden oft unglaubliche Deutungen von Leuten erfunden, die keinerlei Kenntnis der rednerischen Ausdrucksweise besitzen. Das zeigen die Erzählungen der Juden und Mönche, bei denen wir sehr oft dieses feststellen, was die Alten von den bei der Rede ungeschickt Hin- und Hertanzenden gesagt haben: „Das Versmaß anzugeben

ist eine Sache, den Rhythmus dagegen eine andere."[25] Deshalb erhält Gott in der Kirche das evangelische Predigtamt und die Wissenschaften, damit die Schriften der Propheten, Apostel und auch
andere Quellen gelesen werden. Dann kommt das Wort der Lehre
unter den Menschen zur Sprache, durch das die Kirche gesammelt
wird, und die Erfahrenen stehen der Jugend bei, das Wort zu erklären, Unterschiede in den Lehren aufzuzeigen und Irrtümer zu
verurteilen. Es ist nicht nötig, einen anderen Grund zu suchen,
warum diese Studien notwendig sind, außer diesem, dass wir sehen, dass sie von Gott eingerichtet wurden und durch viele Zeugnisse[26] bewiesen sind, so wie Paulus spricht: „Sei beständig und
eifrig beim Lesen, bei der Tröstung[27] und bei der Lehre!"[28] Weil
dieses nötig ist, braucht man die Wissenschaften und die Lehre.
Anzuwenden sind die Hilfsmittel der freien Künste:[29] Definitio-
nen, Gliederungen, der Vergleich, die Schlussfolgerung und alle
anderen Mittel der Wissenschaften. Sie sind gleichsam Abgren-
zungen, durch die die von ihnen umschlossene Wahrheit erhalten
wird. Zwar sollten im Allgemeinen beim Lehren viele Tugenden
zur Anwendung kommen: Liebe zur Wahrheit, Klugheit bei der
Auswahl der notwendigen Sachfragen, rechtes Maß bei den Disputationen, Streben nach Eintracht, Klarheit bei der Beurteilung
der Reden der anderen, Abscheu vor Sophistereien und Verleumdungen. Allerdings soll der Lehrende beim Vortrag in den Kirchen
und Schulen[30] nicht ohne eigenes Urteilsvermögen wie ein „Esel
auf die Musik der Laute hören"[31], sondern er soll sich mit Bedacht
eines Ratschlages und der Wissenschaft bedienen, vor allem aber
in rechter Weise an der aus den Quellen selbst geschöpften Lehre
der Kirche festhalten.

Dies habe ich deshalb vorausgeschickt, damit die Jugend an-
hand einer Ordnung des Lehrens und Lernens noch stärker die
Studien liebt und noch mehr auf die Bewahrung der eigentlichen
Wortbedeutung[32] beim Reden achtet, was zur Erkenntnis der
Wahrheit und zur Erhaltung der Eintracht von hohem Nutzen
ist. Einige halten nämlich dagegen, dass das Festhalten an der
eigentlichen Wortbedeutung beim Lehren nichts anderes als ein
Gefängnis sei und Fesseln anlege, derer sich herausragende Geister

schämen müssten, während den scharfsinnigen Denkern vielmehr die Freiheit zugestanden werden müsse, unter Absehung der ursprünglichen Wortbedeutung umso trefflichere Interpretationen zu ersinnen. Ich überlasse es aber der Kirche und insbesondere euch, denen ich gleichsam als Schiedsrichter in dieser Sache schreibe, die Meinung dieser Leute zu beurteilen. Es gibt klare Regeln: „Einen anderen Grund kann niemand legen außer dem, der gelegt ist, welcher ist Jesus Christus."[33] Dieser Gedanke ist oft wiederholt worden. Von dieser Norm darf niemals abgewichen werden.

Wie schön erzählen es doch die Griechen: Als Bellerophontes,[34] der durch die früheren Erfolge und den erlangten Ruhm hochmütig geworden war, sah, dass er von Pegasus durch die Luft über Länder und Meere getragen wurde, wagte er es, auch in den Himmel zu Jupiter einzudringen. Dort wurde er aber von Pegasus abgeschüttelt, fiel auf die Erde und starb.[35] Genauso ist es auch hier: Der Wagemut, über die von Gott gesetzten Grenzen hinauszugehen, bringt Verderben.

Es ist nicht richtig, wenn gesagt wird, dass das göttliche Wort ähnlich zweifelhaft und unsicher sei wie die Sibyllinischen Bücher.[36] Das meiste ist allen Verständigen und einigermaßen Gebildeten in der Kirche vollkommen klar. Wie es aber Gott gewollt hat, dass es das evangelische Predigtamt in der Kirche gibt, so will er ebenso, dass über die Lehre Urteile gefällt werden, mit denen das Bekenntnis der Gottesfürchtigen und Gelehrten Irrtümer zurückweist und Zweifelhaftes erklärt. Es sollen deshalb Dogmen der Kirche bekannt und vorhanden sein, die durch die eigentliche Bedeutung der Wörter gleichsam geschützt und befestigt werden. Aus diesem Grund sind ursprünglich Glaubensbekenntnisse verfasst worden, damit die Summe der Lehre, mit eindeutigen Worten vorgetragen, sichtbar vor Augen steht, so dass diese hochbedeutsamen Inhalte[37] überall in den Kirchen im gleichen Wortlaut bekanntgemacht werden.

Auch heute ist in gleicher Weise Sorgfalt notwendig bei der Beurteilung gewisser Kontroversen. Weil es aber nicht Sache der Regierenden ist, sich um diese hohen Fragen zu kümmern, müssen wir in den Schulen[38] dafür sorgen, dass eine Summe der Lehre

vorhanden ist, die, so gut es geht, möglichst unzweideutig vorgetragen wird. Denn es ist nötig, dass wir in den Schulen immer
wieder die Hauptartikel der Lehre wiederholen, so wie es bei der
Katechese für die Kinder geschieht. Demnach ist diese Auslegung
des Nizänischen Glaubensbekenntnisses in frommer Absicht von
Caspar Cruciger begonnen worden, damit die Lehre des Symbols
gleichsam in ihrer Entfaltung dargeboten und die Ordnung durch
die Untergliederung der Teile des Symbols in einzelne Abschnitte
besser erfasst werden kann. Er wollte damit bezeugen, dass wir
voller Ehrfurcht die überlieferten Bekenntnisse, die sich durch
hohe Autorität auszeichnen, verehren und verteidigen und dass
wir an ihrem ursprünglichen Sinn festhalten. Weil man dieses
Vorhaben für gut befand und einige gelehrte und gottesfürchtige
Leute, die in großem Ansehen stehen, der Meinung waren, dass
der bereits erschienene erste Teil der Auslegung[39] für die Studien
der Frommen von großem Nutzen gewesen ist, haben wir ihn um
einige Kapitel erweitert erneut herausgegeben. Weitere Teile werden folgen, wenn Euch diese Arbeit gefällt.

Ich bemühe mich jedenfalls, die allgemeine Lehre getreu vorzutragen, die in der Kirche[40] gelehrt wird, und die, wie ich meine,
bei sorgfältiger Betrachtung der gesamten Alten Kirche, wahrhaftig den Konsens der katholischen[41] Kirche Gottes darstellt und mit
der Augsburgischen Konfession von 1530 übereinstimmt. Keinesfalls möchte ich eine fremde Art der Lehre oder fremde Meinungen in die Kirche hineintragen. Und ich wünsche, dass die Eintracht der Kirche ewig währt. Ich meine, dass ich über viele Jahre
hin genügend Eifer bewiesen habe beim Aufzeigen der Wahrheit
und bei der Förderung der Eintracht unter uns. Damit aber noch
deutlicher wird, dass mir viel daran liegt, dass der Konsens unter den Kirchen erhalten bleibt, übergebe ich diese Edition und
meine übrigen Schriften dem Urteil der gebildeten und ehrbaren
Leute unter Euch, von denen ich weiß, dass es in Euren Kirchen
viele davon gibt, die ich als wahre Glieder der Kirche verehre. Es
schrecken mich weder der Hass noch die Verleumdungen gewisser
Leute, wobei ich an euer Urteil appelliere. Schriften von mir sind
vorhanden, die zeigen, was ich meine, und sie weisen die Angriffe

zurück, auf die ich auch zu anderer Zeit antworten werde. Ich weiß, dass vielen guten und gelehrten Leuten meine Betrübnisse und deren schwerwiegende Ursachen bekannt sind.

Zum Schluss aber will ich – so wie der Sohn Gottes in seinem Leidenskampf den ewigen Vater bat, dass er die Kirche erhalten möge und es geschehen lasse, dass „alle eins werden in ihm"[42] – meine Seufzer und Bitten an dieses leidenschaftliche Gebet jenes höchsten Priesters, des Gottessohnes, anfügen, und ich bitte ihn mit ganzer Seele, dass er in diesen Regionen[43] allezeit die ewige Kirche sammle und leite und die Seelen der Lehrenden mit seinem Heiligen Geist erfülle. Lebt wohl! 1550, am Tag des heiligen Evangelisten Markus.[44]

---

[1] Dieses heute ungewöhnlich erscheinende Verfahren war damals kein Einzelfall. [2] Der Text der Vorlesung ist abgedruckt in CR 23, 193–346. [3] Vorrede vom 25. April 1550, abgedruckt in: CR 7, 575–579 (4704); vgl. MBW 6, 44 (5778). [4] Die Fortsetzung der Vorlesung ist nur handschriftlich in einem Dresdner Manuskriptband überliefert, die nun als Edition vorliegt: Philipp Melanchthon: Enarratio secundae tertiaeque partis Symboli Nicaeni (1550)/hrsg. und eingel. von Hans-Peter Hasse. Gütersloh 1996. [5] Adressaten sind die „Kirchenlehrer", d. h. die Pastoren, in „Sachsen". Wenn Melanchthon in der Vorrede sagte, dass er das Buch den Gebildeten unter ihnen zur Beurteilung vorlegen wolle, waren offenbar nicht die „Kirchenlehrer" in Kursachsen gemeint, zu denen er sich selbst hätte rechnen müssen, sondern die Pfarrerschaft in Niedersachsen: Herzogtum Braunschweig-Wolfenbüttel/Lüneburg, die Städte Lübeck und Hamburg u. a. Da auch von „angrenzenden Gebieten" die Rede ist, bleiben die Adressaten nicht auf ein eng begrenztes Territorium beschränkt. [6] Die Formulierung „ad voluptates perfruendas" bei Marcus Tullius Cicero, De officiis 1,25. [7] Im Text: „theatrum". Gemeint ist mit diesem bildhaften Vergleich, dass Gott das Menschengeschlecht gleichsam als „Publikum" erschaffen hat, demgegenüber er sich mit seinem göttlichen Wirken offenbart. [8] Im Text: „corpora mundi": Lebewesen der Erde in ihrer körperlichen Gestalt und Beschaffenheit bzw. in einem umfassenden Sinne die Natur insgesamt. [9] Zu den „Spuren" Gottes in der Schöpfung vgl. Ps 77,20. [10] „Lehre" („doctrina") meint im Folgenden immer die göttliche Lehre, die in der Heiligen Schrift offenbart ist. [11] Joh 17,17. [12] Die „Kyklopen", einäugige riesenhafte Gestalten der griechischen Mythologie, sind nach Homer ein rohes, menschenfressendes Hirtenvolk. Melanchthon spielt hier auf die Nikomachische Ethik des Aristoteles (10, 10; 1180a) an, der ein Leben ohne Gesetze und öffentliche Vorsorge als „kyklopisch" bezeichnete. [13] Im Text:

„lumina" (wörtlich: Lichter). Gemeint sind rhetorische Stilmittel, die als „Glanzpunkte" aus der Rede hervorleuchten und ihr Schmuck verleihen. [14] Im Text: „cultus". Sicherlich ist hier in einem spezifischen Sinne an die Einrichtung neuer Formen im Gottesdienst gedacht. [15] Die Formulierung („servat aliquam ecclesiam") deutet an, dass nicht die Bewahrung der ganzen Kirche schlechthin im Sinne ihrer institutionellen Verfasstheit gemeint ist, sondern es ist in einem qualifizierten Sinne an die „wahre Kirche" gedacht. [16] Adam und Eva; vgl. Gen 1 f. [17] Gen 3,15. Gemeint ist Christus. Auf diese bekannte Stelle, das „Protevangelium", nahm Melanchthon in seiner Vorlesung immer wieder Bezug. [18] Gemeint ist die Lehre der Kirche. [19] Vgl. die vorhergehende Anm. [20] Zu denken ist an die damals verbreiteten und allgemein anerkannten Quellen zur Geschichte der Alten Kirche, z. B. die „Historia ecclesiastica tripartita". [21] Die Formulierung („sermo") stellt den Rückbezug zum Zitat Joh 17,17 (vgl. Anm. 11) her. [22] Melanchthon und die anderen Vertreter der Wittenberger Theologie. [23] Der Begriff „katholisch" (catholica ecclesia) nicht im konfessionellen Sinne; gemeint ist die „wahre Kirche" von alters her. [24] Die Stammväter des Volkes Israel im Alten Testament. [25] Das Bild von Leuten, die ungeschickt und nicht in Übereinstimmung mit dem Rhythmus tanzen, wurde oft auf die Rede angewendet; das griechische Zitat ist nicht nachzuweisen. [26] Gedacht ist an das Zeugnis der Heiligen Schrift. [27] Durch die Verwendung von „consolatio" („Tröstung"; „Ermutigung") in diesem frei zitierten Bibelwort ergibt sich eine leichte Akzentverschiebung zum Text der Vulgata („exhortatio": „Ermahnung"). [28] 1 Tim 4,13. [29] Die „freien Künste" (artes) umfassten das Trivium (Grammatik, Dialektik und Rhetorik) und das Quadrivium (Arithmetik, Geometrie, Astronomie, Musik). In unserem Zusammenhang ist das Trivium gemeint. [30] „Schule" (schola) ist hier in einem weiteren Sinne als Universität zu verstehen. [31] Die sprichwörtliche Redewendung „asinus ad lyram", für die es keine direkte Entsprechung im Deutschen gibt, richtet sich gegen Leute, die auf Grund von Unwissenheit über keine eigene Urteilsfähigkeit verfügen. [32] Der rhetorische Terminus „proprietas" („Eigentümlichkeit") an dieser Stelle bezeichnet bei Wörtern deren eigentlichen Sinn im Unterschied etwa zu einem übertragenen Verständnis. [33] 1 Kor 3,11. [34] Gestalt der griechischen Sage: Sohn des Glaukos oder Poseidon und der Eurymeda; Enkel des Sisyphos. Ihm gelang es, das Flügelross Pegasus zu bezähmen. [35] Vgl. Pindar, Isthmiae 7, 44–48. [36] Die „libri Sibyllini" enthielten alte Weissagungen, die auf dem Kapitol im Jupitertempel aufbewahrt wurden. [37] An dieser Stelle erscheint im lateinischen Text ein Begriff der Rhetorik: Der Sachverhalt („res") ist Gegenstand und gedanklicher Inhalt der Rede, der durch das Wort („verbum") sprachlichen Ausdruck erhält. [38] Siehe oben Anm. 30. [39] Die ersten Kapitel der Vorlesung Crucigers, 1548 gedruckt. [40] Kirchen, in denen die Augsburgische Konfession anerkannt ist. [41] Vgl. dazu oben Anm. 23. [42] Joh 17,21. [43] Vgl. dazu oben Anm. 5. [44] 25. April 1550.

Die Lehre von der Buße

Doctrina de poenitentia   1549

Schon zu Beginn des Jahres 1548 kam Melanchthon in seinen Vorlesungen wiederholt auf die Lehre von der Buße zu sprechen. Den Anstoß hierzu gaben ihm, so er selbst am 10. März in einem Brief an Hieronymus Baumgartner, die Beschlüsse des Konzils von Bologna. Diese enthielten nämlich Aussagen über die Buße, die, wenn sie bekannt wurden, leicht neue dogmatische Kämpfe auslösen konnten.[1] Am 8. November 1548 ließ Melanchthon dann nochmals über das gleiche Thema disputieren. Dabei hob er nachdrücklich hervor, dass die Buße nicht nur ein Erschrecken vor Gottes Zorn, sondern auch ein Vertrauen auf Gottes Vergebung sei.[2]

Neben diese Auseinandersetzungen mit dem sich neu formierenden römischen Katholizismus traten damals aber auch solche mit lutherischen Theologen.[3] Zu nennen sind hier zunächst Johann Agricola[4] und Andreas Osiander[5]. Noch schwerer als der Streit mit ihnen wog aber zweifellos der mit Matthias Flacius Illyricus. Flacius attackierte Melanchthon vor allem wegen dessen Einstellung zum Interim. Sie galt ihm als zu lax. Er warf Melanchthon daher auch vor, die Reformation Luthers zu verraten.[6] Melanchthon reagierte tief verletzt. Dies zeigt auch sein im Folgenden gebotener Antwortbrief an Flacius. Melanchthon beteuert darin, in seiner Lehre weiterhin mit dem Augsburger Bekenntnis und den Schriften Luthers übereinzustimmen. Gleichsam zum Beweis folgt dann „Die Lehre von der Buße". Flacius ließ sich dadurch aber nicht beeindrucken und setzte Melanchthons Brief schon bald eine eigene Antwort entgegen.[7] Melanchthons offener Brief an Flacius vom 1. Oktober 1549 wurde zunächst separat gedruckt. Er erschien kurz nach dem 5. Oktober bei Josef Klug in Wittenberg. Seinen eigentlichen Platz fand der Brief dann aber erst als Vorrede zu unserer Schrift. Ihrem lateinischen Urdruck, Wittenberg 1549, folgte rasch auch eine deutsche Übersetzung. 1560 erschien der lateinische Text dann nochmals im Rahmen eines Wittenberger Sammelbandes.[8]

Übersetzungsgrundlage: MSA 6, 423–451; CR 7, 477–482; 23, 647–666.

Philipp Melanchthon grüßt den rechtschaffenen Leser.

So wie es die besondere Sorge aller Menschen sein muss, dass sie lernen, Gott richtig zu erkennen und anzurufen, so ist, weil sich Gott in der Kirche offenbart hat und will, dass seine Stimme dort gehört wird, und ebenso, dass die Einzelnen zu Bürgern seiner Gemeinschaft werden und sich um das Fähnlein unseres Herrn Jesus Christus scharen – wie es bei Jesaja heißt: „Er wird zum Zeichen für das Volk"[9] –, so muss man unbedingt auch dafür Sorge tragen, im Geiste seinen Blick darauf zu richten und in der jetzigen, so großen Verwirrung des Menschengeschlechtes weise danach zu fragen, was und wo die wahre Kirche sei, damit wir uns in sie durch die Gesellschaft des Glaubens, die Anrufung und das Bekenntnis einfügen, wo immer wir auch sind. Die Kirche ist nämlich über verschiedene Reiche verstreut. Vom gemeinen und gottlosen Teil des Menschengeschlechtes aber ist sie durch untrügliche Zeichen geschieden, damit wir wissen, dass die Kirche Gottes, wo immer sie auch ist, in Wahrheit eine Gemeinschaft ist, die die unverdorbene Stimme des Evangeliums laut werden lässt und den rechtmäßigen Gebrauch der Sakramente bewahrt und nicht hartnäckig Götzen verteidigt. Weil dies jene Menschen, die die prophetische und apostolische Lehre gelernt haben und sie für keine Fabel halten, mit dem Geist, mit den Augen und auch mit den Ohren beurteilen können, ist die Kirche zuverlässig erkennbar.

Und in den jetzigen großen Zusammenbrüchen der Reiche und den Aufsplitterungen unter den Menschen sollen sich die guten Herzen diesen Trost bewahren: Dort, wo sie die unverdorbene Stimme der wahren Lehre hören, den rechtmäßigen Gebrauch der Sakramente vor Augen haben und sehen, dass nicht hartnäckig Götzen und Irrtümer, die mit dem Wort des Sohnes Gottes in Widerspruch stehen, verteidigt werden, dort sollen sie vollkommen gewiss sein, dass sie in der Gesellschaft der Kirche sind, und sie sollen nicht daran zweifeln, dass derartige Gemeinschaften Wohnstätten Gottes sind. Dort ist Gott durch das Predigtamt gegenwärtig; dort werden die Anrufenden erhört; dort wird Gott in richtiger Weise verehrt. Und aus dieser Gemeinschaft wird dem

Sohne Gottes ein ewiges Erbe gesammelt, nach jenem Wort: „Wo zwei oder drei in meinem Namen versammelt sind, da bin ich mitten unter ihnen."[10] Dieses Trostes bedarf es bei öffentlichen Meinungsverschiedenheiten oft, daher trage ich ihn hier auch vor, weil nämlich jetzt auch unsere Kirchen, die diesen wahrhaften und sicheren Trost ihr Eigen nennen, wie einzelne Menschen mit ihren Augen und Ohren bezeugen, durch die Schreiereien gewisser Leute nicht wenig in Unruhe versetzt werden. Es ertönt die gleiche Stimme allgemeiner Lehre, die wir auch in unsern Büchern, die zur Hand sind, ertönen lassen. Der Gebrauch der Sakramente bleibt derselbe, der er auch vor dem letzten Krieg gewesen ist. Irrtümer und Götzen werden angeprangert, wie es auch die von uns verfassten Bücher zeigen.

Weil aber Flacius Illyricus ein Geschrei erhebt, dass sowohl die Lehre verändert als auch gewisse zuvor abgeschaffte Zeremonien wiedereingeführt würden, werde ich zunächst hinsichtlich der Lehre antworten. Öffentlich widerlegt die Stimme all derer, die in unseren Kirchen und Schulen lehren, diesen Vorwurf des Flacius. Damit aber die Antwort nicht lang oder verworren wird, will ich hier so viel sagen: Über die allgemeine Lehre denke ich, wie ich es in meinem Buch „Allgemeine Lehrartikel"[11], das viele Leute besitzen, geschrieben habe. Mit ihm habe ich keine neue Lehrart begründen wollen, sondern zuverlässig die allgemeine Lehre jener Kirchen gesammelt, die das Bekenntnis hochhalten, das dem Kaiser im Jahre 1530 übergeben worden ist und im Blick auf welches ich nach bestem Wissen und Gewissen urteile, dass es die beständige Lehre der katholischen Kirche ist, und wünsche, dass diese Schrift aufrichtig und ohne Sophismen und Fälschungen zur Kenntnis genommen werde.

Und so viel mir selbst bewusst ist, bin ich weder durch den Eifer, von anderen in der Lehrmeinung abzuweichen, noch durch die Sucht auf Neuerung, Rechthaberei oder irgendeine andere unrechte Begierde dazu getrieben worden, jenes Kompendium zusammenzutragen, vielmehr haben die Zeitläufte selbst den Anlass dazu gegeben. Weil wir im Zuge der ersten Kirchenvisitation erfahren hatten, dass es unter den Ungebildeten noch in hohem Maße misstönige Schreiereien über viele Dinge gibt, habe ich die Summe der Lehre, die Luther in verschiedenen Bänden sowohl seiner Auslegungen als auch seiner Predigten vertreten hatte, gleichsam in ein einziges Buch zusammengezogen herausgegeben und dabei eine Ausdrucksweise angestrebt, die um der Durchsichtigkeit und der Eintracht willen ganz besonders auf die Lernenden Rücksicht nimmt. Auch habe ich immer alle Schriften dem Urteil unserer Kirche sowie dem Urteil Luthers unterworfen. Hinsichtlich vieler Fragen habe ich ihn auch selbst mit Bestimmtheit ermuntert zu sagen, was er denkt. Viele besitzen noch heute schriftliche Zeugnisse davon. Im Bekenntnis der Lehre, von der ich, wie gesagt, weiß, dass sie der beständige Konsens der katholischen Kirche unseres Herrn Jesus Christus ist, rufe ich auch jetzt Gott an und will mit seiner Hilfe nach Brauch der ewigen Kirche dieses Bekenntnis anführen. Dies sage ich, damit mir nicht jemand vorwirft, den Glauben anderer durch irgendeinen von mir gehegten Zweifel abspenstig machen zu wollen.

Nun will ich mit wenigen Worten auf die Veränderung der Gebräuche eingehen, die mancherorts geschehen ist. Ich wünschte gewiss (zumal in dieser so traurigen Zeit), dass diese Kirchen nicht durch die geringste Veränderung in Unruhe versetzt würden. Aber wenn solche tatsächlich erfolgt sind, so sind sie doch zumindest nicht durch mich hervorgerufen worden. Ich räume aber ein, dass ich sowohl den Franzosen als auch anderen geraten habe, sie sollten die Kirchen nicht wegen einer Knechtschaft verlassen, die ohne Gottlosigkeit ertragen werden kann. Denn wenn auch Illyricus herausschreit, man hätte lieber Verwüstungen in den Kirchen anrichten und die Fürsten durch die Furcht vor Aufständen abschrecken sollen, so will doch zumindest ich für mein Teil jetzt keineswegs der Urheber einer solch traurigen Auffassung sein. Andere, viel schwerere Lasten, als den Chorrock zu tragen, sind uns um der Studien und der Kirche willen aufgegeben: die Hassgefühle der Mächtigen, die Widerspenstigkeit des Volkes, die Missgunst bei vorgeblichen Freunden, die Zwietracht unter den Lehrenden, Mangel, Ungerechtigkeiten und viele andere Übel, die sogar die ruhige Regierung begleiten. Jetzt aber, in stürmischen

Zeiten, kommen viele noch schlimmere Dinge hinzu. Weil man aber auch wegen derartiger Nöte nicht vom Posten weichen darf, muss auch Knechtschaft in geringerer Sache hingenommen werden, die dennoch ohne Gottlosigkeit ist.

Mir scheint die derzeitige ungeheuer traurige Zerrissenheit der Pläne und Meinungen darum zu herrschen, damit wir die angefochtenen Kirchen trösten und erquicken, soweit dies rücksichtsvoll geschehen kann, und damit wir dafür Sorge tragen, dass die in Bezug auf alle notwendigen Fragen gewissenhaft entfaltete Lehre auf die Nachkommenschaft fortgepflanzt wird und die Schulen erhalten bleiben, die über alle ehrenhaften Wissenschaften wachen.

Dass aber Flacius erzählt (ich wüsste nämlich nicht, dass es ein anderer erzählt hätte), ich hätte gesagt, man dürfe nicht aus den Kirchen weichen, auch wenn alle alten Missbräuche wiederhergestellt würden, das ist eine glatte Lüge. Seht doch den Künstler an! Um Hassgefühle zu entfachen und Verdächtigungen anzuhäufen, bringt er viele Dinge aus Privatgesprächen vor, die er noch dazu verleumderisch deutet; an einer Stelle weist er andern Personen falsche Reden zu, damit es so erscheint, als habe er nicht nur Zeugen, sondern auch Anstifter für sein Tun. Weder habe ich gedacht, noch auch jemals gesagt, was Flacius mir fälschlich andichtet: Man solle in den Kirchen bleiben, in welchen Irrtümer wiederhergestellt werden, wie z. B. die Messopfer, die Anrufung der Heiligen und ähnlich gottlose Kulte, die in unsern Schriften getadelt worden sind. Im Gegenteil, ich bekenne öffentlich, dass jene Götzendienste weder an- noch hingenommen werden dürfen. Und damit die Lernenden in einzelnen Stücken besser unterwiesen würden, habe ich mit großer Sorge und großer Mühe die Quellen der Auseinandersetzungen aufgedeckt.

Wenn ich mich hier meinem Schmerz hingeben wollte, so könnte auch ich mit Recht über Flacius klagen, der solche Lügen über mich verbreitet, und könnte aus der Tiefe die wiederholten Ursachen dieser Plackereien hervorholen, durch die die Kirche des ganzen Erdenkreises gegenwärtig niedergedrückt wird, und ich könnte erläutern, was die Frechheit der Gegner gegen die Wahrheit aufgerüstet und ihre Macht gestärkt hat. Aber ich will diese Wunden jetzt nicht anrühren und bitte diese „Beschützer der Freiheit"[12]: Erlaubt doch, dass wir unsere Schmerzen still mit uns herumtragen, und entfacht keine grausameren Streitereien!

Flacius rühmt sich, ein „Verteidiger des früheren Zustandes" zu sein. Wenn er mit „Zustand" bestimmte Reiche und Gemeinwesen meint und die Kirche nur in deren Mauern einschließt, denkt er nicht korrekt. Denn die Kirche, die die unverdorbene Stimme des Evangeliums ertönen lässt und Gott in aufrichtigem Gebet, mit echten Seufzern und Tränen anruft, ist auch über andere Gemeinwesen verstreut. Und wenn seine Vertrautheit mit mir tatsächlich so groß gewesen ist, wie er es andeutet, so kann er selbst als Zeuge meiner Schmerzen, Seufzer und Beharrlichkeit auftreten. Wir beklagen die Erschütterung der Reiche und der öffentlichen Ordnung, aber wir suchen keine Burgen noch Bastionen. Vielmehr lassen wir in eben den Kirchen, in denen wir sind, dasselbe Evangelium ertönen. Indem wir Gott anrufen in wahrer Erkenntnis und im Glauben an seinen Sohn und unsere Arbeit tun, befördern wir die literarischen Studien, die Unterrichtung der Jugend und die Erhaltung der Zucht. Wenn jener Verteidiger den Kirchen das Goldene Zeitalter[13] zurückzugeben vermag, dann soll er triumphieren, wie er will.

Warum nur hat er mich ausgewählt, der ihn doch niemals verletzte, mich, den er bei dieser „Verteidigung des Zustandes" als Ersten angreift wie Marius den Antonius? Ich weiß es nicht! Dabei weiß er doch, dass mir Verderbnisse der Lehre immer missfallen haben und Irrtümer von mir ganz besonders getadelt worden sind! Jetzt schreibt er, dass ich sie „befördere", denn dieses Wort gebraucht er, nur weil ich davor gewarnt habe, dass sich die Kirchen wegen des Chorrocks oder ähnlich unbedeutender Dinge leeren könnten.

Und auch wenn es tatsächlich irgendeine Meinungsverschiedenheit über eine solche Sache gegeben haben sollte, so durften doch in der Kirche nicht die Gebote der Liebe vergessen werden, besonders, wenn man weiß, dass wir in großer Betrübnis sind und weder Reiche noch Reichtümer anstreben. Hier durfte man nicht bürgerliche Streitigkeiten nachahmen, denn wie ungestüm die

Geister sind, zeigt das Sprichwort an: „Die Schlange soll keine Schlange fressen, damit aus ihr kein Drache werde."[14] Flacius aber droht mir nicht nur mit der Feder, sondern mit weit schrecklicheren Dingen. Ich wünschte, wir würden unsere Anstrengungen mehr darauf richten, Notwendiges zu klären; Strittiges gibt es mehr als genug. Zwischen uns einen Waffenstillstand oder so etwas wie ein Zusammenwachsen zu vereinbaren, wäre nicht nur uns, sondern der ganzen Kirche nützlicher, damit nicht eintritt, was Paulus beschreibt: „Sehet zu, dass ihr nicht voneinander verzehrt werdet."[15] Ich werde meine Antworten im Interesse der Nützlichkeit maßvoll formulieren. Ich hoffe aber, dass mich sowohl meine eigenen Schriften als auch die Urteile vieler ehrenhafter Menschen genügend gegen diese Verleumdungen verteidigen. Denn vielerorts empfinden fromme und gelehrte Männer großen Schmerz darüber, dass diese Kirchen Schuld haben sollen. Ich ermahne sowohl den Flacius als auch andere: Bedenkt, was geschehen wird, wenn wir – auf beiden Seiten in Brand geraten – die Geschichte der letzten 30 Jahre wiederholen. Was soll dabei wohl herauskommen?

Dass Flacius so oft beiläufig Worte aus Privatgesprächen anführt, ja bisweilen auch Träume erzählt, zeigt, wie rücksichtsvoll er die Vorrechte der Freundschaft und des vertrauten Umgangs behandelt. Oft sind im Schmerz geäußerte Klagen im engeren Kreis freizügiger, oft greife ich des Disputierens wegen selbst heftig eine These an, die ich ansonsten durchaus hochhalte: nicht zum Spiel, sondern um zu lernen, d. h. damit ich durch die Gedanken anderer belehrt werde. Schließlich ist meine Natur vielen bekannt: Ich strebe nicht danach, für tollkühn zu gelten; vielmehr ist es meine maßvolle Art, die mich zuweilen selbst unter Schmerzen scherzen lässt. Solche Worte später in verleumderischer Absicht auszustreuen, wie Flacius es tut, ist – um es nicht schärfer auszudrücken – fahrlässig. Sollte mich aber – wie er selbst an einer Stelle seines Briefes andeutet und mir dabei sogar mit dem Schwert droht – tatsächlich etwas zu Boden werfen, sollte dieser elende Nacken den Schwertern irgendwelcher Leute dargeboten werden müssen, so werde ich mich dem Sohn Gottes empfehlen, unserm Herrn Jesus Christus, der für uns gekreuzigt und wiederauferweckt worden ist. Er, der ein Prüfer der Herzen ist, er weiß, dass ich in einfältigem Eifer die Wahrheit gesucht und nicht danach gestrebt habe, Parteiungen oder Herrschaftsbereiche aufzurichten; er weiß, dass ich nicht der Neuerungssucht den Zaum habe lockern wollen, dass ich die gesamte Tradition erwogen und nicht leichtfertig viele verworrene Fragen entfaltet habe; er weiß, dass ich die Jugend zur Zucht gemahnt und zur sorgfältigsten Pflege der Studien angehalten habe.

Aber über mich will ich nun nichts mehr sagen. Ich weiß, dass in bürgerlichen Auseinandersetzungen alle Fälle von allen einberechnet werden müssen; ich weiß, dass die Wildheit der Geister auf verschiedene Weisen entzündet wird. Ich bin mir des Umstandes bewusst, dass auch Flacius seine bestimmten Anstifter hat. Aber zugleich empfehle ich Gott auch mein Leben und die wahre Kirche Gottes in diesen Gebieten und anderswo, um die ich weit mehr als um mein eigenes Leben besorgt bin. Aber ich halte mich durch den Trost aufrecht, dass Gott verheißen hat, er werde auch in der vergreisenden Kirche gegenwärtig sein. Und der Sohn Gottes sagt: „Siehe, ich bin bei euch alle Tage, bis an der Welt Ende."[16] Gott wird einige Gemeinschaften bewahren als Wächter der Lehre des Evangeliums und als solche, die ihn selbst in rechter Weise anrufen, und ich bitte ihn von ganzem Herzen und unter aufrichtigen Seufzern, dass er sie auch in diesen Gebieten bewahren möge.

Diese kurze Antwort habe ich dem Geschrei des Flacius entgegengesetzt, nicht so sehr meinetwegen, als um der Kirchen willen, wo immer sie sind, in denen die Herzen vieler Frommer durch die Schriften des Flacius verletzt werden. Sie sollen diesen Trost in der Gewissheit bewahren, dass das Fundament in diesen Kirchen treu bewahrt wird, nämlich die unverdorbene Stimme des Evangeliums, alle Artikel des Glaubens und der Gebrauch der Sakramente ohne Verderbtheiten. Dass der Sohn Gottes bei solchem Dienst zugegen ist und die erhört, die ihn in solcher Gemeinschaft anrufen, das ist, wie ich schon sagte, völlig sicher.

Lebe wohl, lieber Leser. 1. Oktober 1549

Die Buße

Vornehmlich in unseren Kirchen gibt es dank Gottes Gnade eine glänzende Erklärung der Lehre von der Buße, so wie es auch höchst notwendig ist, dass jener Lehrartikel in der Kirche ganz und gar bekannt ist, weil er die Summe des Evangeliums in sich schließt und die hauptsächliche Wohltat des Sohnes Gottes zeigt, mehr noch: So wie die Lehre von der Buße der Anfang der allgemeinen Kirche im Paradies gewesen ist, so muss diese Stimme in gleicher Weise immer in der Kirche ertönen bis zur Auferweckung am Jüngsten Tag. Auch wird die Summe dieser Lehre sehr leicht erkannt werden können, wenn man zunächst das Beispiel der paradiesischen Kirche anschaut: Dort wird die Sünde zuerst durch die Stimme Gottes angeprangert, und es besteht kein Zweifel, dass die menschliche Natur, wenn Gott sie anprangert und selbst diese höchst betrübliche Anklage ertönen lässt, in fürchterlicher Weise aufschreckt. So ist die Reue bei den ersten Eltern, Adam und Eva, zuerst aufgekommen. Und was die Reue ist, wie sie geschieht, das kann am gleichen Beispiel abgelesen werden. Dort tritt auch das Bekenntnis der Sünde hinzu, weil es sich tatsächlich gehört, dass dieses Bekenntnis vor Gott erfolgt: dass wir Schuldige sind und mit Recht bestraft werden.

Wenn daraufhin die Verheißung ertönt, werden Adam und Eva angenommen. Dies ist die Lossprechung. Wenn sie gehört worden ist, wird der Glaube entzündet, durch welchen beide erkennen, dass sie aus Barmherzigkeit um des verheißenen Samens willen angenommen werden. Und diese Tröstung in einem neuen Herzen ist der Beginn des neuen Gehorsams, wie er Gott nun gefällt. So ist die vollkommene Bekehrung geschehen. Auferlegt werden aber auch Strafen, nämlich der Tod und andere Misslichkeiten dieses Lebens, weil Gott, auch wenn er die Schuld vergibt und den ewigen Tod aufhebt, dennoch um der Gerechtigkeit willen gewisse Strafen auferlegt. Und damit seine eigene Gerechtigkeit und sein Zorn auf die Sünden erkannt werden, belegt er das ganze Menschengeschlecht in diesem Leben mit schrecklichen Nöten.

Doch auch in diesen Strafen wird der Kirche Trost verheißen, und zwar darin, dass Gott die ersten Eltern damals selbst mit einem Lammfell bekleidet. Durch dieses Bild ist die Zukunft aufgezeigt worden, nämlich dass auch wir mit neuen Leibern bekleidet werden sollen und zwar solchen, die von dem Lamm Christus genommen werden. Es ist hilfreich, diese ganze Geschichte sehr oft zu bedenken, damit wir uns durch ebenjenes Beispiel nachdrücklich an alle Teile der Buße bzw. der Bekehrung erinnern. Ebenso, damit wir daraus lernen, dass damals der Dienst am Evangelium begann, in dem immer diese eine Stimme ertönt, welche die Sünden anprangert und die Vergebung um des Sohnes willen anbietet.

Aber nicht nur in diesem jüngsten Zeitalter der Mönche ist die Lehre von der Buße durch viele Irrgärten und falsche Lehrmeinungen verborgen worden, sondern auch vormals, in alten Zeiten, als die kirchenrechtlichen Bestimmungen über die Genugtuungsleistungen zunahmen, in der abergläubischen Meinung, man könne sich mit ihrer Hilfe die Vergebung der Sünden verdienen. Auch damals hat es große Finsternisse gegeben. In den Streitgesprächen der jüngeren Zeit aber war die Anzahl unlösbarer Fragen größer. Auch hat allgemein Schweigen geherrscht hinsichtlich des Glaubens, der die Vergebung der Sünden empfängt. Daher kann es keinen Zweifel geben, dass die Erklärung der wahren Lehre von der Buße notwendig war. Denn sie ist eine Lehre, über die in der Kirche immer Klarheit herrschen und die von jedem Einzelnen beim täglichen Gebet als Ganze bedacht werden muss. Ich glaube, dass sie in unseren Kirchen zutreffend und durchsichtig entfaltet ist, und ändere nichts an der Meinung, die ich in den „Allgemeinen Lehrartikeln" vertreten habe.

Weil aber das Konzil von Bologna Beschlüsse über die Zuordnung der einzelnen Teile der Buße verabschiedet hat, von denen einige zweifelhaft, andere aber ganz offenkundig falsch sind, will ich kurz über diese Teile sprechen, nicht damit es noch mehr verworrene Erörterungen gibt, sondern vielmehr, damit die von uns entwickelte Lehre umso gründlicher verstanden wird.

Die Reue

Ich übergehe die Zänkereien um die Ursachen der Reue. Wenn die Ängste und Schmerzen, die auf Gottes Zorn über die Sünden blicken, echt und nicht nur vorgetäuscht sind, dann tritt auch der Glaube hinzu, der aus der „Knechtsfurcht" die „Kindsfurcht" macht. Diese ist die wahre Reue. Ich räume ein, dass hier folgende Ursachen zusammenwirken: das Wort Gottes, das die Sünde anprangert; Gott selbst, der durch dieses Wort Schrecken einflößt; das Gemüt, das über den Zorn Gottes nachsinnt; der Wille; das Herz, welches erschaudert und Schmerz empfindet, weil es Gott beleidigt hat. Ich sage, dass eine solche Reue notwendig ist, wie es sehr oft geschrieben steht: so 2Kor 7: „Ihr seid betrübt worden zur Reue"[17], oder Jes 66: „Auf wen soll ich schauen, wenn nicht auf den gedemütigten und reuigen Geist und den, der vor meinen Worten erzittert"[18], und Ez 20: „Ihr werdet vor euch selbst Abscheu empfinden."[19]

Aber die Anlässe für den Beginn des Schmerzes können unterschiedlich sein, so wie auf eine Weise Zachäus, auf eine andere Paulus, auf eine noch andere aber Manasse oder die Sünderin berufen werden.[20] Aber es ist notwendig, dass es bei allen zu Ängsten und Schmerzen kommt und sich verschiedenartige Schmerzen miteinander mischen, die man nicht sauber voneinander zu trennen braucht, wie einige andere über die Liebe zur Gerechtigkeit und die Furcht vor Strafe disputieren. Im Gegenteil, Gott will, dass die Strafen gefürchtet werden und wie eine göttliche Stimme sind, die das ganze Menschengeschlecht über den Zorn auf die Sünde unterrichtet, so wie es die Verwünschungen im Gesetz bezeugen, die um der folgenden zwei Gründe willen dem Gesetz hinzugefügt worden sind: Erstens, damit wir wissen, dass es ein Werk der Gerechtigkeit Gottes ist, dass die Sünden durch derartiges Ungemach bestraft werden. Zweitens, damit wir wissen, dass dieses Ungemach selbst eine Stimme des Gesetzes ist, die uns von der Buße Kunde gibt.

So sprechen die Propheten durchweg über dieses Ungemach, wie z. B. im Psalm: „Wegen der Ungerechtigkeiten züchtigst du die Menschenkinder."[21] Fürchterlich missfallen Gott die selbstsicheren Gemüter, welche den Zorn Gottes nicht bedenken oder sich überheben in unbegründetem Vertrauen auf ihre Weisheit, Gerechtigkeit oder Kraft, wie Paulus an die Epheser schreibt, dass die Gottlosen „stumpf" geworden sind,[22] d. h. ohne Schmerz leben, und Jeremia sagt: „Sie können nicht mehr rot werden."[23] Deshalb sollen wir wissen, dass ein rauschhaftes Leben in Müßiggang und Gelüsten sehr gefährlich ist und dass Gott vornehmlich seine Kirche dem Kreuz unterworfen hat; denn er will, dass vor allem in der Kirche der Zorn gegen die Sünde erkannt wird, weil die Welt diesen Zorn nicht beachtet.

Diese Auffassung der Reue enthält nichts Dunkles. Ich spreche nämlich über die echten Schmerzen, die empfunden werden. Diese sind in einigen Menschen schwächer, in anderen aber stärker, wie Hiskia sagt: „So wie ein Löwe hat er alle meine Gebeine zermalmt"[24] usw. Diese Ermahnung wird hier nur deshalb angefügt, damit ohne Unklarheit die „Knechts-" und die „Kindsfurcht" voneinander unterschieden werden, wie der Schmerz des Judas und der Schmerz des Petrus. Die „Knechtsfurcht" ist echte Furcht ohne Glauben. Die „Kindsfurcht" aber entsteht, wenn zur Furcht der Glaube hinzutritt. Durch sie werden auch die Anfänge des Glaubens und der Hoffnung entzündet, wenn das Herz beginnt, sich Gott zuzuwenden. Sie unterwirft sich ihrem Gott und preist seine Gerechtigkeit, nach jenem Wort: „Dir, Herr, kommt die Gerechtigkeit zu, uns aber das Erröten"[25] usw.

Im Übrigen müssen folgende zwei Punkte in der Lehre der Mönche über die Reue unbedingt getadelt werden: das Anstreben einer „zureichenden Reue" und dann das Erdichten der fürchterlichen Lüge, diese „zureichende Reue" verdiene die Vergebung der Sünden. Auch sagen sie nichts über den Glauben, der die Vergebung der Sünden um des Mittlers willen umsonst empfängt. Diese Irrtümer sind groß und garstig. Denn was bedeutet es, eine „zureichende Reue" anzustreben? Keine Schmerzen irgendeiner Kreatur, wie groß sie auch sein mögen, sind dem Zorn Gottes gleichzusetzen, wie geschrieben steht: „Gott ist ein verzehrendes Feuer."[26] Auch können sie die Sünde nicht aufwiegen; und je mehr der Schmerz ohne Glauben wächst, desto mehr werden die Herzen in den Tod und das Verderben getaucht. Deshalb ist es notwendig, diese Irrtümer anzuprangern.

Beim zweiten Irrtum ist überdies die Blindheit zu beklagen und abzuweisen, mit der sie sagen, die Reue verdiene die Vergebung der Sünden, weil sie nämlich die dem Sohne Gottes geschuldete Ehre auf unser Werk übertragen. Auch schärft Paulus an vielen Stellen das Wörtchen „umsonst" ein, durch welches er, wie schon oft gesagt worden ist, die Reue und die übrigen Tugenden nicht ausschließt, auch nicht das Nachdenken über den Zorn Gottes und die Verheißungen usw. Vielmehr schließt er damit aus, dass man die Verdienste hochschätzen und aus ihnen eine eigene Lehre machen dürfe. Weiterhin: Wie groß sind doch die Dunkelheiten, dass sie in der Lehre von der Buße nicht allein nichts vom Glauben sagen, sondern auch noch hartnäckig abstreiten, dass dieser Glaube nötig sei! Du sollst glauben, dass du es bist, dem um des Mittlers willen vergeben wird usw., wodurch du dir selbst die Verheißung zueignest. Aber sie lassen die Gemüter in dauerndem Zweifel, weil sie sagen: Du weißt nicht, ob die Reue zureichend gewesen ist, deshalb sollst du immer zweifeln, ob dir die Vergebung gewährt wird. Diese Vorstellung ist ganz und gar heidnisch!

Wir setzen gegen diese Irrtümer die Stimme des Evangeliums und sagen, dass es nötig ist, dass eine gewisse Reue vorhanden ist, das heißt, dass die echten Ängste und Schmerzen da sind, die den Zorn Gottes anschauen, welche bei den einen mehr, bei den anderen aber weniger scharf sind, doch hängt die Vergebung nicht von der Intensität derselben ab. Es ist vielmehr nötig, dass der Glaube hinzutritt, durch welchen du glaubst, dass dir selbst vergeben wird, umsonst, um des Mittlers willen. Von jenem Glauben heißt es: „Weil wir durch den Glauben gerechtfertigt worden sind, haben wir Frieden mit Gott"[27], und wenn dieser Glaube und das Vertrauen auf den Sohn Gottes nicht entzündet werden, dann schaut das Gemüt den Sohn Gottes nicht an, es glaubt nicht, dass er der Versöhner ist. Es ist aber nötig, dass du selbst den Sohn Gottes anerkennst und ihm diese ureigene Ehre erweist, dass du fest glaubst, dass er für dich der Versöhner und der Vermittler und der höchste Priester ist. Diese Ehre erweisen ihm die Teufel nicht, die auch den Artikel nicht kennen, nämlich dass die Vergebung der Sünden anderen geschenkt wird, nicht ihnen selbst. Solange deshalb ein Mensch nur diesen allgemeinen Satz glaubt, dass anderen vergeben wird, nicht aber ihm selbst, solange erweist er dem Sohn Gottes noch nicht die wahre Ehre und eignet sich auch noch nicht die Verheißung an.

Deshalb soll in der Kirche die Unterscheidung von Gesetz und Evangelium hell leuchten, und alle sollen wissen, dass die Verheißung des Evangeliums eine persönliche ist, die den Mittler, den Sohn Gottes, zeigt und verheißt, dass die Sünden um seinetwillen umsonst vergeben werden. Und in diese allgemeine Verheißung sollen wir Einzelnen uns selbst in echten Schmerzen miteinschließen und wissen, dass es ein Gebot Gottes ist, dass wir den Sohn Gottes hören, ihm die Ehre des Versöhners erweisen und die Verheißung ergreifen.

Wenn wir uns also auf diese Weise durch den Gedanken an die Verheißung und den Sohn Gottes aufrechthalten, dann wird der Glaube entzündet. Die zusammenwirkenden Ursachen hierbei sind die Stimme des Evangeliums und der Heilige Geist, das Gemüt, das die Verheißung bedenkt, der Wille und das Herz, das keinen Widerstand dagegen setzt, sondern die göttliche Tröstung ersehnt und der Verheißung zustimmt, sofern es vom Heiligen Geist unterstützt und unter betrübten Seufzern durch den Anblick des Sohnes Gottes aufgerichtet wird, von dem es fest überzeugt ist, dass er nicht umsonst zum Opfer wurde. Und durch diesen Glauben glaubst du, dass nicht allein anderen, sondern auch dir selbst um des Sohnes Gottes willen umsonst vergeben wird.

Sobald dieser Glaube entzündet ist, erfolgt auch schon die Reue, d. h. die „Kindsfurcht", und das Opfer nach jenem Wort: „Das Opfer, das Gott gefällt, ist ein geängsteter Geist"[28] usw. Das Herz zürnt der Sünde, es empfindet Schmerz darüber, dass Gott beleidigt worden ist, dass andere verletzt worden sind, es leidet darunter, dass die Kirche beschmutzt worden ist, es ist aufgebracht darüber, dass Ärgernisse erregt worden sind, es bedauert, dass der Heilige Geist in vielen betrübt worden ist, es tut ihm weh, dass

Strafen auf die Familie oder die übrigen Menschen herabgezogen werden, es ist betrübt darüber, dass durch Strafen der anderen die Anrufung und weitere notwendige Pflichten behindert werden. Schließlich kommen unzählige Ursachen großer Schmerzen zusammen. Wenn das Herz in dieser Weise Schmerz empfindet, unterwirft es sich Gott und bekennt, dass der Zorn Gottes berechtigt ist, und erfleht Gnade, und wenn es tatsächlich im Glauben an den Sohn Gottes ruhiger zu werden beginnt, so empfängt es gewiss die Vergebung der Sünden. Und wir sollen lernen, dass dies der Wille Gottes ist, dass wir ruhig werden in der Verheißung und glauben sollen, dass wir so angenommen werden und uns die Vergebung der Sünden geschenkt wird. Dies tut der Pfarrer, der den Einzelnen die Verheißung zueignet, wenn er sie losspricht.

Und wenn sich ein Mensch auch zugleich in einer solchen Reue Gott unterwirft, ihn im Glauben anruft und anfängt, im Mittler ruhiger zu werden, dann wird wahrhaftig der Heilige Geist gegeben und der neue Gehorsam beginnt, d. h., der Wille hat schon einen guten Vorsatz: Nachdem er die Barmherzigkeit Gottes erkannt hat, beginnt er, Gott zu lieben und ihn anzurufen; er flieht nicht, wie Kain, Saul und dergleichen.

Ich habe ausgeführt, auf welche Weise die Bekehrung geschieht, nämlich, wenn diese Veränderungen zusammenkommen. Im Menschen erfolgt zunächst die Reue, wenn die Herzen durch den Gedanken an den Zorn Gottes aufschrecken und wegen der Sünden von echtem Schmerz erfasst werden. Darauf geschieht die Tröstung, durch welchen Glauben die Vergebung empfangen wird und die Herzen anfangen, in Gott ruhiger zu werden wegen des Mittlers, und den Gehorsam und die Hoffnung auf das Ewige Leben wieder aufnehmen. Dass dies so geschieht, bezeugt deutlich die Erfahrung aller Frommen in der Kirche, deren Zeugnis nicht geringgeschätzt werden darf. So fährt David zunächst zusammen und spricht: „Ich habe am Herrn gesündigt". Anschließend wird er aufgerichtet durch den Trost, indem er dem Wort der Lossprechung Glauben schenkt: „Du wirst nicht sterben, der Herr hat deine Sünde weggenommen."[29] Und in Jes 38 beschreibt der König Hiskia die Ängste: „Wie ein Löwe hat der Herr alle meine Gebeine zermalmt"[30] usw. Später beschreibt er auch den Trost: „Du hast alle meine Sünden hinter dich zurückgeworfen."[31] Auch die Schriften von Frommen, wie Augustin oder Bernhard, stimmen damit überein. Lang ist die Predigt Bernhards, der lehrt, dass die Reue und der Glaube miteinander verbunden werden müssen. „Möchte einer in seiner Furcht sagen: ‚Ich will zu den Pforten der Hölle gehen', wenn wir nur in der göttlichen Barmherzigkeit wieder zu Atem kommen."[32] Dies ist das echte Vertrauen, das zu den Ängsten hinzutritt und dem die Barmherzigkeit nicht verweigert wird.

Ebenso predigen auch die Propheten und die Apostel über die Bekehrung. So verbindet Paulus in ein und demselben Brief die Abtötung und die Lebendigmachung miteinander.[33] Und es ist sehr nützlich, dass die Jüngeren ermahnt werden, diese Wörter streng im Blick auf die wahre Bekehrung zu Gott zu verstehen. Und auch deren Deutung muss zurückgewiesen werden, die die Worte des Apostels in Täuschungsabsicht verdreht haben, hin zu den Bräuchen der Mönche und dergleichen kindischen Übungen. Vielmehr ist die Auffassung des Paulus durchsichtig für den, der das Gewicht der Worte genau beachtet: „Ihr seid den Sünden gestorben und ihr seid beschnitten in einer Beschneidung nicht von Menschenhand, als ihr nämlich den Leib der Sünden des Fleisches abgestreift habt."[34]

Diese Dinge werden über die Reue gesagt. Über den Glauben, durch welchen die Tröstung erfolgt, schreibt er später: „Ihr seid zugleich auferweckt worden durch den Glauben, durch welchen Gott wirksam ist, der euch mit Christus lebendig gemacht hat."[35] Anschließend fasst er beide Gedanken nochmals in ein schönes Bild: „Der uns alle Sünden vergibt, indem er den Schuldbrief tilgt, der durch die Gebote gegen uns ist, weil er uns entgegen war."[36] Dass aber der „Schuldbrief", der uns in die Herzen geschrieben ist, uns entgegen ist, zeigt sich dann, wenn wir in echten Schmerzen erkennen, dass wir Schuldige sind. Dieses Wort bezieht sich auf die Reue. Danach bezieht es sich auf den Glauben, da hinzugefügt wird, es werde der über dem Kreuz aufgehängte Schuldschein zerstört, nachdem die Vergebung erfolgt ist.

Diese Deutung der Bekehrung ist einfach, wahr und eigentlich; es nützt ganz sicher, sie zu beachten, sowohl damit uns der Spruch des Paulus zur Hand ist, als auch damit wir ein Zeugnis besitzen über diese zwei Veränderungen in der Bekehrung, die Abtötung und die Lebendigmachung, d. h. die Reue und den Trost, der durch den Glauben erfolgt, durch welchen du glaubst, dass dir selbst um des Mittlers willen die Sünden vergeben werden.

Bisher habe ich vorgetragen, was in der Lehre von der Reue im Gedächtnis behalten werden muss und was man öffentlich tadeln soll. Ebenfalls habe ich gesagt, dass die Lehre vom „besonderen Glauben", durch welchen du glaubst, dass dir selbst vergeben wird, hinzuzufügen ist. Darüber habe ich oben ausführlich gesprochen, wo ich den Artikel zurückwies, der den Zweifel vorschreibt. Wenn aber unsere Auffassung von der ersten Bekehrung Adams und Evas an bis zum heutigen Tage die eigentliche Stimme des Evangeliums ist, die in der wahren Kirche ertönt, und wenn nichts Dunkles oder Verworrenes in unserer Erklärung ist, dann wird es ein Leichtes sein, die Beschlüsse des Konzils von Bologna zu beurteilen. Und damit niemand meint, ich liefe vor dem Urteil der Kirche Gottes davon, so zögere ich nicht, die Urteile aller Frommen anzurufen, die in den Übungen der Buße nicht unerfahren sind.

Das Bekenntnis

Es ist notwendig, den Jüngeren sowohl die Begriffe als auch die alten Sitten zu erklären. Einst hat es in der Kirche den Brauch gegeben, diejenigen nicht wieder aufzunehmen, die gefallen und öffentlich bekannter Verbrechen angeklagt waren, wenn nicht zuvor deutliche Zeichen der Besserung vorangingen. Deshalb gab es gewisse Riten, deren Name „öffentliche Buße" gewesen ist. Der Mörder oder der Ehebrecher stand vor dem Bischof und erzählte sein Vergehen, damit der Bischof die Art der Bestrafung anzeigen sollte, welche man „Genugtuung" nannte. Die Griechen nannten es behutsamer „Strafe", d. h. „Rüge" oder „Züchtigung". Da nämlich jedes Vergehen anders bestraft oder, um es so zu sagen, „zur Kenntnis genommen" wurde, war es nötig, das Vergehen zu erläutern, um die Art der Strafe festlegen zu können. Nach jener Züchtigung erfolgte die Lossprechung.

Und zu Beginn hat dieser Brauch respektable Gründe gehabt. Er ist nämlich ein Zuchtmittel gewesen, um sowohl diejenigen zu erproben, die zur Kirche zurückkehrten, ob sie ernsthaft Besserung versprachen, als auch um andere, die durch diese Beispiele ermahnt wurden, dazu anzuhalten, mit umso größerer Sorge Vergehen zu meiden. Es wurde damals noch nicht die Auffassung hinzugedichtet, dass diese öffentlichen Prozeduren die Vergebung der Sünden verdienen, sondern Ungelehrte haben diese Meinung erst später hinzugefügt und Genugtuungsriten angehäuft. Von diesem alten Brauch her wird die Beichte als eine Aufzählung einzelner Vergehen begriffen, obwohl doch einst nur solche Vergehen aufgezählt wurden, die anderen bekannt waren. Später aber sind Ordnungen über alle Vergehen erlassen worden, auch über die verborgenen.

Es ist notwendig, dass das Gewissen über diese Aufzählung einzelner Vergehen unterrichtet wird, und wir sprechen dabei nicht mehr von jener alten Übung der ersten Kirche und von den grässlichen Vergehen, die anderen bekannt gewesen sind. Denn immer, vom Anfang der Welt bis zum heutigen Tage, hat es in der Kirche bestimmte Riten des Ausschlusses und der Wiederaufnahme der Gebesserten gegeben. Und wir wünschten, dass der Ausschluss und die Wiederaufnahme mit der Sorgfalt gehandhabt würden, wie sich dies für die Kirche gehört. Und wie an andern Orten oftmals gesagt worden ist, sollen in der Kirche die allgemeine Beichte und die Bitte um persönliche Lossprechung beibehalten werden, weil das Amt der persönlichen Lossprechung keineswegs grundlos eingesetzt worden ist, wie ich weiter unten ausführlicher erläutern werde. Auch hat es in der Kirche immer eine allgemeine Beichte gegeben, so wie über den höchsten Priester im Gesetz gesagt wird: „Er möge das Opfer halten und die Sünden des Volkes bekennen."[37] Und im Nehemiabuch heißt es: „Die Kinder Israels kamen zu einem Fasten zusammen, und sie bekannten ihre Sünden."[38] Und über die Zuhörer des Täufers wird gesagt: „Sie wurden im Jordan getauft, als sie ihre Sünden bekannten."[39] Dies war nicht die Aufzählung der einzelnen Sünden; die Zuhörer des Täufers bekannten im Allgemeinen, dass sie schuldig wären. Denn es muss der Frommen Stimme sein, die Gott das Recht zuspricht, gegen uns Anklage zu erheben, und ihm den Ruhm der Gerechtigkeit um des gesandten Sohnes willen zuschreibt, wie Daniel schreit: „Dir, Herr, kommt die Gerechtigkeit zu, uns aber das Erröten." Und ebenso: „Dein ist die Versöhnung."[40] Und diese allgemeine Beichte und Bitte um Lossprechung bezeugt selbst, dass in der Kirche die Gefallenen wieder aufgenommen werden.

Aber die Aufzählung einzelner, vieler oder aller und ganz besonders die der geheimen Vergehen ist jeweils anders zu erörtern. Hier sind drei Irrtümer anzuprangern: Erstens haben sie erdichtet, diese Aufzählung verdiene die Vergebung um des Schamgefühles willen. Zweitens behaupten sie, die Aufzählung sei notwendig, um durch sie die Genugtuung bestimmen zu können. Drittens meinen sie, die Aufzählung sei notwendig und die Vergebung hänge von ihr ab, da sie ja sagen, sie sei durch Gott geboten.

Diese drei Auffassungen sind falsch und verfinstern die Ehre des Sohnes Gottes und sind Fallstricke für die Gewissen. Es steht ja fest, dass viele, die sich unsicher waren, ob sie wohl aufrichtig genug bekannt hätten, in großen Betrübnissen gewesen sind. Ein solcher Zweifel behindert den Glauben und die Anrufung und führt entweder zur Verzweiflung oder zu einer epikureischen Gleichgültigkeit. Es ist also notwendig, dass einerseits die Wahrheit in der Kirche erkannt wird und andererseits die Wunden der Gewissen geheilt werden.

Im Blick auf die geheime Beichte ist aber offenkundig, dass die Aufzählung aller oder weniger Vergehen nicht durch göttliches Gesetz vorgeschrieben ist, weil sie nirgends durch ein Wort Christi oder der Propheten oder der Apostel angeordnet wird. Auch ist die Aufzählung einzelner Vergehen unmöglich, weil es sehr viele Irrtümer und Vergehen der Einzelnen gibt, die diese weder erkennen, noch sich an sie erinnern, nach jenem Wort: „Die Vergehen, wer kennt sie?"[41] Deshalb ist es sicher, dass die Gewissen keineswegs durch die Aufzählung der einzelnen Vergehen belastet werden dürfen und die Vergebung keineswegs von ihr abhängt. Dass diese

Lehre für die Frommen notwendig ist, liegt auf der Hand, weil sie durch die allerbetrüblichsten Martern gequält würden, wenn sie meinten, dass die einzelnen Vergehen namentlich aufgezählt werden müssen und ohne jene ängstliche Aufzählung nicht vergeben werden.

Jetzt aber will ich nicht ausführlicher über diese Frage sprechen; die Wahrheit ist offenkundig, und vor dieser Zeit haben klügere Schriftsteller ebenso geurteilt: Die Aufzählung der Einzelsünden sei durch göttliches Recht nicht geboten, wie Panormitanus offen sagt, und Chrysostomus in seiner Erklärung des 50. Psalms schreibt: „Wenn es jemand peinlich ist, die Sünden zu benennen, so benenne sie täglich in deiner Seele; ich sage nicht, dass du sie deinem Mitbruder bekennen sollst, damit er sie dir zum Vorwurf macht; benenne sie Gott, der sie heilt."[42] Auch gibt es in der griechischen Kirche diese Sitte der Aufzählung heimlicher Sünden nicht. Ich verzichte aber hier auf die Zurückweisung der Argumente, mit denen die Gegner darzulegen versuchen, dass die Aufzählung der Einzelsünden notwendig und durch göttliches Recht geboten sei. Denn anderswo ist genug über diese Dinge gesagt worden. Aber die Gegner wissen selbst, dass diese Gaukeleien sich in die Augen und Herzen des Volkes drängen, nicht weil sie so denken, sondern damit sie nicht diesen Nerv ihrer Kraft einbüßen.

Im Übrigen denke ich, dass die allgemeine Beichte erhalten bleiben muss, wenn man die Lossprechung anstrebt. Denn so steht es bei Nehemia: „Sie bekannten ihre Sünden."[43] Es muss also eine Stimme derer geben, die wahrhaft Schmerz empfinden und bekennen, dass sie Schuldige sind, die sich Gott unterwerfen, ihm sowohl das Lob der Gerechtigkeit zollen – dass er mit Recht die Sünden verdammt und uns zu Recht bestraft –, als auch im Gegenzug das Lob der Barmherzigkeit, d. h. ihm Dank sagen, dass er um des Sohnes willen das menschliche Geschlecht wieder angenommen hat, nach dem wundersamen Ratschluss aus der Tiefe seines Herzens. Daraufhin soll die Lossprechung erbeten werden. Sie ist die Stimme des Dienstes am Evangelium, die die Vergebung dem, der sie erstrebt, persönlich zueignet. Denn der Sohn

Gottes hat gesagt: „Welchen ihr die Sünden erlasst, denen sind sie erlassen", und er „hat unter uns aufgerichtet das Wort von der Versöhnung"[44]: „Auf Befehl des Sohnes Gottes spreche ich dir das Wort des Evangeliums zu, das die Sünden vergibt, und ich verkünde dir, dass dir selbst von Gott die Sünden vergeben werden um des Sohnes willen, unseres Herrn Jesus Christus, der für uns gekreuzigt und auferweckt worden ist. Und ich gebiete dir, dass du den Tod des Sohnes Gottes nicht geringschätzt, der für dich und die übrigen Glaubenden erfolgt ist als ein Opfer, das den Zorn des ewigen Vaters besänftigt, sondern der Verheißung des Evangeliums wirklich glaubst und fest darauf vertraust, dass du von Gott angenommen wirst, wenn du glaubst, dass dir selbst um dieses Mittlers willen vergeben wird."

Wir sollen wissen, dass diese Lossprechung nicht ein Wort aus menschlicher, sondern aus göttlicher Vollmacht ist, welches im Dienst des Evangeliums ertönt. Auch David hätte seine Sünden hoch aufgehäuft, wenn er nicht der Stimme Nathans geglaubt hätte: „Der Herr hat deine Sünde fortgenommen."[45] So sündigen alle, die in den Ängsten und in der Buße der Lossprechung nicht glauben und deren Trost nicht gelten lassen wollen, weder zur Anrufung zurückkehren, noch sich durch Glauben und Hoffnung wieder aufrichten lassen.

Hier ist es auch nötig, den Irrtum der Mönche anzuprangern, die Lossprechung sei ungültig, wenn die Reue nicht zureichend ist. Die Frommen sollen wissen, dass die Bekehrung geschehen muss, gemäß dem göttlichen Schwur: „So wahr ich lebe, ich will nicht den Tod des Sünders, sondern will, dass er sich bekehrt und lebt."[46] Es muss also eine gewisse Reue vorhanden sein, und der Vorsatz zu sündigen darf nicht bestehen bleiben, damit sowohl der Glaube entzündet wird als auch später ein gutes Gewissen da ist, d. h. der Vorsatz, nicht gegen das Gewissen zu handeln. Sind diese Dinge gegeben, dann ist ganz und gar gewiss, dass die Lossprechung rechtskräftig und verlässlich ist. Sie muss stets durch den Glauben empfangen werden, der nicht zusammen mit dem Vorsatz zu einer Verfehlung bestehen kann. Dann schaut der Glaube den Sohn Gottes an, um dessentwillen er glaubt, dass ihm kraft der Verheißung die Sünden umsonst vergeben sind, nicht wegen der Reue oder bestimmter Stufen der Reue oder des Bekenntnisses usw.

Wie ich aber sonst oft gesagt habe, darf die persönliche Lossprechung keineswegs abgeschafft werden, weil ganz und gar offenkundig ist, dass die Verheißung des Evangeliums sowohl vielen als auch Einzelnen zugeeignet werden kann, und von den Einzelnen redet unzweifelhaft die Predigt in Kapitel 18 des Matthäusevangeliums: „„Wie oft soll ich verzeihen?‘ ‚Siebzigmal siebenmal!‘"[47] Dieses Wort ist wirklich und mit Recht im Blick auf das Amt der Lossprechung zu verstehen, und es ist gewiss, dass auch das Wort: „Welchen ihr die Sünden erlassen werdet, denen sind sie erlassen"[48], mit Recht im Blick auf die Vielen und die Einzelnen zu verstehen ist.

Weiterhin mag man sie auch im Sinne eines Beispiels bedenken. Diese Sitte persönlicher Lossprechung trägt viel dazu bei, den eigentlichen Sinn des Evangeliums bewusst zu halten, dass nämlich das Evangelium die Verheißung der Sündenvergebung in sich schließt. Und sie ist ein leuchtendes Zeugnis dafür, dass die nach der Taufe Gefallenen bekehrt werden können und als Bekehrte aufzunehmen und loszusprechen sind, um hierdurch wiederum Erben des ewigen Lebens zu werden. Dieser Grund muss die frommen Herzen sehr dazu bewegen, dass sie die persönliche Lossprechung lieben und schützen und durch ihr Beispiel zu deren Bewahrung beitragen.

Die Genugtuung

Bei dieser Unterscheidung der Teile der Buße bezeichnet der Begriff „Genugtuung", wie er an dieser Stelle gebraucht worden ist, nicht einen Ausgleich für Gott, der für die Schuld Genugtuung leistet und den Zorn Gottes besänftigt, welche Genugtuung strenggenommen durch den Sohn geleistet worden ist. Und er bezeichnet auch nicht eine juristische Genugtuung, durch welche der Schuldner das Geld bezahlt, das er schuldet, oder der, der einem anderen Unrecht getan hat, darum bittet, dass ihm verziehen wird. Denn diese juristische Genugtuung ist ein geschuldetes Werk und bezieht sich auf die Reue und den guten Vorsatz. So wie der Räuber einer fremden Ehefrau, wenn er sie ihrem Ehemann nicht zurückgibt, ein Ehebrecher bleibt und ohne Reue und ohne guten Vorsatz ist, so bleibt auch der Schuldner, der nicht zahlen will, obwohl er es kann, ein Dieb. Und wahr ist die Regel, wenn sie nur recht verstanden wird: Die Sünde wird nicht vergeben, wenn nicht das Fortgenommene ersetzt wird.

Aber diesen dritten Teil der Buße nennen sie die kanonische Genugtuung. Sie war einst ein öffentliches Schauspiel: Diejenigen, welche Buße taten, standen an einem bestimmten Orte, übten vor der Lossprechung für etliche Tage oder Monate Enthaltsamkeit und wurden dem Volk wie Schuldige und Leidtragende öffentlich präsentiert. Dies galt als Zeichen ihrer ungeheuchelten Buße und diente anderen zum mahnenden Beispiel, ihre Sitten sorgfältiger im Zaum zu halten, um nicht ebenso zu fallen. Anfangs hat man eine bestimmte Weise bei diesen Gebräuchen eingehalten, und es gab keinen Aberglauben. Niemand glaubte, dass er durch dieses Schauspiel die Vergebung der Schuld oder der Strafe verdiene, sondern es war ein für die Zucht nützliches Beispiel, das sich auf die kirchliche Verfassung bezog.

Es gibt aber keinen Zweifel daran, dass diese Gebräuche, durch welche die Beklagten dem Volk als Kenntlichgemachte präsentiert wurden, von den ersten Vätern her ihren Ursprung genommen haben. Denn immer, von Kain an bis zum heutigen Tage, hat es irgendeine Zeremonie des Ausschlusses gegeben, und es sind Spuren davon auch bei den Heiden geblieben, so wie von Kain gesagt wird, dass ihm ein Mal aufgedrückt worden sei.[49] So haben später auch die als Mörder Angeklagten Zeichen der Schuld an der Kleidung getragen, bis sie wieder aufgenommen wurden, damit die anderen Menschen wussten, dass diese besudelt und deshalb zu meiden waren. Denn die Ausgeschlossenen waren von der Gemeinschaft der heiligen Dinge, des Tisches des Herrn und der vieler Ämter ausgeschlossen. Niemand aß mit ihnen zusammen, solange jener Mörder oder Blutschänder die Zeichen seiner Schuld trug, und es gab bestimmte Worte des Ausschlusses, die

„Rachegöttinnen" genannt wurden, auf Griechisch aber „Verfluchungen". So ist Orest in Griechenland umhergezogen, wobei er sich jeden Umgangs mit anderen Menschen enthielt. Und er hat Zeichen der Schuld getragen, die ihm später wieder fortgenommen wurden, als man ihn vor Gericht freisprach. Viele derartige Beispiele werden angeführt, wie etwa bei Herodot dasjenige des Adrastes, der mit einem angehefteten Zeichen der Schuld zu Krösus kam.[50]

Weil es aber bis dahin Spuren dieser alten Sitte beim jüdischen Volk gab und ebenso bei den nicht völlig barbarischen Völkern, ist dieser Brauch auch von der Kirche übernommen worden. Zu Beginn war er lediglich ein Bestandteil der Zeremonien. Später aber hat der Aberglaube hinzugedichtet, dass um dieser Züchtigungen willen die Vergebung der Sünden geschenkt werde. Diese Auffassung hat die Strafen so sehr vermehrt, dass sie schließlich unerträglich geworden sind. Daher sind sie auch wieder gemildert worden. Dies nannten die Bischöfe dann „Ablässe", d. h. das Erlassen jener Schauspiele, welche die Kanones vorgeschrieben hatten. So sind allmählich jene alten Schauspiele verschwunden, geblieben aber ist das vom Volk nicht verstandene Wort „Genugtuung".

Freilich bekennen die Mönche, dass die Genugtuungen nicht die Vergebung der Schuld verdienen. Aber um diesen Leistungen eine Funktion zuschreiben zu können, haben sie erdichtet, dass die ewige Strafe nicht vergeben werde, es sei denn, man gleiche sie durch die Fegfeuerstrafen aus oder durch materielle Aufwendungen. Sie haben also behauptet, dass die Genugtuungen den Erlass der Strafen des Fegfeuers oder anderer Strafen dieses Lebens verdienen. Hier ist beim Urteilen Klugheit vonnöten.

Erstens aber ist es notwendig, die Definition der kanonischen Genugtuung zu kennen, welche sie selbst vorbringen: Sie besteht darin, ungeschuldete Werke zu tun, d. h. Dinge, die nicht durch Gottes Gesetz geboten, sondern überschüssige Werke sind und von den Bischöfen oder anderen Kirchendienern auferlegt wurden, damit man durch sie den Erlass der Fegfeuerstrafe oder anderer Strafen dieses Lebens verdient. Nun sollte der Leser darauf achten, über welche Gegenstände an dieser Stelle gesprochen werden muss, nämlich über die Erfüllung des Gesetzes, über die Unterscheidung der Werke, welche Gott geboten, und anderer, die Gott nicht geboten hat, über den Erlass der ewigen Strafe, über die Unterscheidung der Vergebung der Schuld und des Erlasses der zeitlichen Strafen, über die Ursachen der zeitlichen Strafen und der Anfechtungen in der Kirche usw. Es ist nötig, dass diese Gegenstände richtig und wahrheitsgemäß erklärt werden. Auch deshalb wiederhole ich hier diesen Lehrartikel über die Genugtuung.

Zweitens müssen die Vergebung der Schuld und der Erlass der ewigen Strafe immer miteinander verbunden werden, denn es ist ein und dieselbe umsonst geschenkte Wohltat des Sohnes, die Schuld und den ewigen Tod aufzuheben. Die Schuld aufheben aber heißt, den Zorn Gottes besänftigen.

Wenn demnach die ewige Strafe darin besteht, den furchtbaren und unaussprechlichen Zorn Gottes als „bleibend" zu spüren – wie Johannes sagt: „Der Zorn Gottes bleibt über ihm"[51] –, so sollen wir wissen, dass die Schuld und die ewige Strafe zugleich getilgt werden um des einzigen Mittlers willen, des Sohnes Gottes, nicht wegen irgendeines von unserer Seite erbrachten Ausgleiches. Deshalb heißt es Hosea 13: „Ich werde dein Tod sein, Tod, und deine Pest, Hölle!"[52] Und Paulus sagt: „Der Stachel des Todes ist die Sünde, die Macht der Sünde aber das Gesetz. Gott aber sei Dank, der uns den Sieg gibt, durch unsern Herrn, Jesus Christus."[53] Deshalb muss man ganz und gar darauf vertrauen, dass durch den Glauben um des Sohnes Gottes willen zugleich die Schuld getilgt und die ewige Strafe aufgehoben wird, umsonst, das heißt, ohne einen Ausgleich von unserer Seite.

Diese Tröstung soll in den Herzen leuchten, und wir dürfen nicht zulassen, dass der Glaube durch die Sorge um unsere Genugtuungen matt gemacht wird, und wir sollen fest darauf vertrauen, dass unsere Genugtuungen nicht in jenes geheime Gericht Gottes (wo wir über den Zorn Gottes oder den ewigen Tod in Unruhe versetzt werden) eingebracht werden müssen, vielmehr ist das alleinige Opfer des Sohnes Gottes ins Auge zu fassen. Wir sollen glauben, dass durch sein Blut die Schuld zerstört und die ewigen Strafen aufgehoben werden. Er hat der Gerechtigkeit Gottes Genüge geleistet, wie Johannes sagt: „Dieser ist die Versöhnung für unsere Sünden, und nicht allein für die unseren, sondern auch für die Sünden der ganzen Welt."[54] Auch soll die Beschreibung des Triumphes im Brief an die Kolosser vor Augen stehen, wo Paulus deutlich sagt, dass der Sieger, der Sohn Gottes, die vom ihm selbst gezähmten und gefangengenommenen Mächte der Hölle in einem Triumphzug mit sich führt.[55] Den Ruhm dieses Triumphes sollen wir nicht auf unsere Werke übertragen. Ganz fest muss man deshalb auch die nachfolgende Tröstung halten: „Nachdem wir durch den Glauben gerechtfertigt worden sind, haben wir Frieden mit Gott"[56], d. h. es ist gewiss, dass der Zorn Gottes besänftigt ist und wir von den ewigen Strafen befreit sind. Deshalb dürfen die Gewissen nicht durch die Vorspiegelung der Mönche über die Genugtuungen in Unruhe versetzt werden.

Drittens, es gibt offenkundige Irrtümer in der Lehre der Mönche über die Genugtuungen, wenn anderswo, dann auch hier, nämlich dass sie erdichten, dass Werke, die nicht von Gott geboten worden sind, Dienste an Gott seien, die die Vergebung der Schuld und der Strafen verdienen, wie z. B. sich an bestimmten Tagen der Fleischspeisen zu enthalten usw. Derartige Werke, die unmittelbar zu dem Zweck getan worden sind, damit Gott durch sie Ehre erwiesen wird, nennen sie „Gottesdienste". Gegen eine derartige Auffassung ist jene höchst wahre Regel im Bewusstsein zu halten: „Sie dienen mir vergeblich mit Menschengeboten"[57]. Dieses eine Argument ist auch stark genug, um die Genugtuungen zurückzuweisen, von denen die Mönche reden, welche jedenfalls mit umso größerer Sorge zu tadeln sind, weil die Überzeugung von den Genugtuungen die menschlichen Satzungen sehr vermehrt und die Meinung bestärkt hat, welche erdichtet, dass von Gott nicht gebotene Werke Dienste an Gott seien. Ein Gottesdienst freilich ist ein Werk, das von Gott geboten und in der Erkenntnis und im Glauben an den Sohn Gottes getan worden ist; erster Zweck dieses Dienstes ist es, sei es nun mittelbar oder unmittelbar, dass Gott Ehre erwiesen wird. Ich übergehe hier, was die Mönche bei diesem Gegenstand über die Erfüllung des Gesetzes gesagt haben.

Viertens, auch wenn es völlig wahr ist, dass der Erlass der ewigen Strafe niemals von der Vergebung der Schuld getrennt werden darf, so ist es doch gleichwohl nötig, dass die Vergebung der Schuld vom Erlass der zeitlichen Strafen dieses Lebens unterschieden wird. Denn die Kirche ist aus vielen Gründen dem Kreuz unterworfen worden, die man immer im Blick behalten muss und von denen einige antreibend, andere zweckbestimmt, wiederum andere aber „zum Herabstürzen", d. h. anreizend, sind.

Der erste Grund: Wegen des Falles der ersten Eltern wurde die ganze Nachkommenschaft schuldig und unrein. Deshalb ist die Kirche Gottes genauso wie das übrige Menschengeschlecht dem Tod des Leibes und anderen Mühsalen unterworfen.

Der zweite Grund: Weil die Welt der Auffassung ist, dass die innere Unreinheit des menschlichen Herzens, die Zweifel an Gott, die Missachtung Gottes und viele lasterhafte Flammen der Begierden keine von Gott verurteilten Dinge sind, und weil sie den Zorn Gottes verachtet, deshalb wird die Kirche stärker bedrückt. Denn Gott will, dass sein Zorn in der Kirche erkannt wird und dass in uns allen die Buße wächst: „Das Gericht beginnt vom Hause Gottes her"; ebenso Salomo: „Den Sohn, den er liebt, züchtigt er."[58]

Der dritte Grund: Weil der Teufel in größerem Hass auf den Sohn Gottes und die Kirche entbrennt, deshalb wütet er umso grausamer in der Kirche. Er versucht, viele vom Wege abzubringen; er stachelt Irrlehren auf und verursacht verschiedenartige Spaltungen. Über diesen Grund heißt es im 1. Buch Mose: „Die Schlange wird ihm in seine Ferse beißen."[59]

Der vierte Grund: Sehr oft sind gewisse einzelne Unglücksfälle die Strafen für besondere Vergehen, welche Gott deshalb über die Menschen verhängt, weil es der Gerechtigkeit Gottes entspricht, Sünden zu bestrafen, und weil Gott will, dass in diesem Leben an bestimmten Beispielen sein Zorn und sein gerechtes Urteil gegen die Sünden erkannt werden, und weil er will, dass die Gefallenen zur Buße zurückgerufen werden. So ist David wegen des Ehebruchs und des Verrates an Uria aus der Herrschaft gestoßen worden. Manasse wird ins Exil geführt, und über das Exil des ganzen Volkes und den Untergang der Stadt Jerusalem sagt Jeremia in

Kapitel 22: „Und sie werden sprechen, ein jeder zu seinem Nachbarn: ‚Warum hat der Herr so gehandelt?' Und sie werden antworten: ‚Deshalb, weil sie den Bund des Herrn, ihres Gottes, verlassen haben und fremde Götter angebetet haben'". Und Micha 7 heißt es: „Ich will den Zorn des Herrn tragen, weil ich an ihm gesündigt habe." Und Psalm 89: „Ich werde ihre Ungerechtigkeiten mit der Rute heimsuchen."[60]

Der fünfte Grund ist, dass die Anfechtungen Zeugnisse der Lehre sein sollen, so wie Jeremia und Johannes der Täufer nicht wegen besonderer Vergehen getötet werden, sondern aus anderen Gründen, nämlich damit ihr Leiden bezeugen, dass sie von Herzen so glauben, wie sie lehren, weil sie die Wahrheit dem Leben und allen Annehmlichkeiten der Leiber vorziehen.

Der sechste Grund ist, dass die Anfechtungen ein Zeugnis für die Unsterblichkeit sein sollen, denn wenn Gott durch herrliche Wunder angezeigt hat, dass ihm Abel, Paulus und ähnliche Menschen gefallen, und er dennoch zulässt, dass diese getötet werden, so ist es notwendig, dass ein anderes Gericht zurückbleibt.

Der siebte Grund besteht darin, dass wir dem Bilde des Sohnes Gottes ähnlich werden sollen.

Der achte Grund: Auch dort, wo es keine grässlichen äußeren Vergehen gibt, will Gott dennoch in vielen Menschen die inneren Übel, nämlich die Überheblichkeit, die Selbstüberschätzung und die fleischliche Selbstsicherheit bessern, wie es heißt: „Es ist gut für mich, dass du mich gedemütigt hast, damit ich deine Rechte lerne."[61]

Der neunte Grund besteht darin, dass offenkundig werden soll, dass die Heiligen den allgemeinen Gehorsam grundsätzlich um der Ehre Gottes, nicht nur um ihres eigenen Nutzens willen übertreffen, wie es im Psalm heißt: „All diese Dinge sind über uns gekommen, aber wir haben dich nicht vergessen."[62]

Der zehnte Grund ist, dass deutlich werden soll: Die Kirche wird nicht durch menschliche Beschlüsse oder Hilfsmittel, sondern durch den Sohn Gottes selbst als das Oberhaupt und den Herrn der Kirche mit göttlicher Macht gesammelt, verteidigt und bewahrt, und in unserer Schwäche wird die Gegenwart des Sohnes

Gottes erkannt, der uns gegen den Teufel beschirmt: „Wir tragen diesen Schatz in irdenen Gefäßen, damit die überschwengliche Kraft Gott gebühre und nicht von uns ausgehe."[63]

Weil es demnach viele verschiedene Gründe sind, wegen derer die Kirche dem Kreuz unterworfen worden ist, darf man nicht denken, dass alle Unglücksfälle Strafen für bestimmte Vergehen sind. Und völlig angemessen werden die Anfechtungen daher auch in vier Arten unterteilt: Die erste Art sind die „Züchtigungen", d. h. Strafen für gewisse Taten, wie das Exil Davids oder die öffentliche Hinrichtung von Mördern, die, auch wenn sie Strafen sind, dennoch nicht den Erlass der Schuld oder der ewigen Strafe verdienen, sondern sie sind Zeichen des Zornes Gottes gegen die Sünde oder Zeugnisse für die Gerechtigkeit Gottes, der der Sünde zürnt. Die zweite Art sind die „Prüfungen", d. h. Übungen, die dazu dienen, die Frommen zu bezähmen und den Glauben zu stärken, wie z. B. die Trübsale des Joseph. Die dritte Art sind die „Beweise", d. h. Zeugnisse der Lehre und der Unsterblichkeit, wie die Morde an Abel, Jeremia, Paulus usw. Die vierte Art sind die „Lösegelder", d. h. eine Strafe für die Sünden anderer. Von dieser Art ist aber allein der Tod des einzigen Sohnes Gottes. So bezeichnet der Sohn Gottes im Matthäusevangelium Kapitel 20 sein Leiden selbst,[64] durch welches Wort wir an die gewaltigste Sache erinnert werden, nämlich daran, dass dem Menschengeschlecht die Sünden nicht ohne eine wunderbare Erörterung über den Vergleich der Gerechtigkeit und der Barmherzigkeit Gottes vergeben worden sind: auf welche Weise nämlich Gott zugleich gerecht und barmherzig ist. Wir sollen nämlich die törichten menschlichen Ansichten aus unsern Herzen vertreiben, die sich erträumen, dass Gott wie ein milder Familienvater oder wie ein Stoiker der Sünde nicht zürne. Ganz im Gegenteil, die Gerechtigkeit Gottes zürnt allen Sünden aller Menschen ernsthaft und furchtbar, wie geschrieben steht: „Gott ist ein verzehrendes Feuer."[65]

Es hat also eine Erörterung über den Vergleich der Gerechtigkeit und der Barmherzigkeit gegeben, eine Erörterung, die keine Kreatur hätte auflösen können. Aber die Angelegenheit ist durch wunderbare göttliche Erwägung dahingehend entschieden worden, dass der Zorn auf den Sohn abgeleitet und die übrigen Menschen um des Sohnes willen geschont werden sollten. Denn es war notwendig, Gott entweder durch Gehorsam oder aber durch eine angemessene Strafe Genugtuung zu leisten. Die Argumente dieser wunderbaren innergöttlichen Beratung werden wir im ewigen Leben kennenlernen. Jetzt will Gott, dass wir die Wohltat selbst erkennen, und er will, dass wir beides bedenken: die ungeheure Größe der Barmherzigkeit, dass das Menschengeschlecht aufgenommen wurde, zugleich aber auch den ernsten und gewaltigen Zorn auf die Sünde, der es nötig machte, eine so große Strafe und Wiedergutmachung dazwischentreten zu lassen. Hierzu ein altes Argument, das man berücksichtigen sollte:

> Es gehört zur Barmherzigkeit zu schonen, zur Gerechtigkeit aber, unwandelbar das Gesetz zu befolgen, Gehorsam zu fordern oder eine angemessene Strafe.
> Gott aber ist nicht nur barmherzig, sondern auch gerecht.
> Also vergibt er auch nicht ohne Ausgleich oder Genugtuung.

Darauf antworte ich: Ich stimme dem ganzen Argument zu. Die Vergebung ist nicht ohne Genugtuung geschehen, sie ist nämlich durch den Sohn Gottes abgetragen worden. Allein der Gehorsam des Sohnes Gottes ist die Genugtuung und die angemessene Strafe für unsere Sünden und das Opfer, das den Zorn Gottes besänftigt, so wie es auch Jesaja sagt: „Er gibt seine Seele zum Opfer für die Sünde."[66] Gott will, dass dieses Opfer angeschaut und Zorn und Barmherzigkeit erwogen werden. Auch darf diese so große Ehre, nämlich ein „Lösegeld" oder eine Genugtuung für die Sünden zu sein, menschlicher Gerechtigkeit nicht beigelegt werden.

Deshalb ist es notwendig, die Irrtümer über die kanonischen Genugtuungen zu tadeln, die in furchtbarer Blindheit in der Kirche verbreitet worden sind. Es ist offenkundig falsch, dass die ewige Strafe um der kanonischen Genugtuungen willen erlassen wird; offenkundig falsch ist auch dies, dass durch die Gewalt der Schlüssel die zeitlichen Strafen aufgehoben werden, welche nicht durch die Entscheidung der Kirchendiener auferlegt worden sind,

sondern jene allgemeinen Strafen, die das ganze Menschengeschlecht um des Zornes Gottes oder um des Bekenntnisses willen
hier und da treffen, wie Krankheiten, Kriege, Hungersnöte usw.,
die zum Teil „Prüfungen", zum Teil aber auch „Züchtigungen"
oder „Beweise" sind. Diese Arten haben nichts mit der Gewalt
der Schlüssel zu tun, d. h. durch diese Gewalt werden jene Strafen
weder auferlegt noch erlassen.

Obwohl ich nun, um Verworrenheit auszuschließen, die Labyrinthe dieses Gegenstandes nicht alle nachzeichnen will, so will ich
doch bestimmte Argumente zurückweisen, die sich gewisse Leute
jetzt listig ausdenken, um die Irrtümer unter irgendeinem Vorwand zu untermauern.

Die Kirche handelt angemessen, wenn sie die Weisung gibt,
eine Abmilderung der Strafen anzustreben, und gleichzeitig einen
Weg dazu aufzeigt.

Es ist aber ganz und gar gewiss, dass die zeitlichen Strafen um
der guten Werke willen abgemildert werden.

Folglich handelt die Kirche richtig, wenn sie Weisung gibt, bestimmte Werke zu tun.

Ich antworte auf den Obersatz: Die Kirche handelt richtig,
wenn sie die Weisung erteilt, eine Abmilderung der Strafen anzustreben, und gleichzeitig einen Weg dazu aufzeigt, freilich einen,
der im Evangelium beschrieben wird, und nicht neue Gottesdienste ersinnt. Es ist allerdings ganz und gar zutreffend, dass die
Strafen durch eine völlige Bekehrung und von Gott gebotene gute
Werke abgemildert werden. Die Kirche soll rufen, wie der Sohn
Gottes ruft, und ebenso, wie immerzu auch die Stimme des Heiligen Geistes: „Tut Buße!" und: „Wenn ihr nicht Buße tut, werdet
ihr alle in gleicher Weise umkommen."[67] Desgleichen heißt es:
„Wenn eure Sünden auch rot wie die Farbe der Purpurschnecke
sind, so werdet ihr doch weiß werden wie der Schnee"[68], das heißt:
Wenn ihr von den betrüblichsten Strafen betroffen werdet und
wie die Mörder bei der Hinrichtung mit Blut bespritzt seid, so
wird Gott dennoch die Strafen abmildern, er wird das Blut abwi-
schen. Ebenso steht geschrieben: „Bekehrt euch zu mir, dann will
auch ich mich zu euch wenden."[69]

Dieser Beginn des neuen Gehorsams verdient die Abmilderung der zeitlichen Strafen, und im Blick auf diese von Gott gebotenen Werke soll auch der Untersatz verstanden werden: Es sollen keine anderen, von Gott nicht gebotenen Werke oder Gottesdienste hinzuerfunden werden. Wenn also bei der Schlussfolgerung hinzugefügt wird, die Kirche handele richtig, wenn sie bestimmte andere, von Gott nicht gebotene Werke anzeige, dann liegen die Tücken im Schluss, und die Schlussfolgerung ist abzulehnen, weil in ihr mehr enthalten ist, als die Ausgangssätze hergeben. Die Kirche handelt richtig, wenn sie die völlige Bekehrung und von Gott gebotene gute Werke vorschreibt, so wie diese Werke geboten sind; sie handelt aber nicht richtig, wenn sie erdichtet, dass die Menschen durch das Gesetz gerecht sind und andere, neue Werke getan werden müssen, wie z. B. solche „des Überschusses" als eines Gegenwertes, um mit ihnen die Strafen auszugleichen. Außerdem ist über die dem Volk bekannten Vergehen oben gesagt worden, dass die Kirche, wenn sie die Gefallenen wieder aufnimmt, das Vergehen und die Buße um des Beispiels willen öffentlich in Erinnerung bringen und einen gewissen frommen Verweis und eine Ermahnung hinzufügen kann usw.

Als ein Einwand wird auch das Wort des Paulus vorgebracht: „Wenn wir uns selber richteten, so würden wir nicht gerichtet."[70] Wenn also die Kirche bestrafte, so würde Gott uns schonen und die öffentlichen und persönlichen Unglücksfälle abmildern.

Das ist ein anschauliches Argument, doch muss die echte Züchtigung sauber von der Täuschung unterschieden werden. Das ganze Argument ist stichhaltig, wenn es nur recht verstanden wird: „Wenn wir uns selber richteten", das heißt: Wenn wir uns züchtigten bzw. durch eine echte Bekehrung besserten, das heißt: Wenn wir von echtem Schmerz geplagt würden, weil wir Gott beleidigt haben, weil wir durch unsere Ärgernisse den Heiligen Geist betrübt haben, weil wir Beschwerlichkeiten für uns und die Kirche aufgehäuft haben. Bei einer derartigen Bekehrung würden der Glaube, die Hoffnung, die Anrufung und der neue Gehorsam tatsächlich eine Abmilderung der Strafen erlangen, wie oben gesagt worden ist, und Joel schreibt: „Bekehrt euch zum Herrn, euerm Gott, weil er gut ist und die Strafen erlässt."[71]

Wenn also Paulus sagt: „Wenn wir uns selber richteten" usw., dann meint er damit die echte Buße bzw. die Bekehrung selbst zu Gott, er spricht nicht von anderen, nicht geschuldeten Werken, über die geschrieben steht: „Sie dienen mir vergeblich mit Menschengeboten" und ohne eine echte Bekehrung gefallen Gott keinerlei Werke, weil Gott den Gehorsam des Herzens fordert, das heißt: Die echte Furcht, den wahren Glauben, die Hoffnung, die in der Verheißung Gottes zur Ruhe kommt, die echte Anrufung, nach jenen Worten: „Die wahren Anbeter werden den Vater im Heiligen Geiste und in der Wahrheit anrufen."[72] Und ebenso: „Ein betrübter Geist ist ein Opfer vor Gott; ein reuiges und demütiges Herz wirst du, Gott, nicht verachten."[73] Auch wiegen die Fasten oder die anderen Strafen der Unbekehrten vor Gott nicht mehr, als die Zerfleischungen der Leiber gewogen haben, die die Priester des Baal vornahmen und die heute auch den türkischen Priestern nachgesagt werden. Diese Übungen laufen alle auf die folgende Regel hinaus: „Sie dienen mir vergeblich mit Menschengeboten."[74]

So viel über die Genugtuungen an diesem Ort. Denn auch anderswo ist dieselbe Lehre oftmals erklärt worden. Doch ist es nötig, dass die ganze Lehre von der Buße häufig in der Kirche wiederholt wird, damit sie allen ganz und gar bekannt ist und ihnen immer vor Augen steht, weil sie bei jeder Anrufung täglich bedacht werden muss. Denn immer stellt sich dem Betenden dieser betrübliche Satz in den Weg: „Die Sünder erhört Gott nicht."

Die Zurückweisung dieses Einwandes muss aus der Lehre von der Buße genommen werden, nämlich dass die Sünder nicht erhört werden, das heißt, die, die keine Buße tun; aber demjenigen, der Buße tut, ist geboten, dass er glauben soll, dass er um des Sohnes Gottes willen umsonst wieder auf- und angenommen wird und seine Anrufung Gott gefällt. Wir dürfen nicht zulassen, dass dieses Licht des Glaubens durch falsche Lehrmeinungen über die kanonische Genugtuung ausgelöscht wird, wie es in der Kirche oftmals sehr verdunkelt worden ist, auch in den alten Zeiten, und wenn dieses Licht des Glaubens ausgelöscht wird, werden die heidnischen und türkischen Lehrmeinungen aufgenommen, die erdichten, dass die Schuld um menschlicher Genugtuungen willen vergeben wird, so wie es gegenwärtig auch die Türken lehren, dass nämlich einem Reichen ein Meineid vergeben wird, wenn er zehn Armen ein Gewand schenkt. Und Menschen, die zuvor nicht gründlich unterwiesen worden sind, werden leicht durch jenen schönen Schein der Werke in Beschlag genommen. Deshalb müssen derartige Lehrmeinungen mit noch größerer Sorgfalt zurückgewiesen werden. Und gleichzeitig müssen die Herzen zur echten Bekehrung angestachelt werden, die ohne jeden Zweifel die Hilfe Gottes erlangt und ebenso die Abmilderung bevorstehender Unglücksfälle, wie dies bereits gesagt wurde.

Und für dieses Licht der Lehre sollen wir Gott danken und unsere Dankbarkeit kundtun im Bekenntnis und im Eifer dafür, dessen Reinheit zu bewahren.

---

[1] Melanchthon an Hieronymus Baumgartner in Nürnberg, 10. März 1548; CR 6, 824 f. (Nr. 4170); dazu MBW 5, 253 (Nr. 5077.1). – Der Plan zu einer Schrift gegen das Konzil begegnet bei Melanchthon auch schon früher. Als Vorlesung ist die Widerlegung vom 12. Dezember 1547 bis zum 10. März 1548 bezeugt. Dann verhinderten die am 31. März 1548 beginnenden Beratungen über das Interim die Weiterführung. Zuletzt ist daraus die Schrift „Doctrina de poenitentia" geworden. [2] Vgl. CR 12, 548–554 (Promotionsthesen des Melchior Isinder). [3] Vgl. dazu ausführlich z. B. Bernhard Lohse: Dogma und Bekenntnis in der Reformation: von Luther bis zum Konkordienbuch. In: Handbuch der Dogmen- und Theologiegeschichte/hrsg. von Carl Andresen ... Bd. 2, Göttingen 1980, 102–138. [4] Ebd., 117–121. [5] Ebd., 125–129. – Auch das Thema „Buße" wird zwischen Melanchthon und Osiander zu dieser Zeit kontrovers diskutiert. [6] Ebd., 108–113. [7] Matthias Flacius Illyricus, Responsio ... ad epistolam Philippi Melanthonis (Magdeburg, 20. Oktober 1549). [8] Vgl. MSA 6, 422. [9] Jes 66,19. [10] Mt 18,20. [11] Die „Loci communes" in ihren verschiedenen Ausgaben. [12] Diese Bezeichnung für Flacius und dessen theologische Freunde begegnet auch schon am 20. Juni 1549 in einem Brief Melanchthons an Hieronymus Schwolle in Berlin. CR 7, 418 f. (Nr. 4548); vgl. MBW 5, 488 (Nr. 5566.1). [13] Die Rede vom „Goldenen Zeitalter" begegnet bei Melanchthon seit dem Frühjahr 1548 immer wieder. Sie richtet sich ursprünglich gegen Johann Agricola, der sich vom Interim die Wiedervereinigung der Religionsparteien und damit ein Goldenes Zeitalter für

die Kirche versprach. [14] Arsenius: 42,11. [15] Gal 5,15. [16] Mt 28,20. [17] 2Kor 7,9. [18] Jes 66,2. [19] Ez 20,43. [20] Lk 19,1–10; Gal 1,11–24; Apg 9,1–19; 2Chr 33,12 f.; Lk 7,36–50. [21] Ps 39,12. [22] Eph 4,19. [23] Jer 6,15; 8,12. [24] Jes 38,13. [25] Dan 9,7. [26] Dtn 4,24. [27] Röm 5,1. [28] Ps 51,19. [29] 2Sam 12,13. [30] Jes 38,13. [31] Jes 38,17. [32] Bernhard von Clairvaux, In annuntiatione Beatae Virginis Mariae, sermo 3, 3 (PCCSL 183, 394B). [33] Röm 8,13. [34] Röm 6,2; Kol 2,11. [35] Röm 6,4. [36] Kol 2,14. [37] Lev 16,21. [38] Neh 9,1 f. [39] Mt 3,6. [40] Dan 9,7.9. [41] Ps 19,13. [42] PCCSG 55, 581. [43] Neh 9,2. [44] Joh 20,23; 2Kor 5,19. [45] 2Sam 12,13. [46] Ez 33,11. [47] Mt 18,21 f. [48] Joh 20,23. [49] Vgl. Gen 4,15. [50] Vgl. Herodot, Historiae 1, 34 f. [51] Joh 3,36. [52] Hos 13,14. [53] 1Kor 15,56 f. [54] 1Joh 2,2. [55] Kol 2,15. [56] Röm 5,1. [57] Mt 15,9. [58] 1Petr 4,17; Spr 3,12. [59] Gen 3,15. [60] Jer 22,8 f.; Mi 7,9; Ps 89,33. [61] Ps 119,71. [62] Ps 44,18. [63] 2Kor 4,7. [64] Vgl. Mt 20,28. [65] Dtn 4,24. [66] Jes 53,10. [67] Lk 13,3. [68] Jes 1,18. [69] Sach 1,3. [70] 1Kor 11,31. [71] Jo 2,13. [72] Mt 15,9; Joh 4,24. [73] Ps 51,19. [74] Mt 15,9.

Antwort auf die Anschuldigungen von Staphylus und Avius

Responsio ad criminationes Staphyli et Avii 1558

Im September 1557 begann in Worms, schon gegen einigen Widerstand in den altgläubigen Reihen, das letzte der von kaiserlicher Seite zur Beilegung der Glaubensspaltung einberufenen Religionsgespräche. Allerdings erhofften sich beide Religionsparteien nicht mehr viel von einer solchen Veranstaltung. Für die protestantische Seite war zudem der Zeitpunkt sehr ungünstig, denn man war in innere Auseinandersetzungen verwickelt: 1548 hatte der Kaiser nach seinem militärischen Sieg den Protestanten eine vorläufige Religionsordnung auferlegt, das „Interim". Die Frage seiner Annahme oder Ablehnung führte im protestantischen Lager zwischen den Interimsgegnern um den Theologen Matthias Flacius Illyricus und den „Adiaphoristen" – Melanchthon und seine Anhänger – zur Polarisierung. Melanchthon hatte die Rückkehr zu Teilen des altgläubigen Gottesdienstes unter der Voraussetzung akzeptiert, dass der Rechtfertigungsartikel unangetastet blieb. Er gab schließlich zu, dass er mit dieser Einschätzung geirrt hatte. Die Bewertung der religiösen Gebräuche als Adiaphora, d. h. als ethisch wertfrei, ließ sich „in statu confessionis" – im Bekenntnisfall – theologisch nicht rechtfertigen.

Doch der Dissens zwischen Melanchthon- und Flaciuspartei ging inzwischen tiefer: Flacius warf Melanchthon vor, dass er Irrlehren unter den Evangelischen dulde, ja dass er ihnen selbst durch Veränderungen am Wortlaut des Augsburger Bekenntnisses Vorschub leiste. Flacius forderte von Melanchthon die ausdrückliche Verwerfung dieser Irrlehren, sodass sich ihre Vertreter nicht mehr auf das Augsburger Bekenntnis berufen könnten, das seit dem Religionsfrieden von 1555 reichsrechtliche Geltung besaß. In dieser Situation begann das Wormser Colloquium. In den Vorgesprächen der Evangelischen untereinander wurde ihr interner Zwist bereits offenkundig. Als sich nach Eröffnung des Colloquiums die Diskussion alsbald in der Erörterung von Grundsatzfragen festgefahren hatte, griff man auf altgläubiger Seite gezielt die ursprüngliche Strategie des Flacius auf, von der evangelischen Partei eine eindeutige Verwerfung derjenigen Irrlehren zu fordern, die dem Augsburger Bekenntnis widersprächen. Das führte zum offenen Streit unter den Evangelischen und zum Auszug der Flaciuspartei. Daraufhin konnte die altgläubige Seite das Colloquium abbrechen. In der sich anschließenden Publizistik versuchte man auf beiden Seiten, die Schuld am vorzeitigen Ende dem jeweiligen Gegner zuzuschieben. Melanchthon wollte dergleichen Propaganda mit der Schrift „Abschied der Gesandten augspurgischer Confession zum Colloquio in Wormbs, welche so lang da geblieben sind, biss die Widersacher nicht haben weiter darinn procedieren wollen" (Frankfurt 1557), zuvorkommen. Gegen sie richteten sich gleich mehrere altgläubige Schriften. Die bedeutendste war aber die des kaiserlichen Theologen Friedrich Staphylus, der als Collocutor am Religionsgespräch teilgenommen hatte. Er, ein früherer Schüler Melanchthons, war 1553 wieder zum Katholizismus konvertiert und nutzte die Situation für seine wohl schon länger vorbereitete theologische Abrechnung mit der Reformation: Das Schriftprinzip führe zu einander widersprechenden Lehraussagen, die wiederum eine unabsehbare Flut sich untereinander bekämpfender Theologenschulen zur Folge hätten. Melanchthon antwortet in der vorliegenden Schrift gleichzeitig auf zwei der Wormser Gegenschriften, auf die „Trimembris epitome theologiae Lutheranae" des Staphylus, 1558, und die „Antwort auf den ungegründeten Abschied der Confessionisten, darinn angezeigt wird, daß nit die katholischen Beclagten, sondern die Confessionisten Ankläger selbst Ursach sind an Zutrennung des Collegii" des Kölner Theologen Johannes a Via, 1557. In der den größeren Raum einnehmenden Entgegnung auf die Schrift von Staphylus vermischt sich die Erwiderung auf dessen „Trimembris …" mit der Auseinandersetzung um dessen Konversion.

Übersetzungsgrundlage: MSA 6, 462–481.

Es gibt einen alten Vers über die Streitereien der Sophisten: „Eitles schwätzend verbreitet sich menschenverderbender Streit."[1] Diese Klage ist heute umso berechtigter, da Gelehrte und Ungelehrte über alle wichtigen Angelegenheiten streiten und viele üble Charaktere Kampf und Zwiespalt durch Hass vermehren. Lieber zöge ich mich in meinem Alter zurück und schwiege, und oft bedenke ich jenen Psalmvers: „Sie haben geschmäht, ich aber habe gebetet."[2] Dennoch habe ich mich entschlossen, kurz auf zwei Schriften zu antworten, die neulich erschienen sind. Die eine stammt vom Überläufer Staphylus, die andere vom Kölner Avius. Beide sind ganze Karren voller Schmähungen, in denen nicht nur ich und unsere Gemeinden auf tollwütige Art beschimpft werden, sondern auch den prophetischen und apostolischen Büchern Schmach angetan wird. Ich antworte nicht, um meinen Ruf oder meine Schriften zu schützen – das alles stelle ich nämlich Gott und dem Urteil der Frommen anheim –, sondern um die Jüngeren zu bestärken, damit sie nicht auf Grund des Geschreis von Staphylus, Avius und Konsorten weniger ehrerbietig über die göttlichen Bücher denken. Denn jene erheben laut ihre Stimme, das Wort Gottes sei zweideutig wie die Rätsel der Sphinx, und es sei eher ein Zankapfel als eine heilsame Lehre für die frommen Hörer und Leser. Sodann antworte ich auch, damit sie, bestärkt durch das göttliche Wort, daran festhalten, dass unsere Zusammenkünfte, in denen recht gelehrt wird, die Kirche sind, nicht jene gotteslästerlichen, die versuchen, die klaren Gebote Gottes umzustürzen, und jene vatermörderischen, die schon viele Unschuldige wegen ihres Strebens nach Wahrheit umgebracht haben. Wenn ich die Gebrechen unserer Gemeinden ansehe, dann quält es mich, der ich schon wegen vieler anderer Dinge von großem Schmerz geplagt werde, umso mehr, dass wir, beschäftigt mit inneren Kämpfen, uns nicht um den – um es mit einem alten Wort zu sagen – Synkretismus[3] bemühen, darum, gegen die gemeinsamen Feinde zusammenzustehen. Aber in diesen Fieberträumen letzter Vergreisung der Welt bitten wir den Sohn Gottes, dass er selbst die Kirche bewahren und regieren möge und die Herzen der Lehrenden durch wechselseitiges und wahres Wohlwollen miteinander verbinde. Oft zitiere ich auch in der Klage über unsere Zwietracht jenen Brief des Demosthenes, in dem er die Bürger ermahnt, dass sie die häusliche Zwietracht ablegen und sich gegen den äußeren Feind miteinander verbinden mögen, und von sich selbst aufs bescheidenste sagt: „Aber ich glaube weder dem Nutzen der Allgemeinheit schaden zu dürfen, indem ich meinen eigenen Zorn befriedige, noch die eigenen Streitereien mit dem allgemeinen Nutzen verquicken zu dürfen, sondern wozu ich die anderen aufrufe, das glaube ich zuerst selbst tun zu müssen."[4]

Zuerst möchte ich auf den Schluss der Schrift des Staphylus eingehen. Er nennt das Bekenntnis unserer Gemeinden[5] eine Büchse der Pandora[6], aus der jede Art von Unheil hervorgequollen sei, und nach dreißig Jahren mahnt dieser neue Prometheus uns, die er mit Epimetheus vergleicht, wir sollten jene Pandora nicht hören. Sogar witzig versucht er zu sein, wenn er uns unsere Bedrängnis entgegenhält. Wir fühlen unsere Gebrechen und beklagen sie. Aber ich staune doch über die Unverschämtheit dieses Redners, der uns solchermaßen unsere Mühsalen vorhält, als ob es in seiner Partei keinerlei Gebrechlichkeiten gäbe. Viele Krankheiten, viele Übel gibt es auf beiden Seiten, deren Bestrafung wir für nötig halten, und wir wollen uns zu ihrer Ausmerzung aufraffen. Wir wissen aber zugleich, dass über die Lehre nicht auf Grund dieser Mängel geurteilt werden kann, denn es ist bekannt, dass die Kirche dem Kreuz unterworfen ist.

Nun frage ich diesen unseren Prometheus und Überläufer, was er an dem Bekenntnis auszusetzen hat. Wir haben, als wir dazu aufgefordert wurden, die Zusammenfassung der Lehre unserer Kirchen ohne Schärfe formuliert, und wir haben oft bezeugt, dass wir an den prophetischen und apostolischen Schriften und den Glaubensbekenntnissen festhalten und dass wir nicht zweifeln, unser Bekenntnis stimme mit ihnen überein, und durch Gottes Wohltat seien wir, durch seine Hilfe blieben wir Glieder der wahren Kirche Gottes. Und weil ihr viel über den kirchlichen Konsens disputiert, so habe ich oft hinzugefügt, dass wir beständig an dem Konsens der alten und reineren Kirche festhalten. Wenn ihr ihm nur auch folgen wolltet, so würden viele von euren Götzenbildern bald einstürzen. Ist etwa die frühe Kirche vor Bildwerken niedergefallen und hat sie tote Menschen angerufen? Hatte sie etwa käufliche Messen? Hat sie die Ehe verboten? Hat sie das Brot angebetet, wie ihr es beim Herumtragen wie bei persischen Prachtprozessionen tut? Hat man etwa im Altertum gelehrt, die Menschen könnten dem göttlichen Gesetz Genüge tun und durch diese Erfüllung des Gesetzes gerecht werden, und dennoch sei im-

mer zu zweifeln, ob sie Gott gefielen? Hat etwa das Altertum gelehrt, über die Sündenvergebung müsse man im Zweifel bleiben,
wie ihr, fälschlicherweise die Worte Salomos: „Der Mensch weiß
nicht, ob er der Liebe oder des Hasses würdig sei"[7] zu einer heidnischen Vorstellungsweise verdrehend, auf der Synode zu Trient[8]
beschlossen habt? Haben etwa in jenem Altertum die römischen
Bischöfe die Frommen, recht Denkenden umgebracht? Haben sie
sich etwa als Anstifter der Kriege unter den Fürsten hervorgetan?

Wir kennen schließlich das Altertum, und wir weichen nicht
von ihm ab. Und da geschrieben steht: „Meine Schafe hören meine Stimme"[9], bekräftigen wir, dass wir Glieder der wahren Kirche
Gottes sind und dass unsere Gemeinden die Lehre nicht aus jener
Hesiodschen Büchse gewonnen haben, sondern aus den prophetischen und apostolischen Schriften und den Glaubensbekenntnissen und aus dem ursprünglichen Konsens der reineren Kirche.
Diese Gemeinden sind wie Bienenkörbe, in die auch viele Droh-
nen eindringen; und es gibt Eidechsen und Hornissen, die uns
auflauern und von denen wir schon viele erlebt haben. Trotzdem
besteht die Lehre, die in unseren Gemeinden weitergegeben wird.
Dass sie wahr ist, kann anhand der prophetischen und apostolischen Schriften selbst und anhand der Glaubensbekenntnisse
geprüft werden.

Hier schreien Staphylus und Avius, die prophetischen und apostolischen Schriften seien zweideutig. Aber die Auslegung sei aus
dem immerwährenden Konsens, wie sie es nennen, zu gewinnen.
Auch wir fügen immer die Glaubensbekenntnisse hinzu, ja wir suchen auch die Bezeugung der alten reineren Kirche, so wie wir oft
geschrieben haben, die Kirche sei zu hören wie eine Lehrerin, aber
der Glaube stütze sich auf das göttliche Wort. Willkommen sind
uns die Zeugnisse Gregors des Wundertäters, des Irenäus und des
nizänischen Glaubensbekenntnisses[10] über den Sohn Gottes, aber
der Glaube stützt sich auf die Worte des Sohnes Gottes selbst, der
Propheten und Apostel.

Wenn auch die Gegner nun laut über die Zweideutigkeit der
prophetischen und apostolischen Rede losschreien, so können sie
doch zuallererst Folgendes nicht leugnen: Wo das Wort keinerlei

Dunkelheit oder Zweideutigkeit an sich hat, da ist es notwendigerweise den Aussagen der Synoden und aller Menschen vorzuziehen. So ist beispielsweise keinerlei Dunkelheit oder Doppelsinn in dem Satz: „Den Herrn, deinen Gott, sollst du anbeten und ihm allein dienen."[11] Also ist es Unglaube zu sagen: „Maria, nimm uns in der Stunde des Todes auf."

Nachdrücklich formulierte Epiphanius: „Nicht alle göttlichen Aussprüche erfordern die allegorische Auslegung, sondern an der eigentlichen Bedeutung ist festzuhalten. Sie erfordern aber wissenschaftliche Betrachtung und Anschauung, damit ein jeder Gegenstand richtig erfasst wird."[12] Es gibt keinen Zweifel daran, dass im Moralgesetz, in der Verheißung der Gnade und in den Glaubensartikeln an der eigentlichen Bedeutung der Rede festzuhalten ist. In folgenden Aussprüchen sollen keine anderen Aussagen gesucht werden: „Am Anfang schuf Gott Himmel und Erde"[13]; „Du sollst Gott deinen Herrn von ganzem Herzen lieben und deinen Nächsten wie dich selbst"[14]; „Du sollst nicht töten. Du sollst nicht ehebrechen."[15] Welche anderen Bedeutungen der Wörter über die allgemein gebräuchliche Redeweise hinaus willst du hier suchen? Aber wissenschaftliche Betrachtung ist nötig, sagt Epiphanius, d. h. das Vergleichen der einzelnen Teile, das Definieren, das Gliedern, das Schlussfolgern. Wissen muss man, dass in dem Gebot „Du sollst nicht töten" von der Tötung die Rede ist, die nicht von Gott geboten ist, und dass das Amt der Stadtverwaltung davon ausgenommen ist. Nötig ist auch die Anschauung, d. h. Erfahrung, die die Bedeutung der Wörter bestimmt, was Leben ist, was Tod.

Zu diesen Dingen ließe sich noch vieles anführen. Aber sie können nicht leugnen, dass das göttliche Wort dann, wenn es keinerlei Dunkelheit und Zweideutigkeit an sich hat, allen Bestimmungen aller Menschen vorzuziehen ist. Die Papisten haben jedoch das Wort oft verfälscht. Wenn Paulus sagt, „Wir werden gerecht umsonst ohne Werke des Gesetzes"[16], fügt ihr eine falsche Auslegung hinzu, nämlich gemeint sei: ohne Zeremonien und äußerliche Werke. Sodann erfindet ihr hinzu, auf Grund der moralischen Werke seien die Menschen gerecht. Damit zerstört ihr den wahren und notwendigen Trost, der besagt, dass die Gläubigen auf Grund des Mittlers aus Gnaden angenommen werden, nicht auf Grund ihrer moralischen Werke. Ihr erfindet auch hinzu, dass man immer im Zweifel bleiben solle. Das widerspricht nicht nur dem immerwährenden Gebet[17] des Paulus, sondern auch den Reden der Propheten, deren Übereinstimmung mit Paulus folgende Worte zeigen: „Vor deinem Angesicht wird kein Lebender gerecht."[18] Ein solches Vergleichen ohne Spitzfindigkeiten nennt Epiphanius wissenschaftliche Betrachtung. Durch sie wird die prophetische und apostolische Rede nicht doppeldeutig, auch wenn ein jeder Ausleger andere Einfälle hinzufügt, sondern wenn man die Quellen ohne Spitzfindigkeit betrachtet, dann kann man zutreffend ermitteln, welches die eigentliche Bedeutung ist. Der Sohn Gottes brachte die Verheißung der Gnade aus dem Herzen des ewigen Vaters hervor, und der Vater sagte: „Diesen sollt ihr hören."[19] Er befiehlt auch dir zu glauben. Und Petrus sagt: „Alle Propheten geben ihm das Zeugnis, dass alle, die an ihn glauben, die Sündenvergebung in seinem Namen empfangen."[20] Paulus sagt ausdrücklich: „Also aus Glauben umsonst, damit die Verheißung fest sei."[21] Er befiehlt, die Verheißung im Glauben anzunehmen. Ihr hingegen verlangt, man müsse immer im Zweifel bleiben, wie es auch die Heiden sagen. Da das immerwährende Gebet des Paulus und die meisten Prophetensprüche eurer Einbildung widerstreiten, kann der fromme Leser selbst seine Schlüsse daraus ziehen. Wenn David im Psalm sagt, „Meine Seele verließ sich auf sein Wort, meine Seele hoffte auf den Herrn"[22], warum ziehst du den Betenden vom Wort fort und fragst ihn: Warum tröstet du dich mit einem zweideutigen Wort, wie Krösus, der hört: „Wenn du über den Halys übersetzt, wirst du ein großes Reich zerstören."[23] An anderer Stelle sagt der Psalm: „Dein Wort ist meines Fußes Leuchte."[24] Und es gibt viele ähnliche Sprüche, die befehlen, dass Richtschnur des Urteilens die prophetischen und apostolischen Schriften sein sollen.

Ihnen fügen wir die Glaubensbekenntnisse hinzu, weil sie keine andere Form der Lehre enthalten, sondern als Schutz gegen jene Betrüger überliefert worden sind, die der prophetischen und apostolischen Rede fremde Auslegungen hinzufügen – wie es die Papisten taten und noch tun. In den Sprüchen heißt es Kap. 30: „Ein jedes Wort Gottes ist durch Feuer gereinigt, ein Schild denen, die ihm vertrauen. Füge den Worten Gottes nichts hinzu, damit du nicht angeklagt und zum Lügner gemacht werdest."[25] Er befiehlt, das Wort Gottes soll uns ein Schild sein, und er bekräftigt, dass der Glaube sich auf das göttliche Wort stützen soll. Das ist vergeblich gesagt, wenn die göttliche Rede zweideutig ist. Umsonst ist dann auch gesagt: „Füge nichts hinzu." Mit Bedacht sagt nämlich Salomo, das Wort müsse gereinigt sein, wie Metalle gereinigt werden, d. h. seine Reinheit muss erhalten werden, es dürfen keine menschlichen Vorstellungsweisen mit ihm vermischt werden. Viele vergleichbare Aussagen sind in den prophetischen und apostolischen Schriften überliefert.

In einer so klaren Sache bedarf es keiner längeren Diskussion. Wo das Wort hell und klar ist, weder dunkel noch zweideutig, da ist es eine Gottlosigkeit, das Gegenteil zu lehren oder zu denken. Da beispielsweise das Wort „Du sollst nicht ehebrechen" hell und klar ist, ist das lakonische Gesetz[26] eine abscheuliche Verirrung, das erlaubt, sich mit dem betreffenden Ehemann über eine fremde Frau zu einigen. Es kann kein Zweifel darüber bestehen, dass jene, die sich wissend dem hellen und klaren Gotteswort entgegenstellen, Feinde der wahren Kirche Gottes sind. Das tun die Papisten mutwillig und unverschämt. Denn in allen Kontroversen, von denen unser Bekenntnis spricht, entsprechen unsere Aussagen der zu allen Zeiten erklingenden Stimme der Propheten und Apostel, und ich füge die der reineren Schriftsteller der Alten Kirche hinzu: über die Sünde, über die Buße, über die Sündenvergebung aus Gnade, über die im Glauben anzunehmende Versöhnung, über die Gabe des heiligen Geistes, den neuen Gehorsam, die Sammlung der Kirche durch den Sohn Gottes, über den Dienst des Evangeliums und die Gegenwärtigkeit des Sohnes Gottes in der Kirche, über die Sakramente, über die wahren, von Gott angeordneten Formen der Gottesverehrung, über die wahre Anrufung, über Gebrauch und Missbrauch menschlicher Riten und Gebräuche, über die christliche Freiheit, über den Unterschied zwischen der Kirche und den irdischen Herrschaftsformen, über die Würde der zivilen Ordnung.

Was sagen wir zu all diesen Gegenständen, was nicht in den prophetischen und apostolischen Schriften in immerwährender Übereinstimmung ausdrücklich gesagt und oftmals wiederholt wird? Keinerlei ungeheuerliche, keinerlei aufrührerische Meinungen gibt es darin, keine hinzugefügte Dunkelheit oder Doppeldeutigkeit. Ich erinnere mich, dass vor dreißig Jahren einige geschrieben und gesagt haben: Wem ich entkommen will, das weiß ich, wem ich folgen will, das weiß ich nicht. Sie wollten damit sagen, dass ihnen bewusst war, die papistischen Götzenbilder seien zu fliehen, aber sie zweifelten noch, ob sie sich unseren Gemeinden anschließen sollten. Diesen Zweifel zerstreut die Stimme des ewigen Vaters, der über den Sohn sagt: „Ihn sollt ihr hören." Ihm müssen wir als dem Lehrer und Führer folgen, und seiner Kirche wollen wir uns anschließen. Seine Stimme sei uns angesichts der Größe der Verwirrung, die das Menschengeschlecht stiftet, die Richtschnur des Urteilens, damit wir keine Blendwerke zulassen, mit denen gottlose Menschen klare Aussagen zu verfremden suchen. Sodann wollen wir auch in der Versammlung sein und bleiben, von der wir sicher wissen, dass in ihr die göttliche Stimme erklingt, und wir wollen nicht die Gefährten jener Leute sein, die sich ihr offen entgegenstellen und mit schrecklicher Raserei auf ihre Zerstörung hinarbeiten. Das sage ich, um uns selbst zu bestärken, und bei dieser Betrachtung wollen wir vom Sohn Gottes die Bewahrung dieses seines Schiffleins erbitten und erwarten.

Nun wollen wir die ausgepressten Oliven, diesen Dreck, mit dem Staphylus nach uns wirft, abschütteln. In so großem Meinungszwiespalt, sagt er, kann weder Wahrheit noch Gewissheit sein. Darauf erwidere ich, dass wir bezüglich unseres Bekenntnisses und nicht über irgendwelche Schriften Rechenschaft ablegen und, was unsere Gemeinden betrifft, Folgendes bekräftigen: Es gibt in unseren Gemeinden keinen Meinungszwiespalt über die im Augsburger Bekenntnis formulierten Lehren, wie wir es auch in Worms bezeugt haben, und wir können nicht zulassen, dass Gruppen mit uns vermischt werden, die nicht zu uns gehören – so wie Staphylus uns niederträchtig die Wiedertäufer und viele andere zugesellt, von denen wir noch nicht einmal den Namen gehört haben. Immer gab es, gibt es und wird es viele und verschiedenste Feinde der wahren Kirche geben, und oft ist sogar die Mehrheit, die in der Kirche die – um ihre Worte zu gebrauchen – priesterliche Amtsgewalt innehat, der wahren Kirche feindlich gesonnen, so wie die Pharisäer und Sadduzäer Feinde Christi und der Apostel und vor ihnen der frommen Gemeinschaft waren, der Zacharias, Simeon, Joseph, Elisabeth, Anna, Maria, ihre Schwester und andere angehörten. So sind heute die Papisten die Feinde der Kirche und viele andere, die gottlose und böse Ansichten verbreiten und verteidigen und uns feindlich gesonnen sind. In unseren Gemeinden sind aber klare und deutliche Entgegnungen gegen viele von ihnen vorhanden. Es ist also eine giftige Verleumdung, uns mit anderen in einen Topf zu werfen, die Gegner unseres Bekenntnisses sind.

In der Zusammenkunft, die wahrhaft die Kirche ist, gibt es, auch wenn Einhelligkeit über den Grundstein, der Jesus Christus ist, besteht, dennoch bei einer solchen Vielzahl auch Verschiedenheit; die einen häufen Gold, die anderen Stroh auf das Fundament.[27] Zuweilen fallen auch einige, wie man sagt, „es fehlt auch der Weiseste". Aber die Frommen kehren, wenn sie ermahnt werden, auf den richtigen Weg zurück. Wenn einige hartnäckig Irrtümer verteidigen, dann soll ihnen nicht gestattet sein zu lehren.

Bezüglich der von Staphylus zusammengestellten „Widersprüche" will ich also Folgendes erwidern. Wenn auch das meiste von dem, was du aufhäufst, offensichtliche und giftige Verleumdungen sind, so halten wir euch dennoch dasjenige Bekenntnis entgegen, das die allgemeine Lehre unserer Kirche enthält und das gesamte Korpus der Lehre umfasst, auch wenn in ihm einige Dinge von mir und anderen nicht umsichtig genug gesagt worden sind. Wer hätte angesichts der so großen Dunkelheit der mönchischen Lehre ein solcher Lynceus[28] sein können, dass er aus ihr ohne jeglichen Anstoß heil herausgekommen wäre? Weil sich bei der Abänderung der einzelnen Glaubenslehren auch vieles Unbequeme eingeschlichen hatte, schlossen sich in den Anfängen auch viele der ihnen einleuchtenden Sache an, die doch nicht alle denselben Willen hatten; die einen wurden vom Eifer für die Frömmigkeit, die anderen von der Verlockung der Freiheit getrieben. Und so wie in Abdera die von der melancholischen Krankheit Ergriffenen durch die ganze Stadt umherschweiften und alle in derselben Manier Tragödien deklamierten,[29] so gab es damals mehr neue Schreiber, als gut war. Da waren die Plagegeister Sertorius, Monetarius und andere, durch deren Schriften der Bauernaufstand in Schwaben, Thüringen und anderswo entzündet worden ist. Diese Furien hat Luther niedergedrückt, indem er den der Obrigkeit innewohnenden Wert aufzeigte. Zu allen Zeiten tun die Teufel, was sie vermögen, um die wahre Kirche zu zerstreuen. Aber diejenigen, die im Streben nach Frömmigkeit die wahre Lehre angenommen hatten, haben hinterher mit umso größerem Engagement die Gemeinden aufgebaut. Und da damals Cochlaeus, Eck und Fabri[30] Widersprüche sammelten – deren Beispiel du, Staphylus, nun nachahmst, so wie man sagt: „Die Natter borgt sich von der Otter das Gift"[31] –, so war es also nötig, ihnen ein Bekenntnis entgegenzuhalten, in dem das Ganze der Lehre enthalten sein sollte. Auf deine Widersprüche will ich also nur dies entgegnen, dass darin unseren Gemeinden ein doppeltes Unrecht zugefügt wird; du führst nämlich entweder Dinge an, die unsere Gemeinden gar nicht gutheißen, oder du verdrehst das zunächst einmal richtig Gesagte mit offensichtlicher Niedertracht. Dieser Teil nimmt in deinem Dreckhaufen den größten Platz ein. Auch ohne Anleitung kann der wohlmeinende Leser, wenn er einige Seiten durchgeblättert hat, das bald durchschauen, aber das eine oder andere Beispiel werde ich aufgreifen, um aufzuzeigen, von welcher Machart deine Kunstgriffe sind.

In dem Abschnitt über die Ehe finden sich folgende Worte: „Sie behaupten, dass die Ehe kein Sakrament sei, sondern eine Erfindung von Menschen in der Kirche, die teils aus Unkenntnis der Sache, teils aus Unkenntnis der Wörter dazu verleitet worden sind." Sage doch, du verworfener Verleumder, an welcher Stelle jemals von irgendwem in unseren Gemeinden gesagt worden ist, die Ehe sei von der Kirche erfunden worden. Die Auseinandersetzung betrifft den Begriff des Sakraments, nicht die Lebensform selbst, die von Gott eingesetzt ist. Und da du ganz genau weißt, um was es geht, ist deine Bosheit und Unverschämtheit umso größer.

Im Abschnitt über die Kirche legst du es zunächst falsch aus, dass wir sagen, die Kirche sei nicht an die Amtssukzession gebunden, dann sagst du, irgendwo sei geschrieben, dass aus dem Glaubensbekenntnis das Attribut „katholisch" gestrichen werden könne, und verbindest diese Ansicht mit meinem Namen.[32] So wird mir in einem einzigen Abschnitt gleich zweimal Unrecht getan. Denn damit, dass die Kirche nicht an die Amtssukzession gebunden sei, meinen wir, sie sei nicht an die bischöfliche Sukzession an einem bestimmten Ort gebunden, so dass man nicht folgern kann: Der Bischof Petrus von Antiochien[33] hat nicht geirrt; also hat auch der Samosatener nicht geirrt.[34]

Altbekannt sind diese verleumderischen Kunstgriffe, Unterschiedenes zu vermengen, Zusammengehöriges auseinanderzureißen, einzelne Aussagen aus dem Zusammenhang zu reißen und falsche Interpretationen hinzuzufügen – wie schon Demosthenes sagt. Und derselbe sagt auch: „Ein gemeiner Charakter, Männer von Athen, ja, ein gemeiner Charakter ist der Verleumder, immer und überall hämisch und tadelsüchtig."[35] Als einen solchen erweist dich dein Buch, das zum größten Teil solche verleumderischen Unterstellungen enthält. Und du behauptest auch nicht zu Recht, dass ich der Stimmführer derjenigen gewesen sei, die dem Augsburger Bekenntnis zugestimmt haben. Niemals habe ich in unseren Gemeinden eine Sonderrolle spielen wollen, ich verachte nämlich die Sullanische Herrschaft in der Kirche, wer immer sie erstrebt. Aber zu Recht sagt Staphylus, dass ich auch niemals eine mittlere Stellung innehatte.[36] Denn so wie mich jener, die alte Freundschaft verleugnend, angreift, so treten mich die Gefährten, denen ich doch noch näher stehe, dreist mit Füßen. Das will ich mit Gottes Hilfe lieber ertragen, als dass ich je das täte, was du gemacht hast, Staphylus, zu jenen überzulaufen, von denen ich weiß, dass sie an Götzenbildern festhalten. Denn es steht geschrieben: „Flieht die Götzenbilder."[37] Ich wundere mich, Staphylus, dass du nicht beim Gedanken an deinen Schwiegervater[38], einen hervorragenden Mann, erschauerst. Wie willst du ihm am Jüngsten Tage in die Augen sehen können? – Jetzt will ich nicht noch mehr Beispiele aus den Antilogien besprechen; die meisten sind nämlich denen, die ich behandelt habe, vergleichbar. Nur dieses möchte ich dir noch zu bedenken geben: Welches dicke Buch voller Antilogien könnte ich ohne Schmähsucht aus euren Schriftstellern zusammentragen. Nicht nur im Wortgebrauch, sondern auch der Sache nach gehen ihre Ansichten über die menschlichen Riten und Gebräuche auseinander. Ein großer Teil behauptet, es sei Todsünde, am sechsten Tag Fleisch zu essen, nicht die gewöhnlichen Fastenzeiten einzuhalten, nicht alle Verfehlungen beim Verlangen um Lossprechung aufzuzählen usw. Dabei ist doch ganz bekannt, dass solche Ansichten eine schlimme Folter für die Frommen darstellten, die es ihnen schwer machte, sich vertrauend im Gebet an Gott zu wenden. Es gibt zu diesem Thema die Schriften von Papst Hadrian[39] und anderen. Gerson hingegen scheint es nicht allzusehr mit den Spartanern halten zu wollen, er sucht Heilmittel gegen die Ängste der Frommen.[40] Aber auch sie helfen den Frommen nicht wirklich.

Die Stimme des Gottessohns ist klar und deutlich: „Vergeblich verehrt ihr mich mit Menschengeboten."[41] Jene Riten sind weder verdienstvoll, noch wird in ihnen Gott geehrt, und sie zu unterlassen ist keine Sünde. Unseren Schriftstellern ging es aber in gottesfürchtiger Absicht darum, die Ängstigung der Gewissen zu vermeiden. In deinen verleumderischen Darlegungen schmähst du auch diese Lehre, obwohl du doch ganz genau die Klagen und Aussagen der Alten kennst, die nicht wollten, dass solche Ansichten, die Beobachtung jener Gebräuche bedeute ein Verdienst oder mache gerecht, ihre Unterlassung hingegen bedeute Sünde, ins Volk drängen. Von diesem Urteil der Alten sind die Mönche abgewichen. Schließlich predigt ihr mit großartigen Worten die Übereinstimmung aller Zeiten, obwohl ihr doch in den wichtigsten Dingen nicht einer Meinung seid. Es ist aber notwendig, in der Kirche den Unterschied zwischen der wahrhaften Gottesverehrung, die von Gott eingesetzt ist, und menschlichen Gebräuchen zu kennen.

Wie viele unterschiedliche Ansichten gibt es schließlich zu euren „Satisfaktionen"! Diesen Ausdruck haben auch eure Schriftsteller noch nicht gekannt, die davon sprachen, es handle sich um einen Ersatz für die Fegefeuerstrafen, nachdem nun einmal das Schauspiel der öffentlichen Buße von den Bischöfen eingerichtet worden war, teils um Exempel zu statuieren, teils um die feste Absicht derjenigen zu prüfen, die in die Kirche zurückkehren wollten. Diese alte Gewohnheit wurde zu den Zeiten von Cyprian und Ambrosius die Keimzelle von Aberglauben und Streit. Danach nahm die Finsternis zu. Ich habe nämlich dicke Wälzer mit alten Satisfaktionen gesehen, in denen so abartige Fälle genannt wurden, dass ich nicht näher darauf eingehen will. Schließlich sind die eitle Anrufung und die Spielchen beibehalten worden, etwa dass sie in voller Rüstung nach Spanien zur Jakobskirche[42] pilgern sollten. Doch, wie gesagt, darauf gehe ich nicht näher ein, auch wenn es nützlich ist, die Jüngeren zu ermahnen, die eure Spielchen nicht mehr gesehen haben.

Wie viele unterschiedliche Standpunkte gibt es zur Frage der Autorität der Päpste! Hat der römische Bischof beide Schwerter göttlichen Rechts? Wie angenehm sind doch diese eure Fragen! Was nagen die Mäuse, wenn sie geweihtes Brot verzehren? Ich erschauere, wenn ich darüber nachdenke, und bitte den Sohn Gottes, er möge den von der Kirche übriggebliebenen Haufen beschützen.

Glaube nicht, Staphylus, dass es mir Spaß macht, diese Dinge zu behandeln, und ich warne dich, uns allzusehr herauszufordern. Schluss also mit diesem gegenseitigen Verklagen. Ich komme zu den Ausführungen in deinem Buch, die von dir stammen, wo du Luthers Arbeit, die ganz Deutschland nützlich gewesen ist und die alle Gläubigen dankbar aufgenommen haben, die Übersetzung der prophetischen und apostolischen Schriften ins Deutsche, schmähst. Zuvor haben schon Witzel und etliche andere die Idee einer Bibelübersetzung nicht grundsätzlich abgelehnt, aber sich darangemacht, die Fehler zu sammeln. Du verwirfst die Idee und behauptest, mit dieser Bibelübersetzung werde der Zweck verfolgt, die Belegstellen unter den Tisch fallen zu lassen, die die

Papisten bisher aus den gebräuchlichen Übersetzungen gewonnen haben. Du nennst den Spruch aus der Genesis, Kap. 48, mit dem sie die Anrufung der Heiligen begründen, „dass bei ihnen mein Name angerufen werde"[43].

Du machst dich vermutlich lustig über die Deinen, die aus diesen Worte sinnverdrehend die Anrufung von Toten entnehmen, obwohl die Bedeutung ja bekannt ist. Jakob hat vorausgesagt, es werde geschehen, dass die Söhne Josephs unter seinen Söhnen Erben des verheißenen Landes genannt werden würden,[44] in dem Gott damals den Sitz der Kirche haben wollte. Damit erwies er ihnen eine einzigartige und großartige Wohltat.

Welche Furien treiben dich aber, Staphylus, dass du die Idee der Bibelübersetzung verurteilst und vom Urteil so vieler ehrenhafter Männer absiehst? Diejenigen, die die Quellen in hebräischer und griechischer Sprache nicht lesen können, haben keinen wertvolleren Schatz als diese Interpretation, die, wie die Gelehrten bezeugen können, mit größter Gewissenhaftigkeit vorgenommen worden ist, und du selbst weißt, eine wie große Sorgfalt Luther bei dieser Arbeit hat walten lassen. Dürfen etwa die heiligen Schriften nicht von allen gelesen werden? Ich habe schon oft viele hervorragende und auch lateinkundige Männer sagen hören, es gebe für sie kein größeres Vergnügen, als in dieser Übersetzung zu lesen; sie erfreuten sich nämlich an der Klarheit und Deutlichkeit der fortgesetzten Lektüre der Prophetenbücher, wo die lateinische Version viel dunkler ist. Ich weiß, dass deine ehrenwerte Ehefrau kein Vergnügen dieser Lektüre vorzieht. Und dasselbe kann ich von vielen Fürsten und anderen ehrenwerten Personen bezeugen. Und wenn die ehrenwerten Ehefrauen und Jungfrauen wüssten, dass dies ihr Kleinod von dir geschmäht wird, so würden sie, wo immer sie dich erblicken, mit faulen Eiern nach dir werfen. Selbst die Gelehrten, denen die Quellen zugänglich sind, gestehen, dass ihnen diese Übersetzung eine große Hilfe ist, denn in ihr ist, wie die Sache selbst zeigt, eine größere Deutlichkeit als in der griechischen oder lateinischen Übersetzung. Beide verwerfen wir aber nicht deshalb, weil wir, wie Staphylus uns unterstellt, wollen, dass nur noch die deutsche von allen gelesen werde. Sie waren der Kirche nützlich und sind es noch und sind deshalb hochzuachten, weil sie die Bedeutung der hebräischen Sprache bewahrten und noch bewahren.

Nach meinem Urteil ist es für die Studierenden sehr nützlich, wenn sie zu den Quellen sowohl die griechische als auch die lateinische wie auch die deutsche Version vergleichend hinzuziehen, wie es viele bei uns tun, nicht etwa deshalb, weil das aus der Quelle getrunkene Wasser süßer ist, sondern weil man durch Einblick in die Quellen größere Gewissheit erhält. Und dennoch sind die Alten nützlich. Wenn sie zwar hier und da erheblich von der eigentlichen Bedeutung abgewichen sind, stellt trotzdem die Übereinstimmung in den Auslegungen aller Zeiten ein Zeugnis für das richtige Verständnis der Sprache dar. Und wenn einmal die Richtigkeit und Klarheit des Urteils geprüft werden wird, dann werden wir sehen, dass die griechische, lateinische und deutsche Version mit den Quellen und untereinander übereinstimmen, was die Sachen selbst betrifft.

Vieles haben die Griechen besser verstanden, als es heute die Juden verstehen. Im Buch Daniel steht: „super alam abominatio"[45]. Hier erfinden die Juden eine Textverderbnis gegen die eigentümliche Bedeutung des Wortes. Es handelt sich aber um die einfache Aussage, dass zukünftig Götzenbilder im Allerheiligsten aufgestellt werden würden, wo die Cherubim waren, die er „a la" („Flügel") nennt. Die Griechen haben dieses Bild durch die Wendung „πτερύγιον ἀφανισμόν"[46] festgehalten. Von diesem traurigen Schauspiel spricht auch Christus, wenn er sagt, dass „ihr am heiligen Ort den Gräuel der Verwüstung sehen werdet"[47]. In dieser Schändung des Heiligtums bei jenem Volk sind die schrecklichen Entweihungen in diesem letzten Greisentum der Welt vorgebildet, die die Frommen nicht ohne großen Schmerz anschauen können. Paulus stellte, die griechische Übersetzung benutzend, die ursprüngliche Aussage der hebräischen Lesart wieder her, auch wenn unverbesserliche Kritiker auf Grund der Abweichung der Vokabeln glauben, es handle sich um verschiedene Aussagen: „… das Wort vollendend und abkürzend in Gerechtigkeit"[48] usw. Das hat Hieronymus aus Jesaja folgendermaßen übersetzt: „Die abgekürzte Vollendung wird in Gerechtigkeit überströmen." Die Aussage ist: Gott wird vollenden, was er sagt, nämlich seinen Beschluss über das Ende des irdischen Reichs, und dennoch bestimmt er die Ausführung dieses Beschlusses im Voraus so, dass dann die Gerechtigkeit überfließt, d. h. durch die Verkündigung des Evangeliums reichlich gewährt werden wird. Mit diesen Ausführungen will ich zeigen, dass wir die alten Übersetzungen keineswegs verwerfen, wie Staphylus uns beschuldigt. Sodann fügt er noch vieles andere Unsinnige hinzu, was ich übergehe. Ich habe mir nämlich nicht vorgenommen, seine Schmähungen einzeln zu widerlegen. Das würde zu lang und ist ohnehin überflüssig; ich wollte nur aufzeigen, von welcher Art das Buch ist, damit man dem Verleumder Staphylus nicht glaubt.

Ich kann mir nicht vorstellen, dass bei den Gegnern ernstzunehmende Leute an diesem Buch Gefallen finden werden, das, wie sie wissen, weder zur Lehre noch zum Frieden taugt; und wenn trotzdem einige applaudieren, dann zeigt dieser billige Erfolg nur, dass sie die Wahrheit mit allen denkbaren Blendwerken vernichten wollen. Und da Staphylus dieses Buch in Worms zusammengestellt hat, so wird daraus deutlich, wie sehr er dort um Frieden bemüht gewesen ist! Aber ich bete zum Sohn Gottes, dass er uns regiere, und immerfort aus uns die ewige Kirche sammele, damit er selbst wahrhaft erkannt, angerufen und verehrt werde.

Nun will ich noch ein paar Worte über die Verleumdungen des Kölners Avius anfügen. Da wir aufs höchste wünschten, dass unsere Gemeinden immer eins in Gott seien, aber damit rechnen mussten, dass unsere Gegner nach dem Abbruch des Kolloquiums verschiedene Märchen ausstreuen würden, gaben wir nach reiflicher Überlegung ein sehr moderat verfasstes Zeugnis unserer Übereinstimmung heraus.[49] Dieser Beschluss reut uns auch jetzt noch nicht, da wir nachher erfuhren, dass diese Ermahnung zugleich nötig und vielen guten Männern willkommen war. Wir haben nämlich dargelegt, dass der Wille, an jenem Religionsvergleich mitzuwirken, auch bei uns vorhanden war, und das entspricht der Wahrheit. Auf diese unsere Schrift entgegnet Avius mit langen Ausführungen, wie sehr es die Widersacher auf unserer Seite nach diesem Kampf verlangt habe, er gibt meine Träume wieder, die angeblich meine Ängstlichkeit zeigten. Ich sage freimütig, dass ich nicht nur spitzfindige, sondern überhaupt alle Streitigkeiten verabscheue, und dass es um etliches lächerlicher ist, ein alter Kämpe zu sein, als ein alter Liebhaber. Einen freundlichen und frommen Vergleich mit guten, gelehrten und aufrichtigen Männern erstrebe ich, und keine Sache in diesem Leben ist mir lieber als solche Gespräche. Diese meine Wesensart dürfte vielen bekannt sein. Ich habe, soviel es Gott mir gab, den Studien der Jungen im universitären Amt gedient und mit diesen Mühen keine glänzenden Titel erstrebt; und ich habe für das Gesamt der christlichen Lehre Zusammenfassungen der einzelnen Gegenstände formuliert, so gut ich es vermochte, mit eigenen Worten, und habe mich mit dem, was ich sagte und schrieb, immer unseren Gemeinden untergeordnet. Wenn einige damit nicht zufrieden sind, dann sollen sie ihre Meinung äußern, und das Urteil sei der Kirche übertragen. Es nützt nichts, immerfort zu streiten, so wie jener Sophist bei Atheneus immerzu fragt: „Belegt oder nicht?"[50] Auch Thukydides spricht von der „Torheit der Streithammel"[51]. Aber als wir in Worms Rechenschaft ablegen sollten, da habe ich mich den Gesprächen trotzdem nicht verweigert, und ich wünsche sehr, dass die Akten herausgegeben werden.

Avius tadelt, dass wir in unserem in Frankfurt herausgekommenen Büchlein bezeugt haben, wir hielten uns beständig an die prophetischen und apostolischen Schriften und die Glaubensbekenntnisse, und diese Lehre sei in unser Bekenntnis aufgenommen. Also zählten wir die historischen Texte nicht zu den heiligen Schriften. Wie erbärmlich und unsinnig dieses sophistische Gerede ist, wer sieht das nicht? Wenn wir von den prophetischen und apostolischen Schriften sprechen, dann sind darin alle die Schriften inbegriffen, die nach dem Zeugnis der Kirche angenommen sind, und man unterscheidet sie von den Apokryphen. Apokryphen heißen die Schriften, die nicht öffentlich in der Kirche gelesen und deren Zeugnisse nicht als göttlich angenommen werden. Die historischen Schriften sind in der Kirche der Hebräer von den Propheten und vom Kollegium der Priester mit öffentlichem Geltungsanspruch geschrieben worden. Deshalb zählen wir sie mit dieser gebräuchlichen Bezeichnung zu den Prophetenschriften. Auf diese nichtige Spitzfindigkeit will ich nicht weiter eingehen. Im Epilog äußert er sich zu dem Satz „Liebt die Wahrheit und den Frieden"[52]. Es würde Frieden herrschen, wenn wir die Wahrheit liebten. Welch ein gewichtiger Urteilsspruch! Wenn er will, dass wir von ihm die Wahrheit begehren, dann hole er doch seine Darstellung der christlichen Lehre hervor! Was er da für eine während seiner Amtszeit[53] zusammengestellt hat, haben wir noch nicht zu sehen bekommen.

Aber damit sei es über ihn genug. Nun zu seinen Bundesgenossen. Dreißig Jahre lang kämpfen wir nun schon um die Lehre, und bislang haben uns die Gegner eine vollständige Darlegung ihrer Lehre vorenthalten. Wir jedoch haben, so sehr es mit Gottes Hilfe in unserem Vermögen stand, mehrfach alle Teile der Lehre dargelegt, die in der Kirche notwendigerweise formuliert werden muss. Auf welcher Seite man die Wahrheit und den Frieden liebt, das urteile man auf Grund der vor Augen liegenden Tatsachen. Wie viele Unschuldige habt ihr getötet, nur weil sie keine Götzen verehren wollten. Ist das Verteidigen offensichtlicher Irrtümer etwa Wahrheitsliebe? Bedeutet ungerechtes Wüten etwa Friedensliebe? Da das Urteil darüber leicht ist, verstehen alle, dass die Ausführungen des Avius falsch und dumm sind. Zwar glaube ich nicht, dass er das alles aus Aberglauben schreibt, sondern dass er einen epikureischen Menschen[54] spielt, damit er sich durch seine Aufführung als willfährig erweist. So etwa wenn er Thamer lobt, von dem, wie er weiß, Bücher auf dem Markt sind, in denen dieser die Lehre der Kirche in eine heidnische verwandelt. Mit folgenden Worten wird die Schlussfolgerung in Thamers Büchern vorgenommen: Im ersten Kapitel des Römerbriefs steht geschrieben, dass die Macht Gottes durch die Schöpfung der Welt den Völkern bekannt ist.[55] Im Brief an die Korinther aber steht, dass Christus die Macht Gottes sei.[56] Er ist also den Völkern bekannt. Hier unterscheidet Thamer nicht die in der Schöpfung erwiesene Macht von der Erlösungsmacht, durch welche dem Menschen durch den Sohn auf wunderbare Weise ewiges Leben und Heil wiedergebracht werden.

Solche und viele andere herabwürdigende Dinge, die Thamer gegen den Sohn Gottes und die wahre Kirche schreibt, gefallen den Papisten nur deshalb, weil er uns dabei unverschämt schmäht.

Um sich aber den Anschein zu geben, dass er ernsthaft die Kirche beschütze, ruft er mich ausdrücklich auf, auf folgende Schlussfolgerung zu antworten: Wenn die Autorität der Kirche in den Glaubensbekenntnissen nicht zu Fall gebracht werden darf, warum wird sie in den übrigen Dingen zu Fall gebracht, die den göttlichen Geboten nicht widerstreiten? Mit diesem Fallstrick hält er mich schon für gefesselt und kommt groß heraus und feiert seinen Triumph. Die klare Antwort darauf lautet erstens: Unsere Kritik an Lehre und Gebräuchen der Gegner besteht darin, dass sie in ausdrücklichem Widerspruch zu den göttlichen Geboten stehen, und desgleichen, dass die Apostel ihrem Glaubensbekenntnis eine grundlegend andere Autorität zukommen lassen wollten als den Gebräuchen, die an verschiedenen Orten unterschiedlich gehandhabt werden. Für die Feier des Osterfestes etwa, so kann man lesen, haben einige am Tag des jüdischen Passahfestes festgehalten.[57] Im Übrigen steht fest, dass die einzelnen Teile des Apostolischen Glaubensbekenntnisses, wie die griechische Kirche es spricht, ausdrücklich so in den prophetischen und apostolischen Schriften überliefert werden, und dass im griechischen Bekenntnis nichts hinzugefügt ist, und dass diese kurze Form überliefert ist, damit die Glaubensgegenstände, die an anderer Stelle ausführlicher behandelt werden, in dieser Form entsprechend ihrer inneren Ordnung gegliedert und kurz zusammengefasst vor Augen stünden, damit wir bei der Anrufung Gottes zunächst des Vaters, des Sohnes und des Heiligen Geistes und sodann ihrer großen Wohltaten gedächten. Dasselbe entgegne ich bezüglich des Nizänums und des Athanasianums.[58] Dasselbe bekräftige ich auch bezüglich der Lehrcanones, die Damasus aus der Stadt Rom an die griechischen Bischöfe schickte,[59] und bezüglich der Erklärung der Lehre, die auf den Synoden von Ephesus[60] und Chalcedon[61] vorgenommen worden ist. Diese Lehren fassen wir zusammen und nennen sie zusammen mit den Glaubensbekenntnissen, weil sie kurze Wiederholungen der Lehre in den prophetischen und apostolischen

Schriften sind, die gegen die Betrüger überliefert wird, welche mit ihren sophistischen Blendwerken die prophetischen und apostolischen Schriften entstellen. Wir wollen gewiss die Kirche als Lehrerin hören, aber der Glaube stützt sich aufs Wort Gottes. Allerdings unterscheiden sich die von Synoden gefällten Urteile grundlegend von politischen, denn die Beschlüsse in politischen Angelegenheiten erhalten in denjenigen Dingen, die, wie man sagt, positiven Rechts sind, ihre Verbindlichkeit aus der königlichen bzw. prätorischen[62] Autorität. Aber die Bekenntnisse derjenigen Synoden, die rechtgläubig sind, sind Zeugnisse, die zeigen, was die Frommen zur jeweiligen Zeit und zuvor gedacht haben, und die notwendig mit den prophetischen und apostolischen Schriften übereinstimmen müssen. Habe ich damit genug auf das Argument des Thraso[63] Avius geantwortet? Es hätte allerdings auch der Hinweis darauf genügt, dass diejenigen Dinge, die wir an der mönchischen Lehre und an den päpstlichen Dekreten rügen, klar und deutlich den göttlichen Geboten widersprechen, und dass dies ein jeder Mensch, wenn er nicht gottlos ist, aus der wahren Richtschnur des Urteilens, nämlich aus den prophetischen und apostolischen Schriften und den Glaubensbekenntnissen, selbst urteilen kann und muss, gemäß jenem Spruch: „Wenn jemand ein anderes Evangelium lehrt, so sei er verflucht."[64]

Es werden uns auch die flacianischen Streitigkeiten entgegengehalten, die mir wegen des durch sie angerichteten öffentlichen Schadens großen Schmerz bereiten. Deshalb habe ich, nach dem Beispiel vieler kluger Männer, dazu geschwiegen, damit nicht noch größere Entzweiungen und Lehrauseinandersetzungen daraus entstünden. Nicht erst kürzlich habe ich diese sokratische Philosophie[65] gelernt; vieles mir zugefügte Unrecht habe ich in den letzten dreißig Jahren mit Selbstbeherrschung ertragen, wie viele wissen. In Capnio habe ich in meiner Familie ein Beispiel solcher Geduld.[66] Aber in der Tat irren sich die Papisten, wenn sie glauben, dass ihnen unsere Auseinandersetzungen nützen. Sie mögen die Geschicke in diesem äußersten Greisentum der Welt betrachten und daran denken, dass sie ihnen genau so gefährlich sind wie anderen. Flacius wagt sich noch weiter vor und weist nicht nur die Beschlüsse über die Adiaphora zurück, sondern kritisiert auch meine Schriften, in denen ich die Zusammenfassung der Lehre in gottesfürchtiger Absicht zusammengestellt habe, als die Kirchenvisitation mich und die Kollegen nach dem Bauernaufstand dazu zwang, für die Pastoren und Magistrate die notwendigen Belehrungen bereitzustellen. Ausdrücklich unterstelle ich mich deshalb mit allen meinen Taten und Schriften dem Urteil der Pastoren in allen Gemeinden, die sich zu dem Bekenntnis halten, das dem Kaiser Karl überreicht worden ist, und damit niemand meint, ich sagte das nur so daher, rufe ich ausdrücklich die Universitäten Tübingen, Kopenhagen, Marburg und Jena als Richter auf. Ich gestehe, dass ich damals, als die Verwirrung groß war, den fränkischen Pastoren und unseren geraten habe, die Kirche nicht wegen des Chorrocks und des Festkalenders im Stich zu lassen.

In den anderen Dingen, die Flacius mir und anderen entgegenhält, tut er uns unrecht. Es wissen viele höchst weise, tugendhafte und fromme Männer, dass der an Geist und Tugend herausragende Kurfürst Moritz in der Stadt Grimma[67] nicht mehr verlangt hat, als dass in dieser Sache ihm zu Willen verfahren würde. Danach wurden gefälschte Schriften von den Flacianern herausgegeben, in denen sie Aussagen verstümmelt und andere eingefügt haben, denen wir niemals unseren Beifall gegeben haben, aber wir wurden gerügt, dass ein Schrittfehler nicht gut für den Reigentanz sei. Soweit hat Flacius nach karneadeischer Manier nur meine Schriften gerügt und sich nicht selbst offenbart. Was er aber immer gewünscht hat, nämlich, dass man bei uns dafür Sorge trüge, dass über alle Artikel der Lehre die hervorragendsten Gelehrten sich beraten und eine gemeinsame Schrift herausgeben sollten, die für die Nachwelt ein deutliches und festes Zeugnis der Übereinstimmung der Frommen wäre, das wünsche ich nun auch. Auch empfehle ich mein Leben dem Sohn Gottes, den ich bitte, dass er die Gemeinden in diesem Land regiere und schütze und mich zu einem heilsamen Werkzeug gebrauche. Und wenn mich auch die Unsrigen oder die Papisten umbringen, so bin ich doch mit Gottes Hilfe entschlossen, nicht von dem Sohn Gottes, unserem Herrn Jesus Christus, und seinen Gemeinden zu weichen und mich nicht jenen anzuschließen, die Götzenbilder verteidigen und gegen unschuldige Menschen wüten.

Es gibt keinen Zweifel, dass in diesem letzten und irrsinnigen Zeitalter der Welt noch größere Zerstörungen der Kirchen ausstehen. In ihnen möge, wie wir mit tiefem Seufzen und Flehen bitten, der Sohn Gottes die Schlachtreihe bewahren, die die Reinheit der Lehre und das wahre Gebet festhält, in der viele Erben des ewigen Heils sind. Aber dennoch müssen auch die Fürsten und anderen Regierenden und Lehrer ihres Amtes eingedenk sein, unnötige Streitereien zu verhindern, die Neuerungssucht und Zanklust kleiner Geister zu dämpfen, mit höchster Wachsamkeit den gottesfürchtigen Konsens zu schützen, die Heilbaren freundlich auf den geraden Weg zurückzubringen und die Unheilbaren mit gerechter Strenge in ihre Schranken zu weisen. Dass das geschehen möge, wünsche ich aus ganzem Herzen, und weder weiche ich dem Urteil der Frommen und Gelehrten aus noch werde ich mich ihm entgegenstellen.

---

[1] Vgl. Homer, Ilias 5, 518.   [2] Ps 109,4.   [3] Der Begriff steht hier für „inneres Zusammenwachsen".   [4] Demosthenes, Epistulae 1, 10.   [5] Gemeint ist hier und im Folgenden das Augsburger Bekenntnis von 1530.   [6] Vgl. die Sage bei Hesiod, Erga kai hemerai 54–105: Epimetheus nahm Pandora trotz der Warnungen seines Bruders Prometheus zur Frau. Daraufhin öffnete sie ihre Büchse voller Jammer und Leid und brachte so das Unglück über die Menschen.   [7] Sir 9,1.   [8] Von 1545 bis 1563/64, formulierte als Reaktion auf die Reformation die röm.-kath. Glaubenslehre verbindlich.   [9] Joh 10,27.   [10] 325 auf dem 1. Ökumenischen Konzil zu Nicaea formuliert, diente der Abwehr der arianischen Häresie.   [11] Mt 4,10 (Dtn 6,13).   [12] Epiphanius, Panarion 61, 6.   [13] Gen 1,1.   [14] Mt 22,37.   [15] Mt 22,39.   [16] Gal 2,16.   [17] Vgl. Röm 1,10, Vulgata.   [18] Ps 143,2.   [19] Mt 17,5.   [20] Apg 10,43.   [21] Röm 4,16.   [22] Ps 130,5.   [23] Vgl. Herodot 1, 53.   [24] Ps 119,105.   [25] Spr 30,5 f.   [26] Verfassung Spartas; vgl. Plutarch, Vita Lycurgi 15.   [27] 1Kor 3,11.   [28] Vgl. die Sage bei Pausanias 2,25,4 f.   [29] Lukian, Historia conscribenda 1.   [30] Johannes Cochlaeus, Sieben Köpffe Martini Luthers (Leipzig 1529); vielleicht die 404 Artikel Johann Ecks zum Reichstag in Augsburg; Johann Fabri, Antilogiarum Martini Lutheri Babylonia (Augsburg 1530).   [31] Epiphanius, Panarion 23,7,2.   [32] Luther übersetzte seit 1520 „Credo in sanctam Catholicam ecclesiam" mit „Ich glaub … eyne heylige Christliche Kirche", ohne jedoch der Kirche die Katholizität der Sache nach grundsätzlich bestreiten zu wollen. Melanchthon teil-

te Luthers Zurückhaltung gegenüber dem unbiblischen Begriff nicht. Staphylus bringt für seine Behauptung Melanchthon betreffend keinen konkreten Nachweis. [33] Der Apostel Petrus gilt nach altkirchlicher Auffassung als erster Bischof von Antiochia. [34] Paulus von Samosata. [35] Demosthenes 18, 242. [36] Vgl. „Trimembris …" (Antwerpen 1559), 46[b]: Melanchthon sei „Princeps & Corypheus" der „Sekte der Confessionisten" gewesen, „aber durch den Neid seiner Gefährten von diesem Rang nahezu heruntergestoßen, hängt er jetzt kaum noch, oder noch nicht einmal mehr, unter den mittleren Größen; ein elender und betrübter Greis." [37] 1Kor 10,14. [38] Johannes Heß, Staphylus heiratete dessen Tochter Anna 1549. [39] Die Kirchenrechtssammlung des Dionysius Exiguus, die Papst Hadrian I. in erweiterter Form Karl dem Großen zur Verfügung stellte. [40] U. a. durch Abmilderung strenger religiöser Forderungen nach Maßgabe des individuell Möglichen. [41] Mt 15,9. [42] Santiago de Compostela, bedeutendster Wallfahrtsort des Mittelalters. [43] Gen 48,16 (nach Vulgata); vgl. Luthers Übersetzung: „…, dass sie nach meinem und nach meiner Väter, Abrahams und Isaaks Namen genannt werden". [44] Gen 48,19–22. [45] Dan 9,27[b]: „über dem Flügel ein Gräuelbild", hebräisch: „וְעַל כְּנַף שִׁקּוּצִים מְשֹׁמֵם." [46] Dan 9,27, offenbar in Anlehnung an die griechische Übersetzung des Theodotion, die ihrerseits auf einem verderbten hebräischen Text beruhen dürfte; Melanchthons Wiedergabe ist eigentlich unübersetzbar, wörtlich: „Tempelzinne Verschwinden". In „πτερύγιον" („Tempelzinne") steckt „πτέρυξ" („Flügel"). [47] Mt 24,15; vgl. Dan 9,27. [48] Röm 9,28. [49] CR 9, 386 f. [50] Ein möglicherweise fiktiver Sophist Ulpianus von Tyros, der durch seine ständigen Disputationen den Beinamen „Keitukeitos" erhält (Athenäus von Naukratis: Deipnosophistai 1, 1c). [51] Thukydides, Historiae 4, 64,1. [52] Sach 8,19. [53] Die lat. Formulierung: „in suis lustris" ist doppeldeutig; sie kann die Amtsperiode des Zensors ebenso bezeichnen wie ein Bordell. [54] Die religiöse Haltung des Epikureers wird beschrieben als innere Gleichgültigkeit, die durch rein äußerliches Einhalten der überlieferten religiösen Riten kaschiert wird. [55] Röm 1,19. [56] 1Kor 8,6. [57] Streit zwischen Papst Viktor von Rom und den Bischöfen Kleinasiens über den Termin des Osterfests. [58] Etwa um 500 im Abendland entstandene, also nicht von Athanasius stammende antihäretische Lehrformel. [59] Der „Tomus Damasi" (Brief an Bischof Paulinus von Antiochia), in dem verschiedene christologische Irrlehren verurteilt werden. [60] 3. Ökumenisches Konzil 431. [61] 4. Ökumenisches Konzil 451. [62] Höchster Beamter zur Zeit der römischen Republik. [63] Komödiengestalt bei Terenz: „Prahler". [64] Gal 1,9. [65] Sanftes und geduldiges Ertragen von Unrecht macht den Philosophen aus. [66] Johannes Reuchlin. [67] Treffen der Superintendenten des albertinischen Sachsen mit dem Kurfürsten am 1. und 2. Mai 1549.

Rede über das Gebet

De precatione 1552

Obwohl Melanchthon bereits einige Jahre zuvor eine Rede unter dem Titel „Über die wahre Anrufung Gottes" gehalten hatte, griff er dieses Thema 1552 noch einmal auf. Ihn veranlassten dazu aber nicht nur private Erfahrungen wie eine eigene lebensgefährliche Erkrankung oder der frühe Tod seiner Tochter Anna, sondern die Gefahren, denen die Kirche von außen und innen mehr und mehr ausgesetzt war. Es ging ihm nicht um Art und Weise des rechten Gebets, bei dem das Beten an sich außer Frage steht, sondern gegen alle Infragestellungen und Anfechtungen darum, dass die Kirche und der Einzelne überhaupt nicht das Beten aufgeben dürfen. Nur daraus wird verständlich, warum Melanchthon die Unerlässlichkeit des Betens so leidenschaftlich und engagiert vertritt. Mit dem Gebet steht und fällt die Gegenwart Gottes in der Welt.

Übersetzungsgrundlage: CR 11, 983–992; mit dem Original verglichen.

Gott erweist seiner Kirche gewiss zu allen Zeiten viele wunderbare Wohltaten. Er befreit sie oft. Er schützt und bewahrt sie in Zeiten großen Unheils. Dennoch sollten wir vor allem der gegenwärtigen Wohltaten gedenken, sie preisen und Gott beständig dafür danken.

Seit einer Reihe von Jahren hat Gott unsere Stadt und unsere Kirche dadurch mit vielen großen Wohltaten überhäuft, indem er das Licht des Evangeliums erstmals wiederherstellte und trotz der Erschütterungen in Deutschland hinreichende Ruhe gewährte, damit theologische Studien betrieben werden können. Deshalb ist es nicht unangemessen, bei allen öffentlichen Zusammenkünften, bei denen eine Rede gehalten werden muss, dies als berechtigten Anlass zu nehmen, Gott für die Erhaltung der Kirche und der Universität zu danken. Diese Art der Dankbarkeit, die nur mit Worten dargebracht wird, ist jedoch gewiss unzulänglich. Und doch leisten wir nichts Größeres, wenn wir alle unsere natürlichen Anlagen gebrauchen, wie sie uns vom Himmel gleichsam zur Nutzung gegeben worden sind, um mit allem, was wir davon Gott zurückgeben – von einem fremden, nicht uns eigenem Gut –, dem Geber aller guten Gaben einen Dank abzustatten. Wir wissen, dass Gott dieser Dienst erwünscht ist und dass er ihn um seines Sohnes willen als Verehrung annimmt.

Zweitens verlangt dies auch die Größe der Güte Gottes uns gegenüber. Zwar liegt noch alles in Gottes Hand. Doch wer von uns hätte in diesen wenigen Jahren hoffen können, dass in diesen Regionen noch ein Nest bestehen bleiben würde, in dem die Jugend unterrichtet und erzogen werden kann, und dass auf jeden Fall gewissermaßen ein Hafen gehalten wurde, wo das himmlische Wort über Gottes Willen und über seinen Sohn, unseren Erlöser, verkündet werden konnte?

Für unsere Zusammenkunft und für meine Rede möge dies also wie ein gutes Vorzeichen sein, dass wir jetzt alle zugleich mit vereinten Herzen und Wünschen Gott Dank sagen für seine sonstigen Wohltaten, mit denen er die gesamte Kirche zu allen Zeiten bewahrt, besonders aber dafür, dass er uns in den gegenwärtigen Stürmen und Sturmesfluten behütet und schützt.

Ewiger Gott, Vater unseres Herrn Jesus Christus, du hast zusammen mit deinem Sohn und mit dem Heiligen Geist, der von beiden ausgeht, Himmel und Erde erschaffen und dir von Beginn der Welt an aus dem ganzen Menschengeschlecht ein Gottesvolk erwählt. Wir danken dir daher in einem so hohen Maß, als es unsere Herzen jetzt vermögen, für deine Bereitschaft, uns und alle Menschen durch deinen Sohn, der nach deinem Willen für uns geopfert wurde, zu befreien. Du hast ja deine Bereitschaft zuerst an vielen Orten, wo du in Erscheinung tratest, und vor allem einmal im Mittelpunkt der Welt, und zwar in Jerusalem, offenbart. Wir danken dir auch für die Wiederherstellung des Lichtes des Evangeliums in dieser armseligen und sehr unwirtlichen Gegend im Norden.

Zweitens danken wir dir dafür, dass du uns in deiner wunderbaren Huld vor der Macht und vor den Nachstellungen des Widersachers schützt, der nicht nur die Lehre zu vernichten, sondern auch die Gastländer der Kirche sowie der heilbringenden Studien zu Grunde zu richten versucht.

Wir bitten dich, uns und vor allem diejenigen, denen du die Sorge um die Unterweisung und um die Leitung deiner Herde anvertraut hast, huldvoll zu behüten und zu bewahren, damit sie die wahre und heilsame Lehre über deine Herrlichkeit und das Heil aller Menschen mit ausreichendem Erfolg an die Nachwelt übergeben und weiter ausbreiten, damit keine Verheerung und keine entsetzliche Barbarei folgen, wie sie bereits viele Völker überfallen haben, in denen vorher dein Name erstrahlte und deine Herrlichkeit gerühmt und gepriesen wurde, jetzt aber kaum noch Spuren einer so großen Vergangenheit übrig sind.

Wir bitten dich, uns, unsere Familien und die ganze Nachwelt zu behüten und zu lenken, damit wir dich als wahren Gott bis in alle Ewigkeit verkünden und rühmen, wo wir deine Güte in unablässiger Freude genießen und in die unendliche Erkenntnis deines Wesens immer mehr eindringen werden.

Nach unserer Tradition habe ich nun aber über ein bestimmtes Thema zu reden. Deshalb wollte ich mich nicht ängstlich mit der Suche nach einem Thema abquälen, sondern ich habe ein Thema angepackt, das mir am meisten zur Hand war und über das ich auf jeden Fall etwas sagen konnte. Ich möchte nämlich die Jugend ein wenig an das Gebet zu Gott erinnern und die eine oder andere Begründung heranziehen, die den jungen Menschen ans Herz legt, Gott bereitwillig und häufig den Dienst der Anrufung zu leisten; denn wir wissen, dass Gott diesen Dienst als vorzügliche Verehrung gelten lässt, wie der Text beim Propheten dazu ermahnt, dass wir „Gott gleichsam die Opferkälber unserer Lippen darbringen"[1].

Von frommen Menschen werden gewiss ziemlich viele Gründe aufgezählt, weswegen wir uns vor allem gewissenhaft ans Beten gewöhnen sollten. Dennoch schien es mir gut, den jungen Leuten jetzt nur drei Begründungen vorzutragen. Meine Ermahnung werde ich nur auf diese beziehen. Alle anderen Zuhörer, die schon wegen ihrer Gelehrsamkeit und wegen ihres Alters höheres Ansehen haben, bitte ich angelegentlich, mich entweder um der Jugend willen oder wegen der öffentlichen Gepflogenheit oder auch wegen ihrer eigenen menschlichen Bildung gelassen zu ertragen, bis ich den begonnenen Lauf meiner Rede, wie auch immer sie beschaffen sein möge, vollendet habe.

Ich will also darüber sprechen, dass wir erstens wegen Gottes Gebot unseren Geist und unsere Herzen zum Beten ermuntern sollen, zweitens wegen seiner Verheißung und deswegen, weil unsere Bitten niemals erfolglos sind, zuletzt, weil die tägliche Not im öffentlichen und im privaten Bereich verlangt, dass wir in unseren Leiden bei Gott Hilfe und Befreiung erbitten und suchen.

Zuerst soll uns also Gottes Gebot sehr wirkungsvoll zum Beten veranlassen. Wir wissen nämlich, wie oft uns diese Art der Verehrung geboten wird, Gott mit unablässigen Bitten zu verehren und ihn im Vertrauen auf seinen Sohn um die Verzeihung für unsere Vergehen, um Befreiung von Schuld und schließlich um alles zu bitten, was für uns zum Heil wie auch zur Erhaltung unseres Lebens notwendig ist. Die Texte sind euch nämlich bekannt: „Rufe mich an am Tage deiner Bedrängnis!"[2] „Bittet und ihr werdet empfangen."[3] Und bei Paulus: „Betet ohne Unterlass!"[4] Auch wenn keine anderen Gefahren für Seele und Leib verlangen würden, das Gebet zu suchen, legen diese Gebote uns allen die höchste Verpflichtung auf, Gott dennoch im Beten unseren Gehorsam allein deswegen zu zeigen, weil Gott von uns diesen Dienst verlangt und fordert.

Dieses Gebot zum Gebet muss überhaupt vielen Hinderungsgründen, die uns für diese Verehrung nachlässiger werden lassen, entgegengehalten werden; denn zunächst lässt das Gefühl der Unwürdigkeit, dann der Gedanke an die besondere Erwählung, dass Gott nur bestimmte, nicht alle beliebigen Gläubigen erhört, die Gottesfürchtigen oft erschlaffen, so dass sie ziemlich lustlos beten. Da ich mich jetzt aber vor der Jugend äußere, ermahne ich sie dennoch, dieses Gebot auch ihren eigenen Hinderungsgründen entgegenzuhalten, nämlich ihrer Sorglosigkeit und allzu großen unangemessenen Unbekümmertheit; denn weil die jungen Leute beinahe eher aus ihrem inneren Antrieb als aus dem Gedanken an Gott und an ihre Pflicht leben, beten sie deshalb seltener und nachlässiger, weil sie Gott weniger fürchten. Sie meinen, Gott achte nicht auf ihre Unbekümmertheit und zürne ihnen nicht wegen ihrer Missachtung, wenn sie weder in ihren sonstigen Pflichten noch mit der Anrufung Gott jene Verehrung erweisen, die er verlangt.

Das Gebot muss zwar schon wegen der Tröstung der Gottesfürchtigen und der Schwächeren gehalten werden, damit sie nicht im Bewusstsein ihrer Unwürdigkeit oder aus einer anderen Furcht heraus zu grämlich beten, sondern wissen, dass Gott diese Bekundung unseres Willens, die er auch durch sein Gebot fordert, lieb ist. Dennoch wollen wir, wenn es beliebt, jetzt deshalb auf dem Gebot bestehen, um die fleischliche Unbekümmertheit und die bei jungen Menschen und anderen übliche, fast epikureische[5] Lässigkeit aus dem Bewusstsein austreiben, als ob es nicht viel ausmache, wenn dieser Opferdienst, zu beten und uns selbst und die Kirche mit frommen Wünschen und mit dem Sprechen von frommen Bitten Gott zu empfehlen, unterlassen wird.

An dieser Stelle soll mir ein abergläubischer Mensch jene Rede[6] gänzlich unterlassen, die, wie man sagt, offensichtlich „ein fauler Beweis"[7] ist, nämlich dass die Gläubigen aus keinem auch nur denkbaren Grund mit der Strenge des Gebotes eingeschüchtert werden dürfen; denn sie selbst gäben bei anderen Pflichten und gerade auch bei dieser Pflicht das Zeugnis ihres Glaubens vor Gott und den Menschen aus eigenem Antrieb.

Es sei überflüssig, behaupten sie, die Gläubigen wie mit den Edikten eines römischen Prätors mit Geboten zum rechten Handeln anzutreiben und gleichsam mit Gewalt zu nötigen, da dies aus einem durch den Glauben erleuchteten Herzen von selbst entstehe. Und wie es absurd ist, zu behaupten, drei und sieben müssten zehn sein, sondern sind zehn, so sei es nach ihrer Behauptung müßig zu mahnen, dass man Gott die Verehrung im Gebet und Ähnliches zu leisten schulde; denn diejenigen, die durch den Heiligen Geist wiedergeboren seien, täten dies von sich aus und ungezwungen.

Es ist sicherlich wahr, dass die Frommen dies freiwillig tun. Dennoch muss man den Bösen wie auch den Guten mit dem Gebot zusetzen; den Bösen, damit sie nicht meinen, in der Trägheit und in der Unterlassung der Pflicht liege kein Vergehen und keine Gottlosigkeit; den Guten, damit sie, an die Bestimmung und an den Willen Gottes erinnert, bereitwilliger, feuriger und mit größerem freudigen Eifer das tun, was nach ihrer Erkenntnis Gott erwünscht ist, indem sie die Notwendigkeit von Gottes Gebot und Willen erkennen. Seht die Überheblichkeit des menschlichen Herzens! Würden sich nämlich weltlich gesinnte Menschen nicht vorstellen, sie könnten ohne göttliche Hilfe ihre Angelegenheiten regeln und durchsetzen, wären sie nicht so sorglos und würden Gott heftiger um Rat und Erfolg bitten. Aber weil sie darauf vertrauen, sie könnten mit ihrer Klugheit und mit ihrem Vermögen das erreichen, was sie beginnen, glauben sie, es sei ein Zeichen für abergläubische und unglückliche Menschen, Gott um Hilfe zu bitten, wie Ajax sagt: Es sei die Angelegenheit anderer, mit Unterstützung eines Gottes zu siegen, aber er werde ohne einen Gott große Taten vollbringen. Aber auch die Heiden waren der Ansicht, dass gerade diese unglücklich seien. Daher sagt Homer:

„Alle Menschen beten und bedürfen Gottes."[8]

Dies sei also der erste Grund dafür, dass wir uns in unserem ganzen Gehorsam darum bemühen, Gott unsere Ehrfurcht und unsere Dienste zu erweisen, besonders aber in der Anrufung, die häufig zu den vorzüglichen Arten der Verehrung gezählt wird, wie wir in der Kirche wissen müssen.

Glaube also nicht, es sei dir freigestellt, ob du deine Bitten aus ganzem Herzen vor Gott ausbreitest oder nicht! Im Gegenteil musst du wissen, dass du gegen Gott beleidigend und widerspenstig bist, dass du Gottes Zorn herausforderst, dass du dir schwere Strafen, öffentliches und privates Unglück für dich, deine Familie und alle, die mit dir verbunden sind, zuziehst, wenn du überhaupt nicht oder nur lässig betest! An dieser Stelle hätte man über Gottes Zorn und über die Strafen, die diese Sorglosigkeit und Nachlässigkeit begleiten, ausführlicher reden müssen. Wenn diese Strafen auch der Verletzung einzelner Gesetze, die im Dekalog aufgeführt werden, gemeinsam sind, so folgen sie ganz besonders auf die Unterlassung dieser Art der Verehrung. Aber um mich kürzer zu fassen, gehe ich zum zweiten Grund über, der, wie ich gesagt habe, ebenfalls durchdacht werden muss, um in uns die Neigung zu entfachen, gewissenhafter zu beten.

Kein Blitz hätte uns also schon tiefer erschüttern müssen als Gottes Gebot und Wille, ihm in höchster Hingabe gewissermaßen den Rechtsanspruch zuzugestehen, dass wir von ihm Hilfe und Befreiung in unseren Nöten erbitten und erwarten sollen. Dennoch müsste der zweite Grund uns ebenfalls zur Anrufung anlocken. Er besteht darin, dass unsere Bitten niemals unnütz oder erfolglos sind, sondern immer etwas bei Gott erreichen, dass sie immer erhört werden, sei es, dass uns die Erfüllung wunschgemäß sofort zuteil wird, sei es, dass nach Gottes Gewohnheit, unseren Glauben in Atem zu halten, manchmal das aufgeschoben wird, worum wir bitten.

Es besteht kein Zweifel, dass eine weltliche Gesinnung oft auch deswegen in diesem Dienst gleichsam saumselig ist, weil sie denkt, im Beten werde erfolglose Anstrengung vergeudet, da die Ergebnisse oft den Wünschen nicht entsprechen. Oft hat man auch Zweifel, ob Gott uns erhört, entweder weil man über die Vorhersehung disputiert oder weil man beim Anblick seiner eigenen Unwürdigkeit erschrickt oder aus anderen Gründen.

Diesen neuen Hinderungsgründen sollst du also die Begründung der Verheißung und die Tatsache entgegenhalten, dass deine Bitten niemals wirkungslos oder vergeblich sind; denn sie erreichen bei Gott immer etwas. Sie erleiden, um es so zu sagen, niemals eine Abweisung, sei es, dass Gott, wie ich sagte, sofort gewährt, worum wir bitten, sei es, dass er uns mit längerem Aufschub heimsucht. Gerade dieser Grund hat mich häufig veranlasst, alle anderen Hinderungsgründe beiseite zu stellen, meinen Geist und meine Augen zu Gott zu erheben und den Mund zum Beten zu öffnen, weil mir die Verheißung in den Sinn kam, die niemals enttäuscht, auch wenn die Erfüllung oft zu einer anderen

Zeit oder in einem anderen Maß zuteil wird, als wir sie erwarteten.

Die Verheißung der Gnade und der Versöhnung ist für alle, die bitten, gewiss und sofort gegeben, wie viele Worte zeigen: „So wahr ich lebe, ich will nicht den Tod des Sünders."[9] Und Paulus sagt: „Deshalb muss die Gerechtigkeit durch den Glauben kommen, auf dass sie sei aus Gnaden und die Verheißung fest bleibe."[10] Auch gehört der Ausspruch des Basilius[11] hierher: „Wolle nur und Gott selbst kommt dir zuvor entgegen." Für jeden ist sein eigener Geist Zeuge, dass er im Glauben Tröstung und Befreiung von ewigen Strafen, von den Schrecken und von der Erfahrung von Gottes Zorn gegen die Sünde erfährt, wenn man darum beim Vater ernsthaft und im Vertrauen auf die Vermittlung des Gottessohnes bittet.

Wir hören oft, dass man von dieser Verheißung andere Zusagen, die körperliche Wirkungen zeigen, unterscheiden muss. Aber auch diese sind niemals erfolglos und vergeblich; denn wohl niemandem ist von Gott ausdrücklich eine Verheißung für etwas Bestimmtes gegeben worden, das dem Nutzen für unser leibliches Leben dient, wie für die Befreiung von einer Krankheit oder von irgendeinem anderen Unglück, das uns jetzt bedrückt. Dennoch ist es gewiss, dass unsere Bitten von Gott erhört werden und Erfolg haben, auch wenn das, worum wir bitten, aufgeschoben wird oder überhaupt nicht zuteil wird. Denn das ist wahr: Gott lässt uns etwas anderes weitaus Besseres und Vorzüglicheres zukommen, wenn wir nicht das erreichen, worum wir bitten. Gott befreit dich nicht aus Not oder Krankheit. Er schenkt dir oder deinen Angehörigen jedoch andere materielle Güter oder er bereichert dich mit einer tieferen Gotteserkenntnis und schenkt dir, wie er im vierten Psalm[12] zu erkennen gibt, innere Herzensfreude und stärkt und steigert in dir die Grundlagen des ewigen Lebens.

Wir wissen nämlich von der Lehre der Kirche auch dies: Gott erhört zwar sein Volk und den, der ihn in der Anrufung Gottes verehrt. Dennoch will er, dass sie aus vielen Gründen, die jetzt nicht aufgezählt werden können, mit verschiedenen Schlägen und mit dem Kreuz heimgesucht werden.

Gott will also zugleich die Kirche züchtigen wie auch die Frommen erziehen und zur Umkehr rufen. Ebenso will er Zeugnisse für die Unsterblichkeit liefern, weil nach diesem Leben ein anderes aussteht, in dem wir die wahren Belohnungen für unsere Frömmigkeit erlangen, und wegen ähnlicher gewichtiger Gründe, die häufig zitiert werden und uns allen vor Augen stehen sollten. Deshalb gewährt Gott oft nicht den Schutz und die Annehmlichkeiten dieses Lebens, sondern versieht und überhäuft uns mit weitaus größeren Gütern, wie mit dem himmlischen Licht des Evangeliums, mit der Gerechtigkeit und mit dem Vorgeschmack des ewigen Lebens. Er gleicht auch oft sogar noch in diesem Leben körperliche Leiden mit prächtigeren Gütern aus, wie er z. B. Joseph nicht von der Gefahr des Gefängnisses befreit, ihm aber später gerade jenes Gefängnis die Gelegenheit und den Zugang zum Gipfel der Herrschaft bietet.[13] Obwohl materielle Verheißungen zunächst dem ganzen Leib der Kirche zukommen, wird dennoch oft auch den einzelnen Gliedern des Leibes genau das von Gott geschenkt, worum sie bitten; denn Gott will, dass die Kirche in diesem Leben gefördert und erhalten wird. Er will, dass in uns durch die Bitte um materielle Güter der Glaube wächst. Er will, dass wir fest annehmen, dass auch die Annehmlichkeiten des gegenwärtigen Lebens uns nicht zufällig zuteil werden, sondern dass wir von ihnen Besitz ergreifen, weil er sie uns schenkt und darbietet, wie der Psalm sagt: „Weil du ihnen Speise gibst, werden sie sammeln, weil du deine Hand öffnest, werden sie gesättigt werden"[14] usw.

Eure Wünsche oder Bitten sind also auf keinen Fall vergeblich oder fruchtlos. Man sagt zu Recht, dass Gott uns bei der Bitte um materielle Dinge irgendwann einmal nicht nach unserem Willen, sondern zu unserem Heil erhört. Wieso säumen oder zaudern wir unter diesen Umständen, unsere Schmerzen und Seufzer mit großem Vertrauen vor Gott zu tragen, damit er sie öffentlich und privat heilt?

Aber ich komme zum dritten Grund, den ich angegeben habe. Dieser müsste unsere Herzen ganz besonders zum Beten herausfordern, auch wenn sie aus Eisen wären. Es handelt sich nämlich um die endlosen und überaus niederschlagenden Gefahren und

Übel, in denen wir uns täglich bewegen. Es gibt einen allgemein bekannten Spruch: „Wer nicht beten kann, sollte zur See fahren." Er erinnert daran, dass niemand so gefühllos ist und so weltlich denkt, dass er nicht bei Gott Hilfe sucht und um Befreiung bittet, wenn er in Gefahren und schreckenerregende Situationen versetzt ist. Wir müssen uns also unsere öffentlichen und privaten Gefahren oft bewusst machen. Es gibt offenkundiges öffentliches Unheil. Es gibt keinen, der nicht ebenso, wie er seinen Teil zu den Ursachen der öffentlichen Missstände beiträgt, später auch gezwungen wird, seinen Teil der öffentlichen Strafen auf sich zu nehmen. Wir erleben, in welchen Gefahren die Kirche schwebt, nicht nur von Seiten äußerer Feinde, die die wahre Lehre des Evangeliums mit Gewalt zu unterdrücken beabsichtigen, sondern auch von Seiten innerer Feinde, die den gottgeweihten Anstrengungen und Überlegungen ihrer Lehrer im Wege stehen.

Auch wird der Kriegslärm über die Religion nicht verstummen; denn Christus sagt: „Ich bin nicht gekommen, den Frieden zu bringen, sondern das Schwert."[15] Es gibt auch innere Feinde, hausgemachte Mängel, wie Verschwendungssucht, politischer Ehrgeiz, Besitzgier, Verantwortungslosigkeit, Streitereien, Hassausbrüche und ähnliche Seuchen, die den Schulen und Gemeinden viele Bestrafungen und Gefahren zuziehen. Bei den Regierungen herrscht eine so große Verwirrung und Unsicherheit, dass niemand vorhersagen kann, wo die Kirche nur wenig später Wohnsitz und Gastrecht haben wird. Welcher Familienvater wird nicht für den Fall, dass er zufällig nach zehn Jahren wieder zum Leben erwachen sollte, überlegen, wo auf der Erde er dann seine Kinder zu suchen hätte?

Die Geschichte erzählt, dass Pompeius mit seinen beiden Söhnen in drei Teilen der ganzen Welt bestattet worden ist, in Asien, in Afrika und in Europa. Die Bürgerkriege haben diese weit auseinanderliegende Zerstreuung der Söhne und ihres Vaters auch nach dem Tod hervorgerufen. Noch anschaulicher sind Beispiele aus der Kirche. Als Jakob schon ein alter Mann war, wurde er nach Ägypten gebracht und starb dort fern vom heimatlichen Boden.[16] Welche Zerstreuung, welche Auseinandersetzungen erfassten später seine ganze Nachkommenschaft? Was unsere Kinder angeht: Werden wir vorhersagen können, wo sie in dieser politischen Unruhe und bei diesen Aufständen nach wenigen Jahren leben werden? Denn wenn es auch jetzt noch durch Gottes Gnade ruhige Gebiete gibt, um deren Fortbestand ich Gott bitte, ist die politische Lage unter jeder Herrschaft immer so, dass man den alten Vers anwenden kann: „Manchmal tritt Frieden ein, Verlass auf den Frieden ist niemals."[17] Die öffentlichen Gefahren lasten also über unserem Kopf und ihr Ausmaß ist so groß, dass man es nicht schildern kann.

Wenn aber jemand nicht der Meinung ist und auch nicht einsieht, dass dies ihn privat betrifft, sondern behauptet, ihn gehe dies nichts an, der handelt ebenso, wie wenn die ganze Welt in hellem Brand stünde, er aber trotzdem darauf hoffte, er werde gesund und sicher sein. Oder er handelt, wie wenn er sein Schiff auf hoher See untergehen sähe, aber seine Hoffnung trotzdem darauf setzte, er werde unversehrt wieder auftauchen. Er verhält sich ebenso, wie einige Menschen zur Zeit Noahs, als die ganze Erde von der Sintflut überdeckt wurde, ohne Sorge sein konnten, als ob sie jenes universale Unheil nichts anginge. Aber um im privaten Bereich nicht weiter über die Erfahrung der ewigen Strafe zu sprechen, die jeder Einzelne wegen seiner Sünden vor Gott macht: Wie viele Übel gibt es allein im täglichen Leben? Wie viele Ängste zunächst im Herzen jedes Einzelnen, aber auch wegen der schwierigen Lage der Gegenwart? Welche Fortdauer oder vielmehr welcher ununterbrochene Fortgang von Unheilsereignissen tritt danach ein, da ein neues Unglück immer auf ein früheres folgt? So schlägt nämlich Gott das Menschengeschlecht täglich mit Absicht, um uns an unsere Pflicht, an unsere Sünden, an die Umkehr zu erinnern und uns schließlich zur Anrufung herauszufordern, da wir sonst tief schnarchen und vielleicht in epikureischer Art sorglos leben würden.

Es gibt aber nicht nur äußere Gefahren, sondern häufig werden den Gottesfürchtigen vom Widersacher geheime Hinterhalte gelegt, mit denen er sowohl ihre Absichten wie ihr Denken in Sünden und in unentwirrbares Unheil zu stürzen versucht. Diese wirst du niemals klar genug voraussehen können, wenn du nicht den Himmel darum bittest, vom Heiligen Geist geleitet zu werden, damit er dich behütet, damit du nirgends zu Fall kommst, anstößt und vom Widersacher hintergangen wirst, auch unter dem Anschein eines möglicherweise richtigen Tuns. Ich übergehe die Erwähnung der täglichen Mühseligkeiten, die jedem zustoßen, bei der Gesundheit, beim Familienbesitz, bei den Gefährdungen für sich und für andere, die ein jeder lieb hat.

Würde uns zuletzt auch nichts Widriges hart treffen, wäre auch alles zu Hause und außerhalb in Ordnung und ruhig, so müssten wir uns trotzdem vor dem Widersacher in Acht nehmen, der uns gerade dann am hinterhältigsten fängt, wenn Waffenstillstand mit dem Unglück herrscht. Dann sind die Menschen besonders sorglos, sie lassen sich auf die Missachtung Gottes ein, ergeben sich den Vergnügungen, sodass in einer solchen Zeit für uns auch größere Gefahr besteht, umso leichter ins Verderben zu stürzen. Ein alter Vers des römischen Dichters Ennius zeigt den Nachdenklichen, dass das Glück am meisten Schrecken erregt: „Und ein Römer, immer wenn eine Tat gut gelungen, zittert in seinem Herzen."[18] So wäre es ganz besonders auch den Frommen angemessen, unruhig besorgt zu sein, gleichsam gegen die Nachstellungen des Widersachers auf dem Posten, wenn Gott einmal eine entspanntere Ruhe geschenkt hat. Die Heiligen Schriften erinnern häufig daran, nicht in ruhiger Zeit unvorsichtig Gott zu vergessen, wie es auch bei Moses heißt: „Das Volk setzte sich zum Essen und erhob sich zum Spielen."[19]

Daher brauchen vor allem ruhige Verhältnisse das Gebet zu Gott, uns zu lenken und bei unserem Dienst zu halten, damit wir nicht die Ehrfurcht vor ihm verlieren und uns um seinen Willen allzu lässig und gedankenlos kümmern. Für die Frommen darf es also keine Zeit ohne Gebete geben, mit denen wir Gott bitten, uns und die Kirche in betrüblicher Lage zu bewahren oder in erträglicher Lage zu behüten, damit wir seine Güte nicht missbrauchen. Der Missbrauch ist unter allen Menschen keine seltene Seuche. Aber um nicht zu ausführlich zu sein, werde ich schließen und fordere die jungen Leute auf, sich von den ersten Lebensjahren an gewissenhaft daran zu gewöhnen, diesen Gottesdienst des Gebetes Gott täglich darzubringen. Sie sollen sich aber vor allem anderen um die Vervollkommnung ihrer Lebensweise und ihres sittlichen Verhaltens bemühen. Sie sollen sich darum bemühen, sich in der Erkenntnis der himmlischen Lehre, die in der Kirche überliefert wird, zu bilden, damit sie wissen, dass in jeder Anrufung der Glaube voranleuchten muss. Denn Gott gefällt nicht das Gebet eines weltlich denkenden, sorglosen, nachlässigen, wenig nüchternen und schließlich heuchlerischen Menschen, der ohne Glauben an den Sohn Gottes ist, sondern wie Salomo sagt: „Vor Gott ist ein solches Gebet ein Gräuel."[20]

Mögen uns also immer alle anderen Gründe, die uns zum Beten motivieren können, vor Augen stehen, ganz besonders aber Gottes Gebot, die Kraft und Wirksamkeit des Gebets und unsere öffentlichen und privaten Notlagen zu jeder Zeit.

Gott, der Vater unseres Herrn Jesus Christus, möge unser Denken leiten, damit wir ihn in wahrhaftiger Gesinnung anrufen und damit ihm immer unser ganzes Leben gefällt und seine Herrlichkeit aufleuchten lässt. Amen.

---

[1] Hos 14,3. [2] Ps 50,15. [3] Joh 15,24. [4] 1 Thess 5,17. [5] Mit dem Begriff „epikureisch" ist hier nicht so sehr Epikurs individualistische und hedonistische Ethik gemeint, sondern seine Auffassung, dass die Götter in ungetrübtem Selbstgenuss leben und sich nicht um die Welt und die Menschen kümmern. Daraus resultiert ein praktischer Atheismus, weil die Menschen von den Göttern nichts zu fürchten brauchten und auch nichts erwarten könnten. [6] Melanchthon setzt sich mit der Auffassung der Spiritualisten auseinander, die ein radikales Geistchristentum vertraten. Luther hatte sie als „Schwärmer" verurteilt. [7] Cicero erklärt zum sog. „faulen Beweis" in De fato 12, 28: „Zu Recht trägt diese Argumentation den Namen ‚faul' und ‚tatenlos', weil auf diese Weise jeglicher Impuls zur Tat aus dem Leben schwinden wird." Danach wäre es für die Vertreter dieser Argumentation sinnlos, sich durch die Strenge des Gebots einschüchtern und zum Beten zwingen zu lassen, da die im Geist Wiedergeborenen es von sich aus, die anderen es überhaupt nicht tun. [8] Das Zitat aus Homer, Odyssee 3, 48, ist nicht korrekt wiedergegeben. Es muss mit der vorhergehenden Zeile zusammen gelesen werden, da es syntaktisch zu ihr gehört: „Denn auch er, denke ich, wird zu den Unsterblichen beten wollen. Bedürfen doch alle Menschen der Götter." [9] Ez 33,11. [10] Röm 4,16. [11] Das Zitat findet sich bei Basilius von Caesarea, Homilia de paenitentia

(sub auctore de Eusebio Emeseno) 1480, Ende, und lautet etwas anders als in CR 11, 988.   [12] Ps 4,8 f.: „Du legst mir größere Freude ins Herz, als andere haben bei Korn und Wein in Fülle. In Frieden leg' ich mich nieder und schlafe ein; denn du allein, Herr, lässt mich sorglos ruhen."   [13] Gen 39–41.   [14] Ps 104,28.   [15] Mt 10,34.   [16] Gen 46.48.   [17] Ovid, Tristien 5,2,71.   [18] Das Zitat: „Ac Romanus homo, tunc cum res est bene gesta, corde suo trepidat", findet sich bei Cicero, De oratore 3,42,167, in der Form: „At Romanus homo, tamenetsi res bene gestast, corde suo trepidat", und müsste dann anders übersetzt werden: „Auch ein Römer, hat er auch erfolgreich gehandelt, zittert in seinem Herzen." Da Cicero Ennius nicht als Verfasser nennt, kann ihm das Zitat nur mit großer Wahrscheinlichkeit zugeschrieben werden.   [19] Ex 32,6.   [20] Spr 12,22.

Gebete

Ist es eine rhetorische Übertreibung oder sachlich berechtigt, wenn Philipp Melanchthon die Anrufung Gottes als vorzügliche Form der Verehrung Gottes[1] und als die höchste aller Tugenden[2] bezeichnet? Soll sie etwa Tugenden wie den Glauben, dessen Schlüsselfunktion die Reformatoren wieder zu Bewusstsein und Sprache brachten, oder wie die Liebe noch überbieten? Wie wichtig Melanchthon dieses Thema war, zeigt sich darin, dass er das Fehlen einer Lehre über die Anrufung beklagt. Es sei nur Weniges überliefert und dies auch noch verfälscht. Es gebe aber kein wichtigeres und reichhaltigeres Thema, als über das Gebet zu sprechen, und keine Tugend, über die die Menschen, die Gott in rechter Weise erkennen, häufiger und bereitwilliger nachdenken sollten.[3] Dieses Thema hat ihn gleichsam getrieben, wie die ständige Beschäftigung damit in den verschiedenen Formen der Darstellung erkennen lässt. Die Lehre von der Anrufung Gottes wiederholt er in kürzerer oder längerer Form immer wieder. Er hat sie zu einem eigenen theologischen Locus erhoben und weiter ausgebaut.

Darüber hinaus hat Melanchthon seine Lehre entsprechend seiner von Camerarius und anderen bezeugten religiösen Frömmigkeit auch in der Form von vielen Gebeten in prosaischer und poetischer Form in die Praxis umgesetzt. Ja man kann die Entstehung sehr vieler Gebete, ihren Sitz im Leben und Lehren, bei der Lektüre seiner Schriften mitverfolgen. Es gibt bei ihm fast keine literarische Gattung ohne Anfangs- oder Schlussgebet.

Hier werden vor allem poetische Gebete präsentiert, die der Ordnung und dem Umfang der Gebetsanliegen entsprechen, d. h. möglichst breit gestreut alle Lebensbereiche und Situationen erfassen, in denen man um geistliche und weltliche Güter und Gaben bittet bzw. dafür dankt. Beten kann und soll nach Melanchthon jedes Handeln begleiten, wenn es gelingen soll. Da es aber im Leben eines jeden Menschen markante Ereignisse gibt, von denen besonders viel abhängt, wie z. B. Hochzeit, Reisen, Krankheit und Sterben, aktualisiert sich die Anrufung Gottes bei diesen Anlässen in besonderer Dringlichkeit. Solche Gebete zeichnen sich durch einen höheren Grad der Reflexion und durch eine ausgefeiltere sprachliche und metrische Gestaltung aus, bei der die Versmaße des Distichons, des Hendekasyllabus, der sapphischen Strophe und des jambischen Dimeters verwendet werden.

Übersetzungsgrundlage: CR, siehe die Anmerkungen.

Gebet[4]

Christus, nichts bin ich, keine Tröstungen kenne ich Armer,
Außer wenn auch du Menschennatur übernimmst.
Stütze und leite mich in meiner Gebrechlichkeit, Christus!
Lass mich ein Zweiglein sein an deinem mächtigen Stamm!
Dieser herrliche Bund sei mir immer vor Augen, denn einzig
Dieser Bund hat mir sicher erworben das Heil.

Auf das Bild des Christopherus[5]

Dir zeigt dieses Bild die Gestalt einer frommen Gesinnung,
Die mit dankbarer Lieb' Christus die Ehre erweist.
Denn wie inmitten der Flut der Held sehr mühselig watet,
Der auf der Schulter trägt kleine, doch wichtige Last,
Müssen auch Christen sich in viele Gefahren begeben,
Wenn sie, Christus Herr, weiter verbreiten dein Wort.
Jegliche Tröstung bleibt aus für die im Glauben Gerechten,
Niemand ist in der Not Hilfe zu leisten bereit.
Christus, du selber scheinst die Deinen im Stiche zu lassen,
Manche bestreiten, dass du Hilfe zu bringen vermagst.
Das ist der Grund, warum du im Bild eines Knaben gemalt bist,
Denn in dieser Gestalt bist du den Schwachen verwandt.
Manchmal drückst du auch persönlich Strauchelnde nieder,
Wenn sie meinen, dass du ihnen noch zornig sein willst.
Dennoch stützt uns dein Wort und bringt uns reichliche Tröstung,
Alle Schritte lenkt, wenn auch vertrocknet, ein Stamm.
Dieser Stamm wird jedoch sich wieder mit Blüten bekleiden,
Wenn den verdienten Lohn Gott den Gerechten verleiht.
Jener Greis, der das Licht vor sich trägt, muss als Lehrer betrachtet
Werden, damit sein Rat Irrende heilbringend lenkt.

Die Engel, in sapphischen Strophen[6]

Großer Weltenschöpfer, wir sind dir dankbar;
Denn für deinen Sohn hast du selbst geschaffen
Flammenhelle Diener, der Gottesboten
Heilige Scharen,

Die durch deine Lichtstrahlen schimmernd blitzen,
Dich mit frohen Augen betrachten, deinen
Worten gierig lauschen und deiner Weisheit
Quelle genießen

Diese lässt du niemals in Muße leben
Noch vergeblich fliegen durch ungeheure
Räume hoch im Äther, inmitten der Winde
Unbedacht spielen,

Sondern heißt sie Christus getreu begleiten,
Schützen frommer Menschen Zusammenkünfte,
Die in Ehren halten und lernen wollen
Deine Gebote.

Denn der wutentbrannte und wilde Drache,
Der zuerst den Tod und die Sünde brachte
In die Welt, beginnt gegen Deine Festung
Immerfort Kriege.

Häuser, Städte, Völker und Gotteshäuser,
Alle Schriftdenkmäler von deiner Weisung,
Alle guten Sitten versucht er von der
Wurzel zu tilgen.

Währenddessen schützt uns die Schar der Engel,
Die dem Führer Christus gehorsam nachfolgt,
Aus der Hand des tobenden Drachen reißt sie
Grausame Waffen.

Schutz gewähren Engel dem Loth in Sodom,
Mitten zwischen grimmigen Feinden fürchtet

Elisäus nirgends, umringt von Engeln,
Zeichen des Krieges.

Mitten zwischen Löwen, geschützt von Engeln,
Fühlt sich der Prophet Daniel ganz sicher.
So schützt Gott beständig durch seine Engel
All unsre Habe.

Das lobpreisen wir als Geschenk von oben,
Dir dankt unser Chor und zugleich der Engel
Schar, indem sie mit uns ins Lob einstimmen,
Gütiger Schöpfer.

Dass du immer Engel für deinen Tempel
und auch für das Volk deines Sohns, das deine
Botschaft hegt, als Wächter bereitstellst, darum
Bitten wir herzlich.

Ein Gebet zu Christus,
das bei der Rückkehr vom Wormser Gespräch 1557
an Georg Cracovius geschickt worden ist[7]

Glanz und lebendiges Bild des unvergänglichen Vaters,
Das der Vater gab uns zu beständigem Schutz,
Christus, du erwählst eine ewig lebende Herde,
Die deines Vaters Hand schuf aus dem irdischen Stoff.
Lenke uns, die wir dir wahre Ehre darbringen wollen,
Und mit Geisteshauch bring unsre Herzen in Schwung!
Unsere Häuser beschütz' und die kleine zerbrechliche Gruppe,
Die von dir allein Hilfe zu fordern versteht!
Georg, du wiederholst bei der Rückkehr so oft diese Bitten,
Wenn deine Frau den Sohn dir in die Arme legt,
Wie du auf ihren Mund die allersüßesten Küsse
Heftest und deines Sohns rosige Wangen liebkost.
Dieser Liebe Keim hat Gott persönlich mit Absicht
In die Sinne, ins Herz züchtiger Väter verpflanzt.
Deshalb findet er gut mit Gebet vermischte Liebkosung
Und gebietet, es sei gläubigen Frauen erfüllt.

Philipp Melanchthons Rat für das öffentliche Gebet[8]

Man darf die Anrufung des Namens Gottes nicht missbrauchen; und unsere Feinde würden über unser Gebet lachen, wenn wir noch nach der Niederlage darum bäten, dass dem Gefangenen der Sieg geschenkt werde, wie auch David nicht für den toten Jungen bittet, dass er lebe. Es wäre richtiger, ganz allgemein darum zu beten, dass Gott einen gottesfürchtigen und heilbringenden Frieden wiederherstelle, den Geist der höchsten Staatslenker leite, dass ihre Regierung für die Kirche und die Verwaltungen heilsam sei und dass er die Kirche und die Regierungen erhalte. Das ist beinahe schon in unserer Gebetsform enthalten, weil wir die Namen absichtlich weggelassen haben. Dennoch muss einiges weggelassen werden, für welche Seite darum gebeten wird, damit Gott alle Bedrängten tröstet und ihren Sinn zur wahren Anrufung Gottes und zu guten Früchten der Buße umstimmt. Sorglosigkeit, Trunkenheit, geschäftige Einmischung und Verachtung der Freunde haben uns und vielen anderen dieses Unglück verschafft. Deshalb wollen wir auch selbst aus unserer Untätigkeit erwachen, unsere Leidenschaften zügeln und Gott bitten, uns und anderen den heiligen Geist zu schenken, damit wir ihm in wahrer Anrufung dienen und heilsame Mittel schaffen.

Ein Gebet nach Lukas 16 über Lazarus[9]

Krank und am ganzen Leib bedeckt mit Eitergeschwüren
Liege ich hier und mein Leib schwindet von Hunger verzehrt,
Wie auch Lazarus einst vor der Tür des Reichen gekauert
Keine Hilfe erfuhr, wegen des Ekels verschmäht.
Wie jener Lazarus doch, obwohl von allen verachtet,
Aufnahme fand bei dir fürsorglich in deinem Schoß,
So errette auch mich deine milde Huld aus dem Elend,
Ewiger Vater, und gib Schutz mit dem Schatten der Hand.

Epitaph auf seinen Sohn Georg [10]

Hier hat in Trauer den Sohn bestattet sein Vater Melanchthon,
Nimm seine Seele auf, bittet er dich, guter Christ!
Jener hatte noch nicht zwei volle Jahre vollendet,
Als er durch frühen Tod weggerafft wurde und starb.

Philipp Melanchthons letztes Gebet,
das er auch ohnehin schon häufig gebrauchte [11]

Allmächtiger, ewiger, lebendiger und wahrer Gott, Schöpfer des
Himmels und der Erde und der Menschen zusammen mit deinem gleichewigen Sohn, unserem Herrn Jesus Christus, der für
uns gekreuzigt und auferweckt wurde, und mit deinem reinen,
lebendigen und wahrhaftigen Heiligen Geist, du weiser, gütiger,
barmherziger und gerechter Gott, du absolut freier, reiner und
zuverlässiger Helfer, du Spender des Lebens und des Gesetzes, du
hast gesagt: „Ich lebe, ich will nicht den Tod des Sünders, sondern
dass er umkehrt und lebt." Weiter: „Rufe mich am Tage deiner
Bedrängnis an, und ich werde dich erretten." Ich bekenne dir, dass
ich als ganz armseliger Sünder vielen Sünden verfallen bin und
deine heiligen Gebote übertreten habe. Ich bedaure aus ganzem
Herzen, dass ich dich gekränkt habe. Erbarme dich meiner um
deines Sohnes, unseres Herrn Jesus Christus willen, der für uns
gekreuzigt wurde, starb und wieder auferweckt wurde! Erlasse mir
alle meine Sünden und mache mich durch Jesus Christus, deinen
Sohn, das Wort und Ebenbild des ewigen Vaters, und um seinetwillen gerecht! Du wolltest in deinem wunderbaren und unaussprechlichen Ratschluss, dass er für uns zum Opfer, zum Mittler,
Erlöser, Befreier und Heiland wurde. Heilige mich durch deinen
reinen, wahrhaftigen Heiligen Geist, damit ich dich als allmächtigen und wahren Gott, als Schöpfer des Himmels und der Erde und
der Menschen, als ewigen Vater unseres Herrn Jesus Christus, und
deinen Sohn Jesus Christus, das Wort und dein ewiges Ebenbild,
und den Heiligen Geist, den wahrhaftigen, reinen und lebendigen
Beistand, in Wahrheit erkenne, dir wirklich glaube, gehorche und

Dank sage, dich wirklich fürchte und anrufe und deinen gütigen Anblick für immer genieße und dir in Ewigkeit diene! Auf dich, Herr, habe ich gehofft, ich werde in Ewigkeit nicht zuschanden werden. Befreie mich in deiner Gerechtigkeit! Bekehre mich, Herr, zur Gerechtigkeit und zum ewigen Leben! Du hast mich, Herr, Gott der Wahrheit, erlöst. Beschirme und lenke huldvoll unsere Kirche, die Gemeinwesen und diese Schule! Gib ihnen Frieden, gottesfürchtige und förderliche Regierung! Lenke und schütze unsere Fürsten und Obrigkeiten! Erwähle und bewahre dir in diesen Landen eine unvergängliche Kirche! Heilige und vereinige sie mit deinem Heiligen Geist, damit sie in dir eins sind in der Erkenntnis und Anrufung deines Sohnes, unseres Herrn Jesus Christus, durch deinen Sohn, unseren Herrn Jesus Christus, und um seinetwillen, der für uns gekreuzigt wurde, starb und wieder auferweckt wurde.

Allmächtiger, ewiger Sohn Gottes, Herr Jesus Christus, Versöhner und Heiland, Wort und Ebenbild des ewigen Vaters, der du für uns gestorben und wieder auferstanden bist, ich danke dir von ganzem Herzen. Du hast die menschliche Natur angenommen, du bist für mich zum Erlöser geworden, du hast im Fleisch gelitten und bist vom Tod auferstanden und trittst beim ewigen Vater für mich ein. Ich bitte dich. Schau auf mich und erbarme dich meiner, weil ich verlassen und arm bin! Vermehre in mir das Licht des Glaubens durch deinen Heiligen Geist und stütze mich in meiner Schwachheit! Lenke, schütze und heilige mich! Auf dich, Herr, vertraue ich, ich werde in Ewigkeit nicht zuschanden werden.

Allmächtiger Heiliger Geist, du wahrhaftiger, reiner und lebendiger Tröster, erleuchte, lenke und heilige mich! Stärke den Glauben in meiner Seele und in meinem Herzen! Lass in mir sicheren Trost wirksam werden! Stütze und leite mich, damit ich alle Tage meines Lebens im Hause des Herrn wohne, damit ich die Wonne des Herrn schaue und für immer ein heiliger Tempel Gottes bin und bleibe, Gott in aller Ewigkeit Dank sage und ihn in der unvergänglichen himmlischen Kirche und Versammlung rühme und lobe! Amen.

¹ Declamatio de precatione; CR 11, 985.   ² MSA 2 II, 686.   ³ Declamatio de Dei invocatione; CR 11, 659.   ⁴ CR 10, 628 f. (Nr. 288), von 1555.   ⁵ CR 10, 549 (Nr. 133), von 1536. Dieses Gedicht ist kein Gebet, darf es nach Melanchthons Auffassung auch nicht sein, da er die Anrufung der Heiligen ablehnt. In der Apologia Confessionis wird ihnen aber im Kapitel IX „De invocatione Sanctorum" eine dreifache Verehrung zugesprochen: 1. Die Danksagung an Gott dafür, dass er in den Heiligen Beispiele seiner Barmherzigkeit und Lehrer seiner Botschaft schenkt. 2. Die Stärkung des Glaubens dadurch, dass die Gnade die Sünde überströmt. 3. Die Nachahmung ihres Glaubens und ihrer Tugenden. Mit der auf den Glauben hin gedeuteten Gestalt des Christopherus hat sich Melanchthon offensichtlich identifiziert, wie nicht nur seine poetische Bildbetrachtung und seine allegorische Auslegung zeigen, sondern auch ein Brief Luthers vom 27. Juni 1530, in dem er ihn als den geliebtesten Schüler Christi und als Christopherus anredet.   ⁶ CR 10, 584 f. (Nr. 206), von 1543; vgl. die bekannte deutsche Nachdichtung von Paul Eber „Herr Gott dich loben alle wir"; Evangelisches Kirchengesangbuch, Nr. 115.   ⁷ CR 10, 640 (Nr. 311), von 1557.   ⁸ CR 6, 573 f. (Nr. 3912) von 1547.   ⁹ CR 10, 559 (Nr. 159), von 1539.   ¹⁰ CR 10, 532 (Nr. 99), von 1529; Georg war das dritte von vier Kindern und starb dreijährig.   ¹¹ Formae precationum piarum, collectae ex scriptis reverendi viri, D. Philippi Melanthonis/Lukas Backmeister. Wittenberg 1563.

Schriftbetrachtung zur Passion Christi am Karfreitag

De meditatione passionis Christi: die parasceues
Enarratio capitis LIII. Esaiae

Die „Postilla", aus der die Anleitung zur Meditation des Leidens Christi und die Schriftauslegung zu Jesaja 53 stammen, ist nicht direkt aus Melanchthons Feder geflossen. Es handelt sich um eine Sammlung von Mit- und Nachschriften von Auslegungen zu den Sonn- und Feiertagen im Kirchenjahr, die sein Schüler Christoph Pezzel bearbeitete und herausgab. Melanchthon hat seine Auslegungen vor ausländischen Schülern und Studenten in lateinischer Sprache zunächst in seinem Haus und später, wegen starken Zulaufs, in einem Hörsaal vorgetragen. Er wollte die jungen Leute mit den Hauptinhalten der christlichen Lehre auf Grund der in der Kirche gebräuchlichen Schriftlesungen bekanntmachen, um sie zum Nachdenken über die höchste aller Tugenden, die Erkenntnis Gottes und das Gebet zu ihm, zu gewöhnen.[1] Bis Melanchthons Tod im Jahre 1560 hatten sich mehrere Auslegungen zu gleichen Bibeltexten angesammelt. Pezzel arbeitete sie zunächst zu je einer Auslegung über eine Perikope zusammen; später ging er aus Zeitmangel dazu über, eine Auslegung voranzustellen und ihr weiteres Material aus anderen Auslegungen zum gleichen Text anzufügen. Die Auslegung zum Karfreitag mit ihrem grundsätzlichen Anfangsteil zu den Formen der Meditation ist auf Grund der erkennbaren Doppelüberlieferung ein Beispiel für die zuerstgenannte Arbeitsweise des Herausgebers.

Übersetzungsgrundlage: CR 24, 651–672; verglichen mit der Originalausgabe der „Postilla".

Es ist ein alter Brauch der Kirche, nicht erst seit den Aposteln, sondern schon von Beginn des Menschengeschlechts an, d. h. seit Abel, in dieser Zeit jenes große und wunderbare Geheimnis zu feiern, dass es Gott gefiel, auf diese und keine andere Art und Weise das Menschengeschlecht zu erlösen und durch die Sendung seines Sohnes, der für uns zum Opfer werden sollte, die Kirche zu erwählen. Ich glaube, dass sich die Ermordung Abels und die Opferung Isaaks, an der ich keinen Zweifel habe, um diese Zeit ereignet haben. Wie ihr wisst, begann man später beim Auszug der Israeliten aus Ägypten genau zu der Zeit des Passafestes, an dem Christus gelitten hat, ein Lamm zu schlachten. Er bewahrte selbst die historische Erinnerung an diesen Tag. Die Kirche hielt in der Folgezeit an dem Brauch fest, gerade in dieser Zeit das Gedächtnis des wunderbaren Geheimnisses zu feiern und die dazugehörige Lehre öffentlich zu behandeln.

Auch wenn man dies jeden Tag und in jedem einzelnen Augenblick bedenken sollte – denn beim Beten muss man beständig auf den Sohn Gottes schauen, der für uns eintritt –, setzte die Kirche dennoch einen bestimmten Zeitpunkt fest, an dem man dem Volk die Geschichte vortragen sollte, um die Lehre zu wiederholen und zu diesem Anlass die Lehre ausführlicher darzulegen. Diesen Brauch bewahren auch wir, und zwar halten wir ihn wegen der sehr schönen Beispiele. Was gibt es denn Schöneres, als dem Beispiel des Sohnes Gottes und der gesamten Kirche aller Zeiten zu folgen?

Ihr habt oft gehört, dass in Athen ein Mann namens Kynesias[2] lebte, dessen Name von „Hund" abgeleitet wird und der auch tatsächlich ein Hund war (wie jener Canisius, der unter König Ferdinand die Kirche verfolgte). Er war ein Kyniker und veranstaltete Feste, die gegen die öffentlichen Feste gerichtet waren. Zum Beispiel feierte er, wenn von Staats wegen Feiern für die Verstorbenen begangen wurden, Orgien des Bacchus, und umgekehrt, um sich über die Religion lustig zu machen. So erinnern wir uns an einen Phantasten, der zur Zeit des Osterfestes über die Geburt Christi predigte und behauptete, es sei papistisch, einen anderen Brauch zu pflegen. Wer so handelt, tut nicht recht, um keinen anderen Ausdruck zu gebrauchen.

Man muss zu jeder Zeit an die Geburt und an das Leiden Christi denken. Dennoch ist es gut und nützlich, jene Riten um des Gedächtnisses willen zu bestimmten Zeiten einzuhalten. Obwohl wir die Größe dieser Ereignisse nicht in dieser kurzen Zeit, vielmehr zu keiner Zeit ausreichend erklären können, lesen wir jetzt dennoch einige Teile der prophetischen Darstellung vor. Alles Übrige wird, soweit es uns möglich ist, das ganze Jahr hindurch vorgetragen. Ein alter Spruch lautet: „Es gibt keine größere, bessere und heiligere Tätigkeit als die Betrachtung der Passion Christi." Wir Alten haben ihn oft von unseren Eltern gehört, und er ist gut, wie auch immer er in richtiger Anwendung verstanden wird.

Die Betrachtung der Passion Christi hat drei Teile, 1. einen pädagogischen, 2. einen spirituellen, 3. einen exemplarischen. Die pädagogische Schriftbetrachtung ist das Kennenlernen, die Lektüre und das Studium der historischen Darstellung, wie man Männer, Jugendliche und Knaben Geschichte lehren und an die Lehre erinnern muss. Deshalb hält die Kirche am Brauch fest, die historische Darstellung vorzulesen. Es muss Zeiten geben, in denen vordringlich und in größerem Umfang Geschichte behandelt und den noch ziemlich Unkundigen eingeschärft wird, damit das Gedächtnis an die Geschichte bewahrt wird; denn ihr dürft nicht denken, ihr könntet es immer behalten, wenn ihr etwas ein- oder zweimal gehört habt. So ist es nicht, sondern man muss dasselbe immer wiederholen.

Diese pädagogische Betrachtung hat sehr vielfältigen Nutzen. Man muss den Text lesen und die Propheten vergleichen, wie sie das Leiden Christi vorausgesagt haben. Man muss den Menschen die allgemeine Lehre des Katechismus ans Herz legen, dass die Juden über den Messias andere Vorstellungen haben als die Propheten über ihn sagen, wie die Juden bis heute die phantastische Vorstellung haben: Der Messias wird kommen und uns nach Palästina zurückbringen. Er wird ein politisches Reich errichten, in dem der Sitz seines Reiches ist, und er wird die unterworfenen Provinzen an die Juden verteilen. Dagegen folgen wir in der Kirche der Lehre der Propheten und Apostel. Wir wissen, dass Gottes Sohn gesandt wurde, um Opfer zu werden, wie der Herr die Jünger belehrt, die nach Emmaus gingen, die ebenfalls jene Vorstellung von der politischen Herrschaft und von der Aufteilung der Provinzen hatten.

Jede Lesung ist eine solche pädagogische Betrachtung, wie wir auch jetzt das 53. Kapitel des Jesaja lesen, damit es allen völlig vertraut ist und damit die Jugendlichen in jenem Text die Grammatik bedenken. Dieses Kapitel ist auch ein bezeichnendes Zeugnis gegen die Juden. Auch das gehört zur pädagogischen Betrachtung; ich habe nämlich auch persönlich einem Juden dieses Kapitel vorgelegt, dass der Messias leiden werde; denn die Juden können leichter zur Anerkennung des Evangeliums gebracht werden, wenn diese Tatsache bewiesen wird, und dass der Herr derjenige ist, den wir Christus nennen.

Die Juden können nicht bestreiten, dass der Messias während des vierten Weltreiches hat kommen sollen. Dieses Weltreich aber ist das römische, das bereits vergangen ist. Ebenso wissen sie genau, dass er kommen werde, solange ein israelitisches Gemeinwesen besteht. Aber das liegt schon mehr als 1500 Jahre in Geröll und Asche. Sie denken, es sei unmöglich, dass es einen Gott gebe, der, wie wir lernen, stirbt, und dass der ein Erlöser sei, der im Menschengeschlecht so große Notlagen, Unglücksfälle und Zersplitterungen zulässt. Diese phantastische Einbildung beherrscht ihr behextes Denken.

Man könnte sie mit vielen Stellen widerlegen, aber vor allem mit diesem Text und mit der Stelle bei Sacharja,[3] um nicht von anderen zu reden, dass der Messias leiden müsse.

Auch Daniel sagt: „Der Messias wird getötet werden."[4] Dieses Wort hat er diesem Kapitel entnommen; denn Daniel war zweifellos ein gewissenhafter Leser des Jesaja.

Als ich jenen Juden aus diesem Kapitel widerlegte, schloss er sein Buch. Er hatte nämlich die hebräische Bibel dabei. Ich erkannte, dass er den Text richtig las, und als er seine Bemerkungen dazu machte, sagte ich: „Die Bemerkungen stehen im Widerspruch zum Text, weil Jesaja von einem Mann spricht, der sein Leben für andere dahingeben wird, der auch die Sünde trägt und hinwegnimmt. Im Text stehen nämlich zwei Verben, zuerst Sünden tragen, dann Sünden hinwegnehmen. Christus trägt die Sünden, wenn er selbst leidet und stirbt, wenn er Blut schwitzt und den Zorn Gottes gegen sich spürt, d. h. die Strafe auf sich nimmt.

Aber er nimmt die Sünden hinweg, wenn er einem, der glaubt, die Sünden vergibt. Das heißt Sünden hinwegnehmen, einem, der durch seinen Namen glaubt, die Vergebung der Sünden gewähren. Dieser Mann, von dem in diesem Kapitel gesprochen wird, wird die Sünde und den Tod abschaffen. In diesem Kapitel wird also vom Messias gesprochen."

Als ich ihn ganz eindeutig widerlegt hatte, schloss er voller Zorn sein Buch, und weil er mir nichts weiter entgegensetzen konnte, sagte er: „Es ist unmöglich, dass ihr das Volk Gottes seid, weil ihr das Gesetz nicht haltet." – „Wie", sagte ich, „hältst du das Gesetz mehr als ich?" – „Weil ihr nicht den Sabbat haltet", erwiderte er, als ob den Sabbat zu halten bedeute, das ganze Gesetz zu halten. So glauben sie, das Volk Gottes zu sein, weil sie einen Teil des Gesetzes haben. Aber sie halten nicht den gesetzlichen oder zeremoniellen Sabbat, weil sie keinen Tempel haben, keine Opfertiere haben und nicht opfern können. Außerdem ist das Halten des Gesetzes etwas anderes als irgendeine äußerliche Beobachtung der Zeremonien. „Kein Mensch wird nach den Werken des Gesetzes gerechtfertigt."[5] Ebenso sagt David: „Kein Lebender wird vor deinem Angesicht gerechtfertigt."[6] Sie halten also das Gesetz nicht und sind in doppelter Weise blind, weil sie Christus nicht anerkennen und weil sie sich einbilden, sie seien das Volk Gottes, „weil sie das Gesetz halten".

Ich sage dieses deshalb, damit ihr dieses Kapitel bereitwilliger lest und es sorgfältiger durchdenkt. Aber ebendieses gehört auch zur pädagogischen Betrachtung der Passion und zur Lehrverkündigung.

Die zweite Art der Betrachtung ist die spirituelle: Sie besteht darin, in der Erkenntnis des Zornes Gottes gegen die Sünden wirklich zu erschrecken und sich so zugleich mit Christus in den Tod kreuzigen und begraben zu lassen. Denn der Zorn und die Sünde müssen ein so großes Übel sein, dass sie so und nicht anders hätten beseitigt werden können. Aber es muss auch der wahre Trost hinzukommen. Wir brauchen nicht im Tod zu bleiben, sondern sollen zugleich mit der Wirksamkeit auferweckt werden, mit der Christus auferweckt worden ist. Diese Wirksamkeit tritt ein, wenn wir im Glauben wieder lebendig gemacht werden, wie es hier heißt: „Die Erkenntnis meines gerechten Knechtes wird vielen Gerechtigkeit schaffen."[7]

Darin besteht die spirituelle Betrachtung. Man muss von jener ersten pädagogischen her zu ihr gelangen. Es ist gewiss erforderlich, zuerst die historische Darstellung zu kennen, dann sollen die Einsichtigen über die Ursachen, über Gottes Zorn gegen die Sünde und über die Tröstung nachdenken. Es ist unnötig, weit hergeholte Spekulationen heranzuziehen, sondern wir sollen uns bewusst sein, dass sich diese Betrachtung in den echten Übungen der Umkehr bewegt, von denen Paulus sagt: „Wir sind mitgepflanzt oder auf ihn gepflanzt"[8], d. h. sind ihm wie Pflänzchen eingepfropft. So wird die Kirche erwählt, die Sünde gerichtet und neues Leben durch den Sohn Gottes und um seinetwillen geschaffen.

Ihr erlebt, dass es im ganzen Menschengeschlecht viel Unglück, schreckliches Unglück gibt. Und selbst wenn das ganze Leben friedlich wäre, ist doch der Tod eine schreckliche Vernichtung. Alle diese Übel sind Zeugnisse und Zeichen von Gottes Zorn gegen die Sünde; denn sie sind Strafen für die Sünden. Aber es gibt kein deutlicheres Zeugnis für die Größe von Gottes Zorn gegen die Sünde, als dass der Sohn Gottes leidet.

Man darf aber nicht nur an dieses eine denken, sondern sollte beides im Auge haben: die Größe von Gottes Zorn und die Größe seiner göttlichen Güte. Gott erschuf die Menschen so, dass er uns die Güter gab, die in ihm selbst sind. Das ist ein Zeichen großer Liebe, dass der ewige Vater dem Menschen das Licht gab, das ihn und sein Gesetz erkennt, dass er ihm die Gerechtigkeit schenkte, die mit ihm gleichförmig war. Nach dem Gesetz waren wir gerecht. Wen Gott erschuf, erschuf er nach seinem Bild, und er erschuf ihn deshalb so, weil er ihn liebte. Ähnliches liebt einander.

Aber wir haben diese Ebenbildlichkeit verloren. Da tritt der Sohn für uns ein, und es ergeht der Befehl, dass er nach Annahme der menschlichen Natur Schuldopfer und Opferlamm wird, von dem hier im Text gesprochen wird, welcher aus unserer Herde genommen werden sollte, wie es in der Anweisung zum Passafest heißt.

Nachdem wir durch den Sohn erlöst worden sind, wird außerdem der Heilige Geist in unsere Herzen gegeben. Was können der Vater und der Sohn Größeres geben, als den Heiligen Geist, der mit ihnen gleichen Wesens ist, in unsere Herzen zu gießen, die Gottesliebe zu entzünden und eine Gerechtigkeit von der Art, wie jene, zu der wir erschaffen wurden, und wie sie in der ganzen Ewigkeit vollendet sein wird? Dieser Geist ist der Verbinder unseres Herzens mit Gott und die Freude, die in Gott Ruhe findet.

Das sind Zeugnisse einer unermesslich großen Liebe und Güte, die wir erwägen müssen, auch wenn wir sie nicht gänzlich erfassen; denn diejenigen, die nicht nachdenken, haben keine Gefühlsregung. Wo Gefühlsregung ist, ist auch Nachdenken. „Es gibt kein Verlangen nach dem, was man nicht kennt."[9] Wenn du willst, dass dein Gefühl geweckt wird, muss ihm das Nachdenken vorausgehen. „Der Glaube kommt vom Hören, aber das Hören durch Gottes Wort."[10]

Stenckfelds[11] Wahnvorstellungen, die die Schriftbetrachtung und das Nachdenken über das Wort ausschließen, sind scheußlich und verabscheuenswert. Wir machen mit dem Nachdenken Gewinn. „Alles, was geschrieben ist, ist zu unserer Belehrung vorgeschrieben."[12] Man muss also lernen, und deshalb lernen, damit wir durch die Tröstung der Schriften Hoffnung auf das ewige Leben haben. Das Zitat sagt, dass die Schrift zur Unterweisung nützlich ist. Es wird also die Entsprechung verlangt, nämlich das Nachdenken des Lernenden, damit man von dort zur Tröstung übergeht. Stenckfeld bildet sich ein, was er nicht sieht, wie Paulus sagt. Er träumt davon, dass der Heilige Geist unmittelbar ohne Schöpfung gegeben werde. Man brauche das Wort also nicht, sondern man solle warten, bis man von einem gewaltigen Sog mitgerissen wird. Es gab in der Kirche zu allen Zeiten Enthusiasten und Phantasten. Wir erkennen an, dass wir nur Kinder sind. „Aus dem Munde von Kindern und Säuglingen hast du dir dein Lob bereitet."[13] Milch bedeutet das geschriebene oder gesprochene Wort, das wir lesen, bedenken, hören. Mit jener Milch müssen wir ernährt werden. Wer das nicht tun will, verachtet Gott, der sich in seiner unermesslichen Güte durch die Schrift offenbart. Gott gefiel es, allen, die glauben, das Heil durch eine einfältige Lobpreisung zu schenken. Die dritte Betrachtung ist die exemplarische. Wir sollen dem Bild des Gottessohnes ähnlich werden. Wir sehnen uns nach einer Kirche, in der wir selbst herrschen können, in der wir mit unserer Würde Geltung besitzen, in der wir mit Reichtum, Ruhm, Macht und allen anderen Glücksgütern ausgezeichnet sind. Nach einer solchen Kirche sehnen wir uns alle, auch die Juden sehnten sich, sehnen sich und sinnen noch nach einer solchen. Wir aber wollen daran denken, dass die Kirche dem Kreuz unterworfen ist, weil ihr Haupt leidet.

Weiterhin wollen wir in Anfeindungen, besonders bei denen, die wir wegen unseres Bekenntnisses zu ertragen haben, auf dieses Beispiel Christi achten. Ihr wisst ja, dass unter den Loci der Tröstungen auch der Locus überliefert wird, den man Beispiel nennt.[14]

Ihr seht, dass alle Heiligen von Beginn an einen Teil der Leiden Christi gekostet haben. Wie groß war der Schmerz bei Adam, als er über seinen Fall, über seine Sünde nachdachte, wie er in jenen 900 Jahren viele Denkanstöße erlebte. Als er die Ermordung Abels und vieler anderer sah, dachte er: „Das sind deine Sünden." Danach richtete er sich wieder durch die Verheißungen auf. Zugleich unterwarf er sich dennoch Gott. Petrus sagt: „Erniedrigt euch unter der mächtigen Hand Gottes!"[15] Nämlich der zum Niederdrücken und Strafen und wiederum zum Aufrichten und Lebendigmachen „mächtigen Hand".

Als David das Wort des Propheten Nathan hörte, erschrak er und empfand Schmerz. Er hörte danach die Tröstung: „Der Herr hat von dir die Sünde genommen."[16] Da erfuhr er eine spirituelle Betrachtung des Leidens des kommenden Messias. Darauf ließ er sich auf eine exemplarische Betrachtung ein, als er in der Verbannung geduldig verharrte, als er die Verbannung so auf sich nahm, dass er auf den Gedanken kam, er müsse Gott gehorchen und dürfe wegen seines Schmerzes nichts gegen Gott tun, wie es Cato und Judas taten. Jene achten nicht auf das Beispiel Christi.

Diese drei Teile der Betrachtung des Leidens Christi muss man miteinander verbinden; denn einige Ungebildete lehrten, Christus sei nur gesandt worden und habe nur gelitten, damit er ein perfektes Beispiel der Tugend war, damit an ihm die Geduld aufleuchtete. Das ist wahr, aber nicht ausreichend. Man muss als einen weiteren, wichtigeren Grund nennen, dass sein Gehorsam für uns das Lösegeld war und dass wir, mit seinem Gehorsam beschenkt, für gerechtfertigt angesehen werden, wie es heißt: „Wegen des Gehorsams eines einzigen werden viele gerecht gemacht."[17] Das sind wichtigere Gründe und im folgenden Kapitel wird vor allem von ihnen gesprochen.

Auslegung von Jesaja 53

Ihr wisst, dass dieses Kapitel des Jesaja in der Kirche immer vorgelesen und deswegen wiederholt worden ist, weil es ein ausdrückliches und bezeichnendes Zeugnis für das Leiden des Messias ist. Ihr seht z. B. in der Apostelgeschichte, dass dieses Kapitel von jenem Ausländer gelesen wurde, der auf seinem Wagen saß, zu dessen Taufe Philippus gesandt worden war.[18] Und auch in den üblichen gemeinsamen Gesprächen mit den Juden gibt es keine andere Quelle und Stelle, mit der sie so überzeugt werden können. Deshalb muss man dieses Stück vor allem um der Lehre willen kennenlernen, darauf zu dem Zweck, dass es der Tröstung eines jeden dient. Denn man muss die Lehre darauf einrichten, echte Empfindungen zu erregen, die im Geist und im Herzen entfacht werden sollten, immer wenn man über das Leiden des Gottessohnes nachdenkt.

Wir wollen aber das Kapitel in folgende Aspekte einteilen.

Der erste Aspekt soll die historische Darstellung sein; denn dieser Text bezeugt klar, dass der Messias leiden wird, ja sogar getötet werden soll, und zwar von seinem eigenen Volk. Gott hat das Leiden seines Sohnes in vielen Zeichen angedeutet, wie in der Schlachtung der Opfertiere. Aber er wollte es auch in seinen prophetischen Reden zum Ausdruck bringen, wie es gerade in diesem Kapitel des Jesaja dargestellt ist.

So ist es auch bei Daniel ausgedrückt. Daniel sagt eindeutig: „Der Messias wird getötet werden."[19] Auch Sacharja sagt: „Auch wirst du um des Blutes deines Bundes willen deine Gefangenen aus der Grube freilassen, in der kein Wasser ist."[20] Diese Stellen bezeugen klar, dass diese Lehre vom Leiden und vom Tod des Messias auch damals in der Gemeinde bekannt war. Es ist auch bei Sacharja völlig zutreffend gesagt: „Um des Blutes deines Bundes willen", d. h. du wirst ein Testament machen, das du mit deinem Blut besiegelst; du wirst sterben und dieser Tod wird das Lösegeld sein, um dessentwillen den Erwählten das Leben wiedergegeben werden wird. „Du wirst die Gefangenen aus der Grube freilassen", d. h. aus dem Tod und der Unterwelt.

In der alten Zeit fasste man sich kurz. Man überlieferte die größten Dinge in kurzen Aphorismen und Sentenzen. Darauf sollten sie sorgfältig bedacht, betrachtet und geprüft werden. Dass es sich um Aussagen handelt, die sehr großes Gewicht und große Bedeutung haben, erkennt man nämlich am ehesten erst dann, wenn man das Gewicht der Worte erwägt. Dieser Aspekt ist das Fundament des ganzen Gebäudes. Man muss zuerst die Geschichte kennen.

Der zweite Aspekt ist die Zweckursache des Leidens, nämlich dass es für uns geschieht: „Er selbst trug unsere Schmerzen", sagt er und schärft dies oft ein und wiederholt es, um deutlich zu machen, dass es auch von uns oft wiederholt und sorgfältig bedacht werden soll. Denn wenn wir auch Kinder sind und die Größe und Tiefe des Entschlusses nicht begreifen, weshalb Gott das Menschengeschlecht auf diese Weise erlösen wollte, so möchte Gott dennoch, dass wir uns in unserer Kindhaftigkeit und Schwachheit die Anfänge dieser Lehre aneignen.

Der dritte Aspekt ist die Zuwendung der Gnadentat, die in den Worten überliefert wird: „Durch seine Erkenntnis wird er den Vielen Gerechtigkeit schaffen." Ihr jungen Leute, lernt Grammatik! Die Juden haben den Sinn des Satzes auf vielfältige Weise schändlich entstellt. Unsere Version liest folgendermaßen: „Er wird mit seiner Erkenntnis Gerechtigkeit schaffen." Das haben einige so erklärt: Dieser wird mit seiner Kenntnis, d. h. mit dem Gesetz, viele gerecht machen, d. h. er wird viele unterweisen, wie Moses viele unterwies, die sich später gehorsam mit eigener Gewissenhaftigkeit besserten. So erklärten sie dieses Wort nicht in Bezug auf den Glauben und die Gerechtigkeit, sondern in Bezug auf die Lehre. Aber auf diese Weise verdarben sie die ganze Stelle; denn die Worte des Propheten meinen Folgendes: Christus wird viele durch seine Erkenntnis gerecht machen, d. h. wenn er erkannt werden wird, oder wenn die Menschen ihn im Glauben anschauen und erkennen werden, dass der Messias auch das Opfer für die Sünde ist. Das Wort „Erkenntnis" meint nicht „Lehre", sondern bezeichnet passiv das Erkanntwerden Christi. Auch wird nicht gesagt: „Er wird lehren", sondern „Er wird Gerechtigkeit schaffen", d. h. er wird gerecht und bei Gott willkommen machen. Ihr sollt darüber nachdenken, wie andere den Text entstellt haben, damit ihr Textverderbnisse vermeiden könnt.

Der vierte Aspekt ist die Predigt der universalen Umkehr, wenn er sagt: „Wir gingen alle in die Irre wie Schafe." Er klagt das ganze Menschengeschlecht an. Wir haben jeder einzeln grässliche Sünden.

Der fünfte Aspekt ist die universale Verheißung; „Er bat für alle", wie Paulus sagt: „Er schloss alle unter der Sünde ein, um sich aller zu erbarmen."[21] Dieser universale Gedanke wird hier oft wiederholt, einmal in der Predigt zur Umkehr: „Jeder ging für sich seinen Weg", darauf bei der Verheißung: „Und der Herr warf unser aller Sünde auf ihn."

Der sechste Aspekt bezieht sich auf das Priestertum Christi: „Er wird sein Leben zur Sünde machen", wie es im Hebräischen steht oder wie andere übersetzen: „zum Schuldopfer".

Der siebente Aspekt betrifft die Auferstehung und die Herrschaft, z. B. wenn er sagt: „Er wurde von Heimsuchung und Strafe befreit"; ebenso: „Wer wird seine Nachkommen beschreiben?"

Der achte Aspekt betrifft die Strafen für die Gottlosen und die Verfolger. „Er wird die Beute der Mächtigen teilen." Überall verbindet er im Text die Passion und die Auferstehung, wie: „Er wurde vom Land der Lebenden abgeschnitten", d. h. er wurde getötet. Ihr müsst die Wortbedeutungen prüfen. Aber er fügt dennoch hinzu: „Er wurde von seiner Angst befreit." Das wird von der Auferstehung gesagt. Später verbindet er wieder: „Er wird wie die

Gottlosen begraben werden und wie die Reichen sterben", d. h. er wird wirklich sterben und wie die Verbrecher sterben: „Obwohl in seinem Munde kein trügerisches Wort war." Ebenso: „Er wird sein Leben dahingeben", er wird sterben, und er fügt trotzdem hinzu: „Er wird langjährige Nachkommenschaft sehen."

Diese Aussagen, die gegensätzlich sind und einander widerstreiten, können nur durch die Auferstehung gelöst werden. Der Text sagt zugleich, dass er sterben und auferstehen werde. Die gottlosen Juden, die nicht an die Auferstehung glaubten, konnten diese Widersprüche nicht zum Ausgleich bringen. Deshalb übten sie nur Kritik, wie sie es bis jetzt noch tun.

Ich disputierte mit einem Juden über ebendieses Kapitel. Er hatte ein Buch vor sich, die Hebräische Bibel, ich ebenfalls. Als wir in der Erörterung vorangeschritten waren und er erkannte, dass seine Lösungen nichts ausrichteten, schloss er zornig sein Buch und sagte unmutig: „Ich will über dieses Kapitel keine Erörterungen anstellen." Und er warf mir vor: „Es ist unmöglich, dass ihr das Volk Gottes seid, weil ihr nicht das Gesetz haltet." Ich antwortete: „Wie haltet ihr das Gesetz mehr als wir?", und ich erkannte, was er wollte. Jener erwiderte: „Ich spreche nicht vom Tun des Gesetzes, sondern ihr lehrt gegen das Gesetz, wenn ihr sagt, der Sabbat brauche nicht gehalten werden." Seht, was für eine Wortklauberei das ist! Ich halte folgendermaßen dagegen:

Überall verkündet das Gesetz, nichts dürfe hinzugefügt, weggenommen und geändert werden.

Wir nehmen etwas weg.

Also sind wir nicht das Volk Gottes, weil wir lehren, jener Abschnitt über den Sabbat sei abgeschafft.

Ich antworte. Christus selbst löst den Fehlschluss auf: „Der Sohn des Menschen ist auch der Herr über den Sabbat."[22] Der Messias steht über Moses. Er ist Priester, nicht nach der Ordnung Levis, sondern nach der Ordnung Melchisedechs. Der Priester steht über dem Gesetz, über dem levitischen Priestertum. Gott hat uns im Gesetz, d. h. im 5. Buch Mose geboten, auf jenen Messias nach Moses zu hören, wie auf einen, der eine andere Lehre als das Gesetz bringt. Jeremias hat eine klarere Lösung gegeben:[23] „Siehe, ich werde ein anderes Gesetz in ihre Herzen legen, nicht nach dem Bund, den ich mit ihren Vätern geschlossen habe." Die ganze Schrift ist in sich stimmig. Das göttliche Wort gibt uns die Lösung, wenn es sagt: „Dies ist mein geliebter Sohn, hört auf ihn!"[24] Ihr solltet mit derartigen Sprüchen ausgerüstet sein; denn es ist offensichtlich etwas Absurdes, das ganze Gesetz aus dem Dekalog heraus aufheben zu wollen.

Aber das göttliche Wort löst das Problem ganz eindeutig und gebietet, auf den Messias zu hören. Es sagt, dass sein Priestertum höher ist als das levitische. Christus hat mit den Juden häufig über den Sabbat disputiert. Bei Johannes werden viele seiner Streitgespräche mit den Juden über dieses Problem beschrieben. Betrachtet auch die übrigen Worte dieses Kapitels, die sich auf die Historie beziehen. Wir wollen sie auch wieder bei der Lesung des Textes in Erinnerung bringen, bei dem wir auch nebenbei die übrigen Aspekte, die wir vorher genannt haben, zur Sprache bringen wollen.

Kurze Erklärung der einzelnen Teile dieses Kapitels

Ihr seht, dass der Prophet mit einer Bewunderung beginnt: „Wer glaubt dem, was uns verkündet wurde?", d. h. unserer Predigt. Die Hebräer drücken sich so aus: „Wem wurde der Arm des Herrn offenbart?", d. h. wer kann diese so wunderbaren Dinge begreifen? Es bedeutet, dass viele widersprechen werden. „Er schoss auf vor ihm wie ein Reis und wie eine Wurzel aus dürrem Erdreich." Er verwendet die Ähnlichkeit mit einem Zweig oder mit einer Pflanze, die auf trockenem Boden steht.

„Da war keine Gestalt noch Hoheit. Wir sahen ihn, aber da war keine Gestalt, die uns gefallen hätte. Er war der Allerverachtetste und Unwerteste, voller Schmerzen und Krankheit. Er war so verachtet, dass man das Angesicht vor ihm verbarg; darum haben wir ihn für nichts geachtet." Das bezieht sich alles auf das Historische, es meint: Wir Juden haben ihn nicht geachtet, wir haben ihn verachtet, wir waren seine Verfolger. Er spricht nämlich von seinem Volk. „Fürwahr, er trug unsere Krankheit und lud auf sich unsere Schmerzen." Das ist die Zweckursache, jenes Leiden und jene

Strafe wurde dem Messias, dem Sohn Gottes, um unsertwillen auferlegt. „Wir aber hielten ihn für den, der geplagt und von Gott geschlagen", d. h. für verabscheuenswert, „und gemartert wäre." Dies ist eine Steigerung der Zweckursache.

Ich frage dich: Was ist für einen tatkräftigen Mann, wie Miltiades oder Kimon, der verbannt worden war, der größte Trost?

Meine Antwort: ein gutes Gewissen, das den Schmerz stark mildert. Ihr wisst, dass ein Teil des Menschen das Herz ist, ein anderer ist der der Muskeln. Auch das Fleisch ist ein weiterer Teil im übrigen Körper. Die Zerfleischung fügt den Muskeln Schmerz zu. Aber der Schmerz des Herzens ist viel größer, wie ich euch oft die Wiener Geschichte von dem Räuber erzählt habe, der in dem Haus, in dem er gedient hatte, den Vater, die ganze Familie, zwei Mägde und ein kleines Mädchen tötete. Dieses hatte zu ihm gesagt: „Ach, töte mich nicht, ich will dir alle meine Puppen schenken." Dennoch tötete er sie und raubte das Geld. Bedenkt, was das für ein Verbrechen ist! Er hätte das Geld mitnehmen können, ohne dass ihn das Mädchen daran gehindert hätte. Dennoch ermordete er es, in seiner Verblendung vom Teufel getrieben, so wie über Judas geschrieben steht: „Der Teufel fuhr in ihn ein."[25] Wenn der Mensch von Gott verlassen wird, dringt der Teufel ein und treibt ihn dann. Dieses großes Übel sollt ihr bedenken und mit inbrünstigen und beständigen Bitten dafür beten, dass uns der Sohn Gottes nicht verlässt, sondern uns vor dem Feind behütet, wie er selbst sagt: „Niemand wird sie aus meiner Hand reißen."[26] Als der Einbrecher später am Spieß hing, rief er, alle körperlichen Schmerzen seien geringer als jene, die er empfinde, wenn er an die Ermordung des Mädchens denke, das sagte: „Töte mich nicht, ich will dir alle meine Puppen schenken".

Hier heißt es: „ Wir sahen ihn von Gott gemartert"; ebenso: „Er wird unsere Sünden gegen ihn anstürmen lassen." Er hat sie auf ihn gestoßen. Dies sind sehr pathetische Worte, heftige große Worte. Bei Christus ist es etwas anderes, Schmerzen wegen der Zerfleischung des Leibes zu spüren, als den Zorn Gottes auszuhalten. Der tapfere, großherzige, an Tugend alle Menschen überragende, auch von Natur aus widerstandsfähige Christus entsetzte sich vor den Foltern des Leibes und seiner Zerfleischung nicht so, dass er Blut schwitzte. Es war etwas Größeres, was er spürte. Er spürte den Zorn Gottes gegen die Sünde. Diesen Zorn könnte kein Geschöpf aushalten. Ich sage z. B. oft: Wenn der Mensch ein Tröpfchen von Gottes Zorn spürte, würde er vergehen, wenn nicht Gott die Strafen milderte. Ein gutes Gewissen ist ein großer Trost: „Nicht gering ist's, zu sein frei von Lasten der Schuld."

Leidet das Gewissen des Gottessohnes? Leidet sein Herz?

Ja. Nicht das Bewusstsein seiner Schuld, sondern weil auf ihn unsere Sünde und unsere Last übertragen ist. Er liegt hingestreckt und hält den Zorn aus, als ob er deine und meine Sünden selbst begangen hätte. Das ist etwas Unbegreifliches. Der Zorn ist auf ihn abgeleitet, als ob er sich selbst entsetzlich entweiht hätte. Wie groß das ist, kann kein Geschöpf zum Ausdruck bringen.

Im Psalm schreit Gottes Sohn: „Gott, mein Gott, warum hast du mich verlassen?"[27] Diese Worte übersteigen jedes Verstehen. Auch wenn man einen gewissen Schattenriss erkennen kann, ist es dennoch unmöglich, ihre Größe zu begreifen. Er selbst spürt, was es heißt: „Gott ließ gegen ihn unsere Sünden anstürmen." Weil sie ihn aber am Kreuz hängen sehen, glauben sie, er sei von Gott verflucht, wie das Gesetz sagt: „Verflucht ist jeder, der am Kreuz hängt."[28] Das Gesetz sagt dies deshalb, damit man versteht, dass der Sohn Gottes die Verfluchung des Menschengeschlechts auf sich nimmt.

Aber er selbst „ist um unsrer Missetat willen verwundet und um unsrer Sünde willen zerschlagen". Mit diesen Worten wird die Zweckursache wiederholt. „Die Strafe liegt auf ihm, auf dass wir Frieden hätten", d. h. er selbst wurde gezüchtigt, damit wir Frieden haben, „und durch seine Wunden sind wir geheilt." Die Zweckursache wird oft wiederholt, damit wir wissen, dass der Messias für das Menschengeschlecht leidet. Über die Zuwendung wird der Text später unterrichten.

Davor stellt er noch die Predigt zur Umkehr: „Wir gingen alle in die Irre wie Schafe, ein jeglicher sah auf seinen Weg", d. h. wir sind alle der Sünde unterworfen. Diese Gleichstellung müsst ihr genau im Gedächtnis behalten, einmal um das sorglose Sicherheitsdenken bei vielen anzuklagen, zum anderen wiederum, um die Schwachen und sich Ängstigenden zu trösten. Wenn wir Schmerzen leiden, denkt jeder Einzelne von uns: Wenn ich dieses oder jenes nicht getan hätte, könnte ich mein Vertrauen auf die Barmherzigkeit Gottes setzen. Aber wir müssen wissen, dass wir alle angeklagt sind. Dagegen müssen wir aber auch den folgenden Trost halten: „Die Gnade überbietet die Sünde"[29]. Das Reich Christi ist mächtiger als die Herrschaft der Sünde und des Widersachers. „Wir gingen alle in die Irre", sagt der Prophet.

Wir wollen also lernen, Buße zu tun und anzuerkennen, dass wir schuldig sind. Wir dürfen nicht in sorgloser Sicherheit und in jener Leichtfertigkeit leben, als ob die Sünde nichts sei. Wir erleben doch, dass sich so schreckliche Strafen über das Menschengeschlecht hin ausbreiten.

Aber das jugendliche Alter lässt sich noch nicht von öffentlichen Katastrophen erschüttern. Es spürt noch keine privaten Bedrängnisse und die Sorge für andere bewegt nur geringfügig das Bewusstsein der jungen Leute. Die Jugend denkt, es stehe mit ihr bestens, wenn sie nur ihrer eigenen Neigung nachgeht, wenn sie ihren freien Mut hat. Pindar sagt auch: „Das eigene Unglück, der eigene Schaden, die eigene Situation bedrückt, aber man kümmert sich nicht um das fremde."[30] Meistens lebt man auf diese Art, bis man Vater wird und Kinder bekommt. Dann zwingt ihn seine Situation, sich für andere zu ängstigen, obgleich die Kinder für ihn nicht andere sind. Sie sind mein Fleisch und Blut usw. Die natürliche Zuneigung liebt die Kinder wie einen Teil der eigenen Natur.

Die Älteren lassen sich mehr als die Jungen von der Sorge um das allgemeine Wohl für andere bestimmen. Dennoch solltet auch ihr euch von der Wahrnehmung der öffentlichen Notlagen treffen lassen und an Gottes Zorn denken. Denn Gott will, dass die Notlagen Erinnerungen an seinen Zorn sind. „Wir gingen alle in die

Irre." Jeder geht auf andere Weise in die Irre, mit anderen Ansichten, anderen Vergehen und anderen Verblendungen.

Ihr seht, wie groß die Entzweiung im ganzen Menschengeschlecht ist. Die Menschen sollten mit einem einzigen Haupt verbunden sein, nämlich mit Gott; und sie sollten unter diesem einen Haupt miteinander verbunden sein. Wir sollten eines Sinnes, einer Regung und einer Meinung über Gott sein. Die Empfindungen sollten ähnlich sein. Wir sollten die größte Liebe zu Gott und zum Nächsten haben. Jeder sollte in seinem Stand bleiben. Aber „jeder irrte auf seinem eignen Weg". Alle irren sie auf andere Weise ab, mit ihren Meinungen, Gefühlen und Verbrechen. Diese totale Trennung, schreckliche Unordnung und Verirrung beschreibt und schildert der Prophet in sehr kurzen Worten.

Er fügt aber gleich eine Tröstung an: „Aber der Herr warf unser aller Sünde auf ihn." Im Hebräischen heißt es: „Er ließ die Sünden von uns allen gegen ihn anstürmen", d. h. er hat für alle gelitten, auch wenn nicht alle diese Gnadentat annehmen wollen. Sie selbst sind also schuld, wenn sie unmittelbar darauf zu Grunde gehen.

Der Prophet kommt wieder zur geschichtlichen Darstellung zurück: „Er wurde geopfert, weil er selbst es wollte." Auch wenn dieses Wort ein Geheimnis enthält, das unerklärlich ist: „Er selbst wollte es", wurde Gottes Sohn nach dem geheimen Ratschluss der Gottheit, des Vaters, des Sohnes und des Heiligen Geistes für uns zum Fürsprecher. Er selbst erniedrigte sich vor seinem Vater, um ihn zu versöhnen und zu erreichen, dass das Menschengeschlecht angenommen und nicht zu ewigen Strafen und Leiden verworfen werde. Diese Bedeutung liegt in dem Wort „Er war willig".

Der Sohn Gottes wurde in seiner unermesslichen Liebe zum Menschengeschlecht aus eigenem Antrieb Fürsprecher. Wie groß diese Liebe ist, werden wir in der ganzen Ewigkeit mit eigenen Augen schauen. In unserem jetzigen Leben können wir es nicht begreifen. Aber der Glaube muss den Grund zur Lehre legen. Lasst uns also an jene unermessliche Liebe im Sohn denken und ihm Dank sagen, dass er für uns zum Opfer werden wollte.

Unser beständiges Gebet soll das folgende sein: Einziger, allmächtiger und ewiger Vater unseres Herrn Jesus Christus, Schöpfer zusammen mit dem Sohn und dem Heiligen Geist, wir sagen dir Dank, dass du dich uns offenbart hast, dass du deinen Sohn gesandt hast, dass du dich im Sohn gezeigt hast, dass du den Sohn Opfer, Mittler und Fürsprecher sein lassen wolltest. Wir sagen auch dir, Jesus Christus, Dank, dass du den Zorn auf dich abgelenkt hast und dass du in unermesslicher Liebe für uns eingetreten bist. Auch dieses ist in dem Wort „weil er selbst wollte" enthalten. Das Leiden geschah also nicht zufällig, geschah nicht gegen seinen Willen. Tyrannen hätten ihn nicht gegen seinen Willen verschleppen können. Aber jenes Frühere ist viel größer, dass er aus eigenem Antrieb zum Fürsprecher wurde.

Diese Worte schließen nicht nur die Gewalt von Tyrannen aus, sondern bezeichnen auch seine unermessliche Liebe, dass er im Rat der Gottheit für uns zum Fürsprecher für das Menschengeschlecht wurde und dass er sich selbst in den Untergang, in den Tod und in ewige Strafen stürzte. Gott hätte gerechterweise das ganze Menschengeschlecht vernichten können, aber der Sohn schaltet sich ein, beschwichtigt und mildert den Zorn des Vaters und lenkt die Strafe auf sich. Das schließen wir auch ein, wenn wir sagen, der Sohn tritt in das Allerheiligste, d. h. in den Rat des ewigen Vaters, er ist Vermittler und opfert sich selbst. Es ist etwas sehr Großes, sich zu opfern.

Es folgt wiederum etwas über die Geschichte: „Er wird seinen Mund nicht auftun wie ein Lamm, das zur Schlachtbank geführt werden wird, und wie ein Schaf, das verstummt vor seinem Scherer und seinen Mund nicht auftut." Dann verbindet er damit den Satz von der Auferstehung: „Er ist aber aus Angst und Gericht genommen", d. h. er wird dem Tod entrissen: Also wird er auferstehen. Das ist ein Zeugnis von der Auferstehung. In unserem Text wird hinzugefügt: „Wer aber kann sein Geschick ermessen"?, d. h. die Jahrhunderte? Er sagt nämlich, er werde später in ewigen Zeiten leben. „Denn er ist aus dem Lande der Lebendigen weggerissen", d. h. getötet. Dies ist ein deutliches Zeugnis vom Tod des Messias.

„Wegen der Missetat meines Volkes habe ich ihn geplagt." Hier wird wiederum ein Grund angegeben. Es ist aber wieder eine

Schmerzempfindung, wenn er sagt: „Er plagte ihn." Eine Folterung oder Zerfleischung ist für einen starken Mann erträglich. Viele hochherzige Heiden waren leidensfähig. Auch Mägde opferten sich für ihre Herrinnen, wie es in einer Geschichte aus Syrakus steht: Sie boten ihren Nacken zum Schlag an, um ihre Herrinnen nicht zu verraten. Es kann eine Verachtung des Schmerzes sein oder, wenn das Gewissen rein ist, kann der Schmerz der Körperzerfleischung sicherlich durch Seelenstärke einigermaßen unterdrückt werden. Jene Freude des Gewissens und die sittliche Würde der Tugend können den körperlichen Schmerz unterdrücken. Aber wenn das Herz Schmerz empfindet, wenn es Gottes Zorn spürt, wenn Gott selbst verwundet, wie es hier heißt, wenn das Herz mit der Wahrnehmung von Gottes Zorn ringt, dann ist das in der Tat grässlich und entsetzlich.

„Er wird die Gottlosen anstelle des Grabes geben, und den Reichen anstelle des Todes." Andere übersetzen: „Er wird mit den Gottlosen begraben werden", d. h. wie der Gottlose begraben wird, wie es sich tatsächlich in der Passion erfüllt hat; denn zusammen mit ihm wurden Verbrecher gekreuzigt. Auch diese Kreuzigung der Verbrecher ist ein Typus für etwas.

Die beiden Verbrecher bedeuten die ganze Menschheit. Der gottlose Verbrecher bedeutet den gottlosen Teil, der gottesfürchtige den frommen Teil, der umkehrt. Es werden die beiden verschiedenen Teile des Menschengeschlechtes bezeichnet. Beide Teile hängen dort; denn die ganze Menschheit ist dem Tod unterworfen und preisgegeben. Gottes Sohn hängt dort mit den Gottlosen. Er stirbt wie andere Menschen. Wir alle hängen dort, aber es gibt einen Unterschied: Der eine Teil der Menschheit lacht ein sardonisches Lachen,[31] aber der andere Teil tadelt den gottlosen Verbrecher. Wie sich aber dieser Verbrecher bekehrt, so sollen auch wir uns bekehren. Er bringt selbst keine eigenen Verdienste zu Christus, sondern erkennt an, dass dieser der Messias ist. In ihm leuchtet ein großes Licht auf, als er ihn hängen und sterben sieht. Dennoch glaubt er fest, dass Christus der Messias ist, der sogar nach seinem Tod das Reich erhalten wird. Deshalb sagt er zu ihm: „Herr, denke an mich, wenn du in dein Reich gekommen bist!"

Er bittet ihn um die Vergebung der Sünden und um das ewige Leben. Er steht am Anfang des Glaubens und hört die Lossprechung: „Heute wirst du mit mir im Paradies sein."

Gibt es bei ihm gute Werke?

Ja. Schon als er umkehrt, sind in ihm gute Werke. Die Bußfertigkeit selbst ist ein gutes Werk, die Anrufung und der Glaube sind wirklich gute Werke. Ebenso unterwirft er sich Gottes Willen in der Bestrafung. Diese Geduld ist ein gutes Werk. Ein gutes Werk ist auch das Bekenntnis, das deutlich sagt, jener Christus werde zu Unrecht mit dem Tode bestraft. Auch das Sündenbekenntnis ist ein gutes Werk.

Immer wenn Umkehr stattfindet, gibt es beim Menschen viele gute Werke, werden viele Tugenden geweckt. Jener Verbrecher sollte uns immer vor Augen stehen; denn er ist ein klares Beispiel für die Lehre von der unverdienten Vergebung der Sünden. Auch wir werden nicht anders gerettet als jener Verbrecher. Johannes der Täufer wurde ebenfalls nicht anders gerettet als jener Verbrecher; denn er bat den Sohn Gottes selbst um die unverdiente Vergebung der Sünden. Er erkennt an, dass er der Messias ist, und weiß, dass auch er zu denen gehört, von denen es heißt: „Wir sind alle in die Irre gegangen." Aber ich komme zu den Worten des Propheten zurück: „Mit den Gottlosen wird er bestattet werden und sterben wie die Reichen." Die Reichen sind hier diejenigen, die sonst Tyrannen genannt werden.

„Er tat kein Unrecht und kein Betrug war in seinem Munde." Diesen Satz drückt Paulus folgendermaßen aus: „Er machte den, der keine Sünde kannte, für uns zur Sünde."[32] An der ersten Stelle bedeutet Sünde die Grundlage, d. h. die Verfehlungen und Vergehen, sie wird für Mängel, schlechte Eigenschaften und Taten gebraucht. „Er kannte nicht die Sünde" ist nach hebräischem Sprachgebrauch für „er wollte nicht" gesagt, d. h. ihn, dessen Wille ohne irgendeine Sünde, ohne jeglichen Makel, Fehler, ohne irgendein Verbrechen war, den „machte er" also „zur Sünde", d. h. zum Opfer für die Sünde. Der Ausdruck wird, wie wir in der

Dialektik sagen, als festumrissener Begriff aufgefasst: „Er machte zur Sünde" bedeutet „er machte etwas schuldig". Paulus hat den Ausdruck aus ebendiesem Text des Jesaja genommen, wo es heißt: „Gott wollte ihn mit Krankheit zerschlagen" und: „Er hat sein Leben als Opfer für die Sünde gegeben."

Im Menschengeschlecht sollte ein Unschuldiger die Strafe auf sich nehmen, dessen Bestrafung für andere gelten sollte. Weil er nämlich selbst unschuldig ist, ist seine Bestrafung deshalb für andere wirksam. Es wäre kein Sühneopfer, wenn er nicht unschuldig wäre. Die Bestrafung eines Unschuldigen ist für andere wirksam. Es sollte aber auch Gott sein, damit das Lösegeld gleichwertig war, damit er auch in das Allerheiligste eintreten konnte, damit er der Mittler sein konnte; denn die Engel sehen nicht ins Herz des ewigen Vaters, sondern sehen nur so viel, wie ihnen gezeigt wird. Er selbst sieht ins ganze Herz des ewigen Vaters. Ebenso sollte der Mittler eine Natur haben, die den Tod besiegt. Auch sollte er der Behüter der Kirche sein.

Bedenkt auch wiederum, wie groß diese Leidenserfahrung ist: „Gott wollte ihn zerschlagen." Das ist das schwerste Leiden, Gottes Zorn auf sich zu nehmen, nicht nur äußere körperliche Zerfleischungen.

Was im lateinischen Text so lautet: „Er wird sein Leben für die Sünde geben", heißt in den griechischen Texten „wegen der Sünde". Immer wenn die Sünde genannt wird, wird etwas bezeichnet, was Gott verworfen hat, worüber er zürnt.

Es gibt sehr abscheuliche Wörter, über die hinaus man nichts Abscheulicheres sagen kann: das letzte Gericht Gottes und die Sünde; die ewigen Strafen und die ewige Verdammung. Dagegen kann man nichts Erfreulicheres, nichts Herrlicheres nennen als das Leben und die ewige Freude, die Weisheit und die uns geschenkte ewige Gerechtigkeit. Wenn also gesagt wird: „Er machte den Sohn zum Opfer für die Sünde", bedeutet dies, dass es das Abscheulichste ist. Aber der Zorn wurde auf ihn abgelenkt, „damit wir Gottes Gerechtigkeit in ihm würden"[33]. Er wollte damit noch mehr sagen: Du bist die Gerechtigkeit Gottes, nicht nur in ihm gerecht, wie wenn ich sagte: „Cicero ist die Beredsamkeit", was mehr ist als: „Cicero ist beredt". Wir sind aber Gottes Gerechtigkeit in ihm, und zwar in gewissen Abstufungen: einmal durch Anrechnung bei Gott, sodann im Anfangsstadium in uns selbst noch in diesem Leben, zuletzt in Vollendung im ewigen Leben.

Auch Jesaja enthält diese Abstufungen. „Er bekleidete mich mit dem Kleid der Gerechtigkeit usw." Das bedeutet, er bekleidet mich zuerst mit der angerechneten Gerechtigkeit; danach lässt er in uns noch in unserem Leben die neue Gerechtigkeit beginnen; schließlich wird er uns in der ganzen Ewigkeit die vollendete Gerechtigkeit anlegen.

„Er wird eine langjährige Nachkommenschaft sehen." Das zielt wiederum auf die Auferstehung. „Des Herren Plan wird durch seine Hand gelingen." Was Gott will, wird durch ihn zum glücklichen Ende kommen. Er spricht von der Erlösung und der Errettung des Menschengeschlechtes. Der Widersacher wird ihn nicht hindern können: Das versteht man auch bei den Worten Christi: „Niemand wird sie aus meiner Hand reißen." Dies ist zur Verachtung des Widersachers angeführt: „Es ist dem Teufel zu trotz gesetzt." „Des Herren Plan wird durch seine Hand gelingen." Die Befreiung des Menschengeschlechtes und die Sammlung der Kirche ereignen sich durch Christus erfolgreich, auch wenn sich die irdischen Reiche entsetzlich empören, wenn zuletzt der Widersacher und seine Genossen wüten. „Es muss alles Christus weichen."

„Weil seine Seele sich abgemüht hat, wird er das Licht schauen und die Fülle haben." Es ist eine Wiederholung der Passion und der Auferstehung. Nun fügt er etwas über die Zuwendung und den Glauben an. „Er selbst trug ihre Sünden", und später heißt es wieder: „Er hat selbst die Sünden der Vielen getragen." Diese beiden Worte sind verschieden. Das eine meint „tragen", das andere „wegnehmen, entfernen". Christus tut beides. Er trägt, d. h. er nimmt die Last auf sich, und er entfernt oder überträgt sie von uns auf sich. Bei Johannes ist es mit einem einzigen Wort ausgesprochen: „Siehe das Lamm Gottes, das aufhebt", d. h. trägt und beseitigt „die Sünden der Welt". Aber im Hebräischen haben die Wörter verschiedene Bedeutung.

„Durch seine Erkenntnis wird er, mein Knecht, der Gerechte, den Vielen Gerechtigkeit schaffen." Er spricht eindeutig von der Rechtfertigung und der Art und Weise, wie wir gerechtfertigt werden. Die Zuwendung dieser Gnadentat geschieht im Glauben. Dasselbe sagt Paulus: „Wir werden unverdient durch sein Blut im Glauben gerechtfertigt."[34]

„Erkenntnis" ist hier der Glaube, der ihn anerkennt. Er wird den Vielen durch seine Erkenntnis Gerechtigkeit schaffen. Er selbst ist die Wirkursache. Es reicht nicht aus, die historische Darstellung zu kennen, sondern man muss wissen, dass die Gnadentaten durch Glauben zugewendet werden. Man muss die Zuwendung kennen, weil wir ohne jeden Zweifel die Vergebung der Sünden empfangen, wenn wir glauben, dass uns um des Sohnes Gottes willen die Gnadentaten gratis gewährt werden. Und die Vergebung muss unverdient sein, damit der Glaube oder der Gnadenerweis gewiss ist.

„Darum will ich ihm die Vielen zur Beute geben und er wird die Rüstungen der Starken verteilen." Er wird aus dem Menschengeschlecht die Kirche erwählen, die Gottlosen bestrafen und die Glaubenden bewahren. „Dafür, dass er sein Leben in den Tod gegeben hat und den Übeltätern gleichgerechnet wird." Die Passion Christi ist das Fundament der Erwählung der Kirche.

„Er hat für die Übeltäter gebeten." Das ist die Aufgabe des Priesters. Es gibt drei Aufgaben des Priesters: das Evangelium verkünden, für andere bitten und für andere opfern. Diese Lehre ist in seinen Predigten überliefert. Seine Fürsprache für uns findet unaufhörlich statt. Er begann selbst für die Kirche Fürbitte einzulegen, gleich nach Adams Sündenfall, und er bittet für uns bis zum Letzten Gericht. Er sprach vor seinem Todesleiden sein Gebet mit ausdrucksstarken Worten, die bei Johannes stehen und über die wir unlängst geredet haben. Und weil er für uns Fürsprecher ist, hat er die Zusage von Gott, dass er erhört wird. Wir wollen fest daran glauben, dass seine Fürbitte nicht wirkungslos ist. Im Vertrauen auf diese seine Fürbitte wollen wir zu Gott treten und unsere Bitten und Klagen mit seinen verbinden. Dagegen wird argumentiert:

Christus sagt: „Nicht ich werde den Vater für euch bitten."[35]
Also bittet nicht er selbst.

Meine Antwort: Dieses Wort muss man in ausschließendem
Sinn verstehen, d. h.: „Nicht ich allein werde beten." Er will
unserem Zweifel und unserer Ratlosigkeit vorbeugen. Weil wir
ängstlich werden, wenn wir unsere Unreinheit, unsere großen und
schlimmen Sünden und unsere Fehltritte erkennen, wagen wir
nicht, hinzutreten und zu bitten. Aber wenn wir vor ihm fliehen
und ängstlich weglaufen, holt er selbst uns zurück und will, dass
wir beten. Ich sage nicht, dass ich es allein tun, nämlich allein
bitten werde, sondern ich will, dass auch ihr betet, d. h. ihr seid
furchtsam, ängstlich, flüchtig, aber ich bete, und zwar so, dass ich
möchte, dass auch ihr betet.

Es ist eine Kritik an denen, die flüchten und nicht vor ihn
treten wollen, obwohl es geboten ist, dass wir mit Vertrauen vor
ihn treten, wie Paulus sagt: „Da wir einen solchen Priester haben,
wollen wir mit Vertrauen zum Thron der Gnade treten."[36] Gottes
Sohn betet selbst unablässig, aber er will nicht allein beten. Er
will, dass auch wir herantreten, er will, dass wir uns durch wahren
Glauben aufrecht halten, dass wir Hilfe erwarten und nicht daran
zweifeln, im aufrichtigen Glauben angenommen zu werden.

Lest, betrachtet und bedenkt dies sorgfältig und vergleicht die
Aussagen der Schrift! Ihr werdet sehen, wie große Tröstungen in
Aussicht gestellt sind. Ihr sollt aber auch wissen, dass verlangt
wird, dass die Menschen nicht in barbarischer Missachtung Gottes leichtfertig handeln: Denn eine Anrufung ist unmöglich, wenn
der Geist allem Nachdenken über Gott abgeneigt ist.

Eingehendere Erklärung der geistlichen Schriftbetrachtung, veranschaulicht an Beispielen, aber besonders durch die Auslegung der Perikope vom bekehrten Verbrecher.

Eine geistliche Schriftbetrachtung hat zwei Aspekte, zum einen
Schrecken und Ängste, zum anderen Trösten und Lebendigmachen.
Zuerst kommen in jener geistlichen Meditation die Abtötung oder
die Buße oder die Ängste. Dies alles ist ein und dasselbe. Wieso? Im

ganzen Menschengeschlecht sind alle schlimmen Ereignisse Zeichen von Gottes Zorn gegen die Sünde. Der Tod und viele andere Unglücksfälle, Krankheiten, Armut, Verbannung, öffentliche Notlagen, Verwüstungen und Zerstreuungen des Menschengeschlechts, die gewiss sehr betrüblich und groß sind.

Ihr jungen Leute habt noch keine Erfahrung, und dennoch ist es notwendig, dass ihr nach Möglichkeit immer Erfahrungen macht. „Durch seine Verwundungen hat der Soldat gelernt, Angst zu haben", sagt der Dichter. Wir Älteren haben mehr Erfahrung. Wir nehmen das Elend stärker wahr, die Jüngeren haben noch keine großen Schmerzempfindungen. Deshalb ist diese Altersstufe noch fröhlicher und ängstigt sich in Unglücksfällen weniger.

Die Philosophie kann die Ursachen nicht ergründen, warum das Menschengeschlecht, jene überaus vorzügliche Schöpfung, so großen Drangsalen ausgesetzt ist. Aber das göttliche Wort offenbart sie: Es sagt, dass die Sünde, der Ungehorsam gegenüber Gott und jene entsetzliche Zerstörung der menschlichen Natur Ursache für die Strafen sind. Die Größe von Gottes Zorn kann man aber nirgendwo so erkennen wie darin, dass Gottes Sohn am Kreuz hängt. Der Zorn gegen die Sünde muss bei jener äußerst gerechten göttlichen Wesenheit groß und gewaltig sein, wenn der Zorn gegen die Sünde auf keine andere Weise beschwichtigt werden kann als durch die Sühneleistung des Sohnes.

Das ist etwas sehr Großes, und man kann die Größe nicht begreifen. Wir wollen aber Gott bitten, in unseren Herzen echte Zustimmung zu wecken und unsere Herzen zu lenken. Diese Weisheit ist so unermesslich groß, dass nicht einmal die Weite des Himmels, nicht der Geist der Engel, nicht der Geist der Menschen sie ohne göttliche Offenbarung und Leitung, ohne dass Gott darauf hinweist und die Herzen umstimmt, fassen kann. In diesem Ereignis, das das größte aller Ereignisse ist, nehmen wir Gottes Zorn wahr. Da Gott nicht wollte, dass sein Zorn durch irgendetwas anderes besänftigt werde als dadurch, dass er auf seinen Sohn abgelenkt wurde, muss sein Zorn groß und gewaltig sein. Das sollte man in Betracht ziehen.

Wie wir aber an diesem Beispiel Gottes Zorn erkennen lernen, so lernen wir daran ebenso den Trost, nämlich jene unermessliche Liebe beim ewigen Vater, bei seinem Sohn und beim Heiligen Geist, kennen. So groß ist Gottes Güte, so groß seine Barmherzigkeit, so groß seine Liebe, dass er uns nicht zu Grunde gehen lassen wollte. Sondern er sandte seinen Sohn und leistete dazu den Schwur, er wolle uns um seines Sohnes willen annehmen: „Der Herr hat geschworen, und nie wird's ihn reuen. Du bist Priester auf ewig nach der Ordnung Melchisedeks."[37]

Uns werden aber die Gnaden des Sohnes geschenkt, wenn wir in unserer Betrübnis durch den Glauben aufgerichtet werden und glauben, dass wir um des Sohnes willen angenommen werden, dass dieser Sohn Heiland und Erlöser ist, der uns seine Gerechtigkeit durch Anrechnung schenkt und danach in uns die Gerechtigkeit und das ewige Leben schafft. Beides wird erst nach unserem Leben vollendet werden.

Diese inneren Regungen, diese Empfindungen im Herzen, die Ängste und die Tröstung durch den Glauben bilden die geistliche Meditation. Alle Heiligen haben sich die Heilsgeschichte so angeeignet und sie so meditiert.

Als Abraham seinen Sohn opferte, erkannte er, dass der Messias ein Sühneopfer sein werde: Er erkannte richtig, dass seine Opfergabe der Typus und das Bild einer anderen Opfergabe war. Später spürte er, dass er nicht nur um jenes Herrn willen von Gott in Gnade angenommen wurde, sondern auch durch denselben Herrn lebendig gemacht wurde. So spürte auch Adam, dass er lebendig gemacht wurde, als er das Wort hörte: „Der Nachkomme der Frau wird den Kopf der Schlange zertreten."[38] Darin besteht jene geistliche Meditation.

Aber stellt euch den Verbrecher am Kreuz vor Augen! Es ist ein sehr deutliches und vortreffliches Bild.

Dort hängen zwei Verbrecher, und Christus zwischen ihnen, d. h. das ganze Menschengeschlecht hängt in derselben Weise, befindet sich in derselben Weise in Nöten, in Drangsalen, im Tod und in schrecklichen Übeln. Alle hängen sie: Du und ich hängen dort, wir sind für den Tod bestimmt. Ebenso sind wir mit anderen großen Nöten belastet: Es hängt aber dort zugleich Christus, der ebenfalls für den Tod bestimmt ist, aber auf andere Weise als wir, nicht für seine eigene Sünde, sondern um unseretwillen. Und doch hängt er dort, und er hängt so, dass ein Teil des Menschengeschlechts durch ihn gerettet wird, während der andere Teil in seinen Sünden zu Grunde geht.

Der gottlose Verbrecher, einer der Übeltäter, verhöhnte Gott. Der Text gebraucht in einer charakteristischen Absicht das harte und grässliche Wort „lästern". Jenes gottlose Geschlecht, das sich dem Evangelium widersetzt, ist von dieser Art, gegen Gott lästernd und schmähsüchtig, wie jener Verbrecher in der äußersten Notlage und im Vorhof des Todes noch spottet und scherzt. Er zeigt ein sardonisches Lachen. Dieses Sprichwort wird auf diejenigen angewendet, die in ihrem Unglück ausgelassen sind, wie die Freier bei Homer, während sie eine Sonnenfinsternis und Schemen sehen, lachen, bis sie umgebracht werden. Dort sagt Homer: „Sie lachen sardonisch."[39] So lacht jener gottlose Verbrecher ein sardonisches Lachen.

Die Propheten sagen von denen, die sich nicht durch Strafen einschüchtern lassen, „sie hätten eine Stirn aus Erz"[40]; ebenso: „Das Volk bekehrte sich nicht zu dem, der es schlug"[41]; ebenso: „Sie kehrten mir ihre Rücken zu."[42] Die Gottlosen werden bei Bestrafungen noch ausgelassener. Über diese Verblendung sagen die Ärzte: „Wenn der Geist krank ist, ist es ein Unheil", d. h. wenn jemand seine Erkrankung nicht erkennt, „Und er sagt er sey nit kranck, und ist doch kranck": Wir sind beinahe alle so. Ohne Zweifel sehen und erkennen wir nicht die Größe unseres Elends. Es ist wahr, Gott will auch, dass sie teilweise verdeckt ist, weil wir sie nicht ertragen könnten, und wenn wir anfangen, sie in etwa wahrzunehmen, würden wir ihr unterliegen, wenn wir nicht von Gott lebendig gemacht würden. Denn diejenigen, die nicht lebendig gemacht werden, versinken ins Verderben und in Verzweiflung. Das ist also der eine Teil des Menschengeschlechts. Wie jener Verbrecher trotz seiner überaus großen Verbrechen und Foltern fröhlich ist und scherzt, so machen es unzählige andere Leute.

Aber der andere Verbrecher, der sich bekehrt hatte, wies den gottlosen Verbrecher zurecht; denn es muss einige Bekehrte geben. Er sagte: „Nicht einmal du fürchtest Gott? Dich hat doch das gleiche Urteil getroffen", d. h. deine Strafe hätte dich an deine Sünde erinnern sollen, aber du lachst, scherzt und vergnügst dich währenddessen. Du tust nicht recht. Danach fügt er das Bekenntnis hinzu: „Uns geschieht recht, wir erhalten den Lohn für unsere Taten; dieser aber hat nichts Unrechtes getan." Er legt für Christus Zeugnis ab und bekennt seine eigene Sünde. Das sollte sich auch an uns vollziehen. Wer sich bekehrt, sollte seine Sünde bekennen, sei es im Herzen, sei es mit dem Mund. Wo es im Herzen ist, dort drängt es auch in den Mund. Dieses Bekenntnis ist notwendig. Etwas anderes ist es jedoch, über die Aufzählung der Sünden zu sprechen. Das Herz jenes Verbrechers bekehrt sich und bekennt, dass er selbst und der andere zu Recht bestraft werden.

So sollten wir alle im Menschengeschlecht das gerechte Urteil Gottes anerkennen. Es gibt viele derartige Bekenntnisse, z. B. bei Daniel: „Du, Gott, bist im Recht, uns steht die Schamröte im Gesicht usw."[43] „Alles, was du getan hast, Herr, hast du in wahrhaftem Gericht getan"; ebenso: „Du bist gerecht, Herr, und dein Urteil ist richtig."[44] So auch der Kaiser Mauritius, als seine Söhne und seine Tochter vor seinen Augen umgebracht wurden. Er selbst stand stumm und sagte nichts. Als man dann zu seiner Gattin, der Tochter des Kaisers Heraklius, kam, konnte er nicht länger die Größe seines Schmerzes schweigend ertragen. Er sagte: „Du bist gerecht, Herr, und dein Urteil ist richtig." Es war sicherlich ein großes Bekenntnis. In ihm war das einzigartige Licht des Sohnes Gottes, das in einem so großen Unglück Gott die Gerechtigkeit zusprechen konnte. Wir besitzen in unserer Zeit keine so große Tragödie. Und obwohl sich in Konstantinopel viel großes Unheil ereignete, gab es doch kein Beispiel wie dies, dass unter den Augen des berühmten und mächtigen Kaisers, des Herrn des Mörders, seine Söhne, seine Tochter und seine Frau umgebracht wurden. Dennoch murrte er nicht gegen Gott, sondern sagte: „Du bist gerecht, Herr, und dein Urteil ist richtig." Das ist wirklich „ein Sich-Beugen unter die mächtige Hand Gottes"[45], die mächtig ist zum Niederdrücken, mächtig zum Heilen. Unsere Reue und unser Bekenntnis sollten von dieser Art sein.

Ihr seht also den Unterschied zwischen jenen beiden Verbrechern, aber es ist noch nicht über den vollständigen Unterschied gesprochen worden. Nachdem bei dem Verbrecher Betrübnis, Ängste und Zerknirschung eingetreten sind, erkennt er an, dass er zu Recht bestraft wird. Er leidet unter seiner Sünde. Er befindet sich im Zustand der Bestrafung, die ihm ans Herz legt, wie David sagt: „Dass ich gedemütigt wurde, war für mich gut; denn so lernte ich deine Gesetze."[46] In dieser Betrübnis beginnt er schon mit der Buße. Zum zweiten Teil der wahren Umkehr gelangt er, wenn er sagt: „Herr, denke an mich, wenn du in dein Reich kommst." Begreift ihr, was das für ein Wort ist? Jener Verbrecher ist zu einem Apostel geworden. Während die Apostel fliehen oder jedenfalls schweigen und ängstlich zittern, beginnt jener Verbrecher am Kreuz zu predigen. Auf diese Weise gründet Gott immer wieder seine Kirche.

Aber er legt nicht nur ein Bekenntnis oder ein Zeugnis über den Sohn Gottes ab, sondern er wird tatsächlich selbst ein Glied der lebendigen Kirche, er wird geheiligt, neu geschaffen und lebendig gemacht; denn das ist die Stimme des Glaubens. Er erkennt, dass er der Messias ist, und weiß, dass er herrschen wird, obgleich er zunächst stirbt. Stellt euch vor, welches Licht in seinem Herzen leuchtete, als er Christus schon beinahe seinen Geist aushauchen sah und ihn dennoch ansprach und sein Reich erwähnte. Er hat die Einsicht, dass der Herr herrschen wird, um ewige Weisheit, Gerechtigkeit, Licht und ewiges Leben zu schenken. Er weiß, dass noch ein anderes Leben aussteht, er weiß, dass er der Lebensspender und Erlöser ist.

An ihm weist der Heilige Geist auf vieles hin, auch wenn er noch nicht alles in voller Entfaltung weiß. Er selbst lebte in diesem Volk Gottes. Er wusste etwas von der Lehre. An dieser Stelle hat ihn der Heilige Geist gelehrt, dass diesem Herrn ewige Herrschaft zuteil wird. Es ist auch möglich, dass er sich von äußeren Zeichen bewegen ließ: Er hörte das Erdbeben, er sah die Sonnenfinsternis, er wusste vielleicht auch etwas über die früheren Wundertaten.

In diesem Verbrecher habt ihr das Abbild eines Menschen, der sich bekehrt, habt ihr die Lehre, wie wir gerettet werden, habt ihr ein Zeugnis dafür, dass die Kirche in der äußersten Verlassenheit gestiftet wird. Es ist ein sehr gehaltvolles Beispiel.

Nachdem er selbst sein Gebet gesprochen und seinen Glauben in jenen Worten: „Herr, denke an mich, wenn du in dein Reich kommst!" gezeigt hat, hört er dort wiederum das Wort des Evangeliums: „Heute noch wirst du mit mir im Paradies sein", d. h. du wirst mit mir in einem solchen Zustand sein, in dem du dich freust, in dem es Gerechtigkeit und Leben gibt. Er sagt, dass das Leben noch aussteht und dass er sich im Übergang oder auf dem Weg zum Leben befindet und dass er sofort in jener Gerechtigkeit und in jenem Leben sein werde.

Was bedeutet das Wort Paradies?

Es bezeichnet einen schönen Garten. Metaphorisch wird das Wort auf jenen Zustand übertragen, in dem Gerechtigkeit, Weisheit und ein Leben ohne Tod herrschen, wie der ins Paradies versetzte Mensch Weisheit, Gerechtigkeit und Leben gehabt hätte, ein Tempel Gottes gewesen wäre und ohne Tod gelebt hätte. Von daher wird jene Metapher entlehnt: „Heute noch wirst du im Paradies sein." Der Verbrecher hört dieses Wort, dass er in einem solchen Zustand sein werde, nicht in so großem Elend, wie es jetzt ist, sondern in ewiger Gerechtigkeit und in ewigem Leben, das die Güte und den Anblick Gottes genießen wird. So wird das Herz innerlich lebendig gemacht, und jenes neue Leben ist der Beginn des ewigen Lebens. So macht der Herr in seinem Sterben lebendig, so macht er im Tod selbst lebendig.

Gibt es beim Verbrecher gute Werke?

Ja. Welche? Einige sagen, gute Werke sind nicht notwendig, weil der Verbrecher gerettet wurde, ohne gute Werke zu haben. Das ist eine sehr plumpe Rede. Er selbst empfängt die Vergebung der Sünden, wird umsonst mit der Gerechtigkeit und dem ewigen Leben beschenkt. Er wird nicht wegen eigener vorausgehender Werke, da er ja ein Verbrecher war, noch wegen jener Werke, die folgen, mit der Vergebung der Sünden und mit dem ewigen Leben beschenkt. Uns ist dieses Bild vor Augen gestellt, damit wir wissen, dass die Vergebung der Sünden und das ewige Leben um des Gottessohnes willen im Glauben umsonst geschenkt werden. Denn alle müssen das Heil so erlangen, wie dieser Räuber erlöst wurde. Aber nachdem er sich bekehrt hat, finden sich in ihm viele gute Werke und viele Tugenden. Es findet sich Reue, d. h. der Schmerz darüber, dass er gesündigt hat, es findet sich Glaube, der ihn als Herrn anerkennt, den er auch später anruft. Das sind mit Sicherheit gute Werke, weil auch die Tugenden Werke genannt werden.

Ebenso findet sich in ihm Geduld. Er denkt: Ich werde zu Recht bestraft; Gott hat diese Strafen verfügt; er will, dass sie Zeichen seien, die beweisen, dass er selbst gegen die Sünde wirklich zürnt. Das erkennt der Verbrecher und unterwirft sich in seiner Bestrafung dem Willen Gottes. Auch dieser Gehorsam ist eine Tugend, weil die Geduld ein Gehorsam ist, in dem wir Gott die Ehre erweisen, dass wir um seinetwillen leiden wollen, und in dem wir ihn inzwischen darum bitten, selbst die Strafen zu lindern. Gott mildert ohne Zweifel die Leiden derjenigen, die ihn anrufen. Er häuft sie aber, wenn die Menschen fortfahren, eine harte Stirn zu zeigen, wenn sie weiterhin blind wüten und sardonisch lachen wie jener zweite Räuber. So sagt auch Christus: „Ihr alle werdet genauso umkommen, wenn ihr euch nicht bekehrt."[47]

Im Verbrecher beginnt neues Leben. Also beginnen alle Tugenden, weil das neue Leben tatsächlich eben jene neuen Tugenden sind, die neue Weisheit, das neue Licht, die Liebe Gottes, die mit dem Heiligen Geist gleichförmig ist, der diese neuen Tugenden und diese neuen, ihm ähnlichen Regungen hervorruft: Er wirkt, wie er selbst ist. Das Feuer erwärmt, das Wasser netzt. So rufen der ewige Vater und der Sohn, wenn sie den Heiligen Geist in dein Herz einhauchen, derartige Regungen eben durch den Heiligen Geist hervor.

Wie ist der Heilige Geist beschaffen?
Auf welche Weise handelt er?

Er ist weise, er kennt den Vater, den Sohn und sich selbst, er hat Antriebe, wie sie in Gottes Gesetz beschrieben werden, d. h. Antriebe, die mit der Gerechtigkeit Gottes und mit der Norm im göttlichen Geist übereinstimmen. Also sind beim Verbrecher alle Tugenden keimhaft da, wie auch das ewige Leben in ihm keimhaft da ist. Das sind alles gute Werke. Ihr seht sein herausragendes Bekenntnis in der Zurechtweisung des anderen. Ebenso in seinem Gebet: „Herr, denke an mich, wenn du in dein Reich kommst!" So hat er als bereits Bekehrter gute Werke.

Dies ist also die geistliche Schriftbetrachtung der Passion. Wenn wir uns so in wahrer Betrübnis entsetzen, werden wir wieder aufgerichtet und durch wahren Trost gestützt. Wir werden lebendig gemacht, wenn wir ihn als Herrn erkennen, nicht nur wie den Sokrates,[48] nicht wie den leidenden Palamedes,[49] sondern wie den Spender des Lebens, den Besänftiger und den Versöhner, wie Paulus sagt: „Ihn hat Gott dazu bestimmt, Sühne zu leisten mit seinem Blut."[50] Wir wollen uns bewusst sein, dass er selbst uns geschenkt ist, damit uns die Sünde um seinetwillen vergeben wird, damit wir mit seiner Gerechtigkeit beschenkt werden und damit er selbst für uns Lebendig- und Heiligmacher ist.

---

[1] Vgl. CR 5, 560–563 (Nr. 3103). [2] Es gab nur einen Athener mit dem Namen Kinesias, einen Dithyrambendichter, der zur Zeit des Aristophanes lebte. Das ihm von Melanchthon zugeschriebene Verhalten passt eher zum Kyniker Diogenes von Sinope. [3] Sach 12,10. [4] Dan 9,26. [5] Röm 3,27. [6] Ps 143,2. [7] Jes 53,11. [8] Röm 6,5. [9] „Ignoti nulla cupido"; Ovid, Ars amatoria 3, 395. [10] Röm 10,17. [11] Melanchthon meint mit dieser abschätzigen Bezeichnung, die schon Luther gebrauchte, den schlesischen Adligen Kaspar von Schwenckfeld, der wegen seiner Lehre, Christus wohne den Gläubigen auch ohne Sakrament inne, von ihnen bekämpft wurde. [12] Röm 15,4. [13] Ps 8,3. [14] Loci praecipui theologici; MSA 2, II, 677 f.: De calamitatibus et de cruce et de veris consolationibus, locus quintus der Tröstungen. [15] 1Petr 5,6. [16] 2Sam 12,13. [17] Röm 5,19. [18] Apg 8,26–40. [19] Dan 9,26. [20] Sach 9,11. [21] Röm 11,22. [22] Mt 12,8. [23] Jer 31,32 f. [24] Mk 9,7. [25] Joh 13,27. [26] Joh 10,28. [27] Ps 22,2. [28] Dtn 21,23. [29] Röm 5,20.

[30] Pindar, Nemea 1, 53.   [31] Vgl. Homer, Odyssee 20, 301 f.; wahrscheinlich von Sardonia herba (besonders auf Sardinien verbreiteter Hahnenfuß), einer giftigen Pflanze, deren Genuss zu krampfartigem Lachen führt, das auch den Todeskampf begleitet.   [32] 2Kor 5,21.   [33] 2Kor 5,21.   [34] Röm 5,9.   [35] Joh 16,26.   [36] Hebr 4,16.   [37] Ps 110,4.   [38] Gen 3,15.   [39] Siehe Anm. 31.   [40] Ez 3,7.   [41] Jes 9,12.   [42] Jer 2,27.   [43] Dan 9,7.   [44] Ps 51,6.   [45] 1Petr 5,6.   [46] Ps 119,71.   [47] Lk 13,3.   [48] Sokrates wurde unschuldig wegen Gottlosigkeit und verderblichen Einflusses auf die Jugend angeklagt und zum Tode verurteilt.   [49] Palamedes hatte Odysseus entlarvt, als er sich durch Vortäuschung von Wahnsinn der Teilnahme am Trojanischen Krieg zu entziehen versuchte. Später beschuldigte ihn Odysseus aus Rache des Landesverrats. Dieser Intrige fiel er zum Opfer. Die ungerechte Verurteilung des Palamedes galt als Beispiel eines Justizmordes.   [50] Röm 3,25.

Rede bei der Bestattung
des ehrwürdigen Mannes D. Martin Luther

Oratio in funere reverendi viri D. Martini Lutheri, 1546

Bei der Bestattung Martin Luthers in der Wittenberger Schlosskirche am 22. Februar 1546 predigte zunächst Johannes Bugenhagen über 1 Thess 4,13 f. Danach hielt Melanchthon die lateinische Leichenrede. Diese antike und frühchristliche Tradition war durch den Humanismus neu belebt worden. Melanchthon berücksichtigt die üblichen Gestaltungselemente der Rhetorik, konzentriert sich aber vorwiegend darauf, Luthers Bedeutung für die Kirche zu würdigen. Er ordnet ihn in die Reihe der wichtigen Zeugen für Gottes Botschaft ein. So war es ihm möglich, auch Luthers Grenzen respektvoll zur Sprache zu bringen. Schon von Zeitgenossen ist dieser Versuch missdeutet worden. Später hat er immer wieder Anlass zu weitreichenden Deutungen des schwierigen Verhältnisses Melanchthons zu Luther gegeben. Melanchthons Gebrauch der Rhetorik wurde dabei häufig übersehen.

Nach einer Woche lag die lateinische Rede in einem Wittenberger Druck vor. In Magdeburg, Lübeck und Marburg wurde sie bald nachgedruckt. Eine deutsche Übersetzung des Nürnberger Predigers Johannes Funck erschien kurz darauf. Sie wurde in Augsburg und Straßburg nachgedruckt. Der Straßburger Prediger Kaspar Hedio fertigte ebenfalls eine Übersetzung an und fügte sie in seine deutsche Ausgabe der Papstgeschichte des italienischen Humanisten Bartolomeo Piatina ein.

Unter den Gelehrten war es damals üblich, Reden für andere zu entwerfen oder Reden anderer zu überarbeiten. Von der zweiten Möglichkeit machte Melanchthons vertrauter Freund, der Leipziger Professor Joachim Camerarius, Gebrauch. Seine überarbeitete längere Fassung der Leichenrede erschien nach einem Monat in Leipzig und wurde in Wittenberg und Frankfurt am Main nachgedruckt. In dieser Form fand sie Aufnahme in die wissenschaftliche Melanchthonausgabe. Caspar Cruciger hat diese Fassung ins Deutsche übertragen. Er hat ihr die Form einer Trost- und Erbauungsschrift für breitere Kreise gegeben. In Crucigers Übertragung, von der es auch eine niederdeutsche Ausgabe von 1546 gibt, ist Melanchthons Leichenrede auf Luther bis in unsere Zeit bekannt geblieben. Unsere Wiedergabe hält sich an die Überarbeitung von Camerarius.

Übersetzungsgrundlage: Oratio in funere reverendi viri D. Martini Lutheri, … Lipsiae 1546; abgedruckt in HuWR, 214–219.

Meine Stimme wird zwar bei dieser allgemeinen Trauer durch Schmerz und Tränen gehemmt, dennoch ist es meine Aufgabe, zu dieser zahlreichen Gemeinde zu sprechen. Ich will allerdings keine Lobrede halten, wie das bei den Griechen und Römern üblich war. Vielmehr will ich die hier Versammelten an die wunderbare Leitung genauso wie an die Gefährdung der Kirche erinnern. Wir können dann nämlich bedenken,[1] was uns ängstigt, wonach wir uns vor allen Dingen sehnen und nach welchen Beispielen wir unser Leben ausrichten sollen. Die weltlich eingestellten Menschen sind der Ansicht, in dem großen Durcheinander des Lebens gehe alles blindlings und durch Zufall vor sich. Wir aber wollen die Kirche nicht dem Urteil der weltlich gesinnten Menge unterstellen. Bestätigt durch viele klare Zeugnisse Gottes wollen wir daran festhalten, dass die Kirche wirklich von Gott geleitet und bewahrt wird. So wollen wir ihre Leitung recht verstehen, die wahren Wagenlenker erkennen und auf ihr Wettrennen[2] genau achthaben. Wir wollen fähige Leiter und Lehrer wählen, denen wir dann auch gottesfürchtig nachfolgen und mit Ehrerbietung begegnen.

An so bedeutende Dinge denken wir, und von ihnen ist zu reden, so oft der ehrwürdige Mann, Dr. Martin Luther, unser hochgeliebter Vater und Lehrer, erwähnt wird. Viele weltlich eingestellte Menschen haben ihn aufs Bitterste gehasst. Wir wissen jedoch, dass er ein von Gott berufener Diener des Evangeliums gewesen ist. Wir lieben ihn und erkennen ihn an. Die Zeugnisse wollen wir sammeln, die belegen, dass seine Lehre nicht aus aufrührerischen Gedanken besteht, die im blinden Drang verbreitet worden sind. Dieser Meinung sind die gottlosen Leute. Wir möchten darlegen, dass seine Lehre vielmehr den Willen und die wahre Verehrung Gottes aufzeigt, dass sie die Heilige Schrift auslegt und das Wort Gottes, das Evangelium Jesu Christi, verkündigt.[3]

In den Reden, die aus solchem Anlass gehalten werden, pflegt man bekanntlich viel von den persönlichen Vorzügen derer zu sagen, denen die Lobrede gilt. Ich will dennoch diesen Teil der Rede beiseite lassen und nur von der Hauptsache sprechen, von Luthers kirchlichem Amt. Wohlgesinnte werden nämlich immer zu folgendem Ergebnis gelangen: Hat Luther die rettende und notwendige Lehre in der Kirche wieder zur Klarheit gebracht, so müssen wir Gott danken, dass er ihn erweckt hat. Luthers Mühen, sein Glaube, seine Standhaftigkeit und seine weiteren Begabungen sind zu rühmen. Mit anderen Worten, die Erinnerung an ihn sollte allen Wohlgesinnten teuer sein.

Das sei nun der Beginn unserer Rede: Wie Paulus sagt, sitzt Gottes Sohn zur Rechten des ewigen Vaters und spendet den Menschen Gaben,[4] die Botschaft des Evangeliums und den Heiligen Geist. Damit er diese Gaben austeilen kann, erweckt er Propheten, Apostel, Lehrer und Hirten. Und er nimmt diese aus unserer Gruppe, nämlich aus den Reihen derer, die lesen, hören, die die prophetischen und apostolischen Schriften lieben. Er beruft nicht nur diejenigen zu diesem Waffendienst, die ein ordnungsgemäßes Amt innehaben. Gegen sie zieht er oft sogar durch die Lehrer in den Streit, die er aus anderen Ständen ausgewählt hat. Wir erhalten einen durchaus angenehmen und nützlichen Anblick, wenn wir die Kirche aller Jahrhunderte betrachten und die Güte Gottes wahrnehmen. Wir sehen dann, dass Gott immer wieder die gnadenreichen Lehrer in so organischer Abfolge gesandt hat, dass sich der Vergleich mit einer Schlachtreihe aufdrängt: Wenn die Vorderen gefallen sind, nehmen andere sofort ihren Platz ein.

Die Reihe der biblischen Erzväter ist bekannt: Adam, Seth, Enoch, Methusalem, Noah, Sem. Als Sem noch lebte und in der Nachbarschaft der Leute von Sodom wohnte, als die Heiden die Lehre Noahs und Sems schon vergessen hatten und allenthalben Götzen verehrten, wurde Abraham erweckt. Er sollte für Sem ein Schicksalsgenosse sein und sich an dem außerordentlichen Werk, die wahre Lehre zu verbreiten, beteiligen. Dem Abraham folgten Isaak, Jakob und Joseph, der in ganz Ägypten das Licht der wahren Lehre anzündete. Ägypten war damals das blühendste Reich der ganzen Welt. Dann folgten Moses, Josua, Samuel, David, Elia, Elisa, den Jesaja hörte. Den Jesaja hörte Jeremia, diesen wiederum

Daniel, den Daniel hörte Sacharja. Darauf folgten Esra und Onias. Nach diesen beiden kamen die Makkabäer. Danach Simeon, Zacharias, der Täufer, Christus, die Apostel. Es ist erfreulich, diese ununterbrochene Abfolge anzuschauen, die ein glänzendes Zeugnis für die Gegenwart Gottes in der Kirche ist.

Nach den Aposteln folgt eine Schar von Männern, die schwächer sind. Sie sind dennoch mit den Zeugnissen Gottes ausgestattet: Polykarp, Irenäus, Gregor von Neucäsarea, Basilius, Augustin, Prosper, Maximus, Hugo, Bernhard, Tauler und weitere. Obgleich nun dieses letzte Zeitalter unansehnlicher ist, hat Gott dennoch immer einige Reste bewahrt. Es ist auch am Tage, dass das Licht des Evangeliums durch die Stimme Luthers wieder strahlender angezündet worden ist.

Luther ist deshalb jener großartigen Schar ganz vorzüglicher Männer zuzurechnen, die Gott gesandt hat, dass sie die Kirche sammeln und erbauen. Diese Männer halten wir für die außerordentliche Blüte des menschlichen Geschlechts. Solon, Themisthokles, Scipio, Augustus und Ähnliche, die große Reiche gründeten oder regierten, mögen tatsächlich große Männer gewesen sein. Sie stehen dennoch weit zurück hinter unseren Führern, Jesaja, Johannes dem Täufer, Paulus, Augustin, Luther. Diese wirklichen Unterschiede sind in der Kirche zu berücksichtigen.

Was für große und wahre Dinge sind denn von Luther zu Tage gefördert worden, die zeigen, dass sein Lebenslauf eine Lobrede verdient? Viele schreien doch, dass die Kirche verwirrt sei und dass unlösbare Streitigkeiten verbreitet worden sind. Denen entgegne ich: Mit der Kirche ist es folgendermaßen bestellt: Wenn der Heilige Geist die Welt anklagt, entstehen Streitigkeiten, weil die Gottlosen Widerstand leisten. Die Schuld liegt bei denen, die den Sohn Gottes nicht hören wollen, von dem der himmlische Vater gesagt hat: „Den sollt ihr hören."[5]

Luther hat die wahre und notwendige Lehre wieder an den Tag gebracht. Es steht doch fest, dass bei der Lehre von der Buße die dichteste Finsternis herrschte. Luther brachte diese zum Verschwinden. Er hat damit gezeigt, was die wahre Buße und wo der Hafen ist. Dem, der über den Zorn Gottes nachdenkt und erschrocken ist, hat er den festen Trost für die Seele aufgewiesen. Er hat die Lehre des Paulus erklärt, die besagt, dass der Mensch durch den Glauben gerechtfertigt wird. Den Unterschied zwischen Gesetz und Evangelium, zwischen der geistlichen und weltlichen Gerechtigkeit hat er aufgezeigt. Er hat auch gelehrt, wie Gott wahrhaftig angerufen werden kann. Die ganze Kirche hat er von der heidnischen Verblendung zurückgerufen. Sie bildet sich nämlich ein, man könne Gott selbst dann anrufen, wenn die Gemüter von gelehrten Zweifeln geplagt werden und vor Gott fliehen. Luther hat dagegen bestimmt, dass man Gott im Glauben und mit gutem Gewissen anrufen muss. Zu dem einzigen Mittler, dem Sohn Gottes, der zur Rechten des ewigen Vaters sitzt und für uns bittet,[6] hat er uns geführt, nicht etwa zu Götzenbildern und toten Menschen. Es geschieht ja tatsächlich, dass gottlose Menschen in schrecklicher Verblendung Götzenbilder und Tote anrufen.

Er hat auch andere rechte Dienste aufgezeigt, die Gott wohlgefällig sind. Die weltliche Ordnung hat er hervorgehoben und befestigt. So ist sie noch von keinem durch Veröffentlichungen hervorgehoben und befestigt worden. Schließlich hat er aus den notwendigen Werken die kindischen religiösen Handlungen ausgeschieden. Diese von Menschen eingeführten Zeremonien, Gebräuche und Gesetze behindern ja die rechte Anrufung Gottes. Damit aber die klare himmlische Lehre den Nachkommen weitergegeben werden kann, hat er die Schriften der Propheten und Apostel so verständlich ins Deutsche übersetzt, dass diese Übersetzung allein schon dem Leser mehr Licht bringt als die meisten Kommentare.

Viele Auslegungen fügte er den vorhandenen auch selbst hinzu. Erasmus war der Meinung, sie überträfen alle anderen.[7] Und wenn von denen, die Jerusalem wieder aufgebaut haben, berichtet wird, sie hätten mit der einen Hand gebaut und in der anderen das Schwert gehalten,[8] so gilt das auch von Luther. Er hat mit den Feinden der wahren Lehre gestritten und zugleich Auslegungen der biblischen Schriften verfasst, in denen er die göttliche Lehre darstellte. Außerdem hat er durch geistliche Ratschläge den Gewissen vieler Menschen geholfen. Luthers Lehre überragt großenteils die üblichen menschlichen Maßstäbe, die Lehre von der Vergebung der Sünden und vom Glauben beispielsweise. Deshalb muss man zugeben, dass er durch Gott gelehrt ist. Viele von uns haben seine Kämpfe gesehen, in denen er gelernt hat, in dem Glauben fest zu stehen, dass uns Gott annimmt und erhört.

Gläubige Menschen werden von daher in alle Ewigkeit die Wohltaten preisen, die Gott der Kirche durch Luther erwiesen hat. Zuerst werden sie Gott danken. Dann werden sie öffentlich bezeugen, dass sie selbst dem Wirken dieses Mannes viel verdanken. Sie lassen sich nicht durch gottlose Menschen, die die ganze Kirche verspotten und den so glücklichen neuen Anfang als nutzloses Spiel oder Wahn ansehen, beeindrucken.

Weder sind unentwirrbare Streitigkeiten erregt, noch ist der Kirche der Zankapfel vorgeworfen worden, wie einige behaupten.[9] Es sind auch nicht die Rätsel der Sphinx vorgelegt worden. Verständige und Rechtschaffene sowie alle, die ihr Urteil nicht auf falsche Anklage gründen, können nämlich leicht sehen, was mit der göttlichen Lehre übereinstimmt und was nicht. Sie brauchen nur die strittigen Lehraussagen zu vergleichen. Wahrhaftig, es gibt keinen Zweifel, diese Kontroversen sind im Herzen aller wirklich Gläubigen längst entschieden. Weil Gott wollte, dass er und sein Wille in den Worten der Propheten und Apostel erkannt werden sollen, darf man diese nicht für zweideutig halten, wie die Blätter der Sibylle, „die verwirrt umherfliegen, ein Spiel der reißenden Winde"[10].

Einige, die nicht zu verachten sind, haben sich beklagt, Luther sei schärfer gewesen, als es ertragbar sei. Ich will mich weder mit ihnen, noch mit den Verteidigern Luthers auseinandersetzen. Vielmehr antworte ich darauf mit dem, was Erasmus oft gesagt hat: Weil die Krankheiten so groß sind, hat Gott diesem letzten Zeitalter einen scharfen Arzt gegeben.[11] Ein solches Werkzeug hat Gott gegen die hochmütigen und unverschämten Feinde erweckt, wie er zu Jeremia sagt: „Siehe, ich lege meine Worte in deinen Mund, dass du einreißen und bauen sollst"[12], und er wollte ihnen gleichsam diesen Gorgo entgegenwerfen. Deshalb beschweren sich jene vergeblich bei Gott. Gott leitet die Kirche nicht nach menschlichen Ratschlägen. Er will auch nicht, dass seine Werkzeuge einander geradezu gleich sein sollen. Überall aber gilt, dass gemäßigte und besonnene Charaktere ungezügelte Angriffe nicht gutheißen, seien sie gut oder böse. Aristides sah, dass Themistokles mit gewaltiger Heftigkeit große Dinge anfing und glücklich zu Ende brachte. Obgleich ihm das Wohl des Staates am Herzen lag, bemühte er sich, den schwungvollen Drang jenes Mannes in seinem Lauf aufzuhalten. Ich leugne nicht, dass die große Heftigkeit manchmal sündigt, ist doch niemand bei der Schwäche der menschlichen Natur ganz und gar ohne Gebrechen. Davon abgesehen, ist einer, auf den das zutrifft, was die antiken Autoren von Herkules, Kimon und anderen sagten, er sei zwar etwas ungesittet, aber zumeist gut, ein wackerer und lobenswerter Mann. Wenn er, mit den Worten des Apostels Paulus gesprochen, in der Kirche recht kämpft, den Glauben und ein gutes Gewissen bewahrt,[13] so ist er Gott wohlgefällig und ist von uns zu ehren.[14]

Wir wissen, dass Luther ein solcher Mann gewesen ist. Die Reinheit der Lehre hat er standhaft verteidigt und die Gewissen unversehrt erhalten. Ja,[15] wo gibt es den, der ihn gekannt hat und nicht wüsste, wie menschenfreundlich er war, wie liebenswürdig im vertrauten Kreise, wie wenig streitsüchtig oder zänkisch. In seinem ganzen Verhalten war eine Würde, die einem solchen Mann eigen sein sollte: Er hatte ein Herz ohne Falsch und einen Mund voller Freundlichkeit.

Oder er entsprach eher dem, was Paulus fordert: „Alles, was wahrhaftig ist, was ehrbar, was gerecht, was rein, was liebenswert, was einen guten Ruf hat."[16] Daraus geht klar hervor, dass jene Schroffheit aus Eifer für die Wahrheit, nicht aus Streitsucht oder Verbitterung entstand. Hierfür sind wir alle genauso Zeugen wie viele Freunde. Was sein Leben sonst betrifft, das er bis zum 63. Jahr in größtem und leidenschaftlichstem Eifer für Frömmigkeit, für alle edlen Dinge und Künste fortgesetzt hat – was für eine glänzende und wohlformulierte Rede könnte ich halten, hätte ich mir eine Lobrede auf diesen Mann vorgenommen.[17] Nie hat man bei ihm ausschweifende Begierden wahrgenommen, nie aufrührerische Pläne. Ihm ist es vielmehr in der Tat mehrmals zu verdanken, dass die Waffen niedergelegt wurden. Niemals hat er sich bei der Regelung kirchlicher Angelegenheiten Tricks erlaubt, um seine Macht oder die seiner Anhänger zu vermehren. Ich bin der Meinung, diese Weisheit und Tugend sind so bedeutend, dass sie durch menschliche Tüchtigkeit allein kaum erworben sein können. Die Charaktere müssen vielmehr auch durch göttliche Führung gelenkt werden, zumal die heftigen, erhabenen und leidenschaftlichen, wie es bei Luther offenkundig der Fall gewesen ist. Das liegt am Tage.

Was soll ich von seinen weiteren Tugenden sagen? Oft bin ich hinzugekommen, als er unter Tränen sein Gebet für die ganze Kirche sprach. Er nahm sich nämlich eine gewisse Zeit, um einige Psalmen laut zu lesen, mit denen er seufzend und weinend seine Gebete verflocht. Oft sagte er auch, er zürne denen, die aus Trägheit oder wegen beruflicher Überlastung sagen, ein Gebetsseufzer genüge schon. Deshalb sprach er, sind uns nach Gottes Ratschluss feste Formen vorgeschrieben, dass die Gemüter durch dieses Lesen entzündet werden, ja dass auch die Stimme vernehmbar bekenne, welchen Gott wir anrufen. Bei vielen schwierigen Beratungen über die Gefahren für die ganze Gesellschaft konnten wir es oft erleben, dass er mit gewaltiger Geisteskraft ausgestattet und überhaupt nicht ängstlich war, auch durch keinerlei Schrecken schwach wurde. Er stützte sich nämlich, wie man sagt auf einen heiligen Anker,[18] auf die Hilfe Gottes und ließ sich den Glauben nicht nehmen.

Ferner war sein Verstand von derartiger Schärfe, dass nur er bei verwickelten Problemen am besten erkannte, was angemessen ist. Er vernachlässigte auch nicht, wie viele meinen, die Belange des Staates. Genauso wenig übersah er, was anderen wichtig war. Im Gegenteil, er kannte den Staat und durchschaute genau Sinn und Wollen aller, mit denen er lebte. Und obgleich seine eigene Geisteskraft sehr scharf war, las er dennoch begierig die alten und neuen kirchlichen Schriften. Er las ebenso alle Geschichtsdarstellungen, deren Beispielerzählungen er mit einzigartiger Fertigkeit auf die gegenwärtigen Verhältnisse anwandte.

Von seiner Beredsamkeit gibt es bleibende Zeugnisse. Zweifellos war er darin denen ebenbürtig, denen man die größte Wirkung der Rede zuschreibt.

Wir betrauern zu Recht um unsertwillen, dass solch ein mit höchster Geisteskraft begabter, mit Gelehrsamkeit ausgerüsteter, durch lange Übung erfahrener, durch viele vortreffliche und heldenhafte Tugenden geschmückter und von Gott zur Wiederherstellung der Kirche auserwählter Mann aus unserer Mitte abgerufen wurde. Mit väterlicher Gesinnung umfing er uns alle. Uns geht es nun wie den Waisen, die ihres hervorragenden und treuen Vaters beraubt worden sind. Weil wir aber Gott gehorsam sein müssen, wollen wir nicht zulassen, dass die Erinnerung an seine Tugenden und Wohltaten bei uns verloren geht. Ihm[19] selbst jedoch wollen wir nunmehr Glück wünschen zu seinem vertrauten und ganz angenehmen Umgang mit Gott und seinem Sohn, unserem Herrn Jesus Christus, mit den Propheten und Aposteln. Er hat ihn im Glauben an den Sohn Gottes stets erbeten und erwartet. Da hört er nun nicht nur, dass seine Mühen, die er bei der Ausbreitung des Evangeliums auf sich genommen hat, durch Gottes Urteil und die Zeugnisse der himmlischen Kirche anerkannt werden. Schon aus diesem sterblichen Leib gleichsam wie aus einem Kerker herausgeführt und in eine viel höhere Schule eingetreten, schaut er vielmehr auch selbst aus der Nähe Gottes Wesen und die im Sohn vereinigten zwei Naturen sowie den ganzen Ratschluss Gottes, durch den die Kirche gegründet und erlöst worden ist. Diese hochwichtigen verhüllten und nur in Gestalt kurzer Verheißungen bekannten Dinge hat er hier im Glauben betrachtet. Nun sieht er sie vor Augen, ist erfüllt von höchster Freude und bringt jetzt Gott leidenschaftlich aus ganzem Herzen den Dank für solche Wohltat dar.

Da erfährt er, warum der Sohn Gottes Wort und Ebenbild des ewigen Vaters genannt wird. Er erhält Kenntnis, auf welche Weise der Heilige Geist das Band der wechselseitigen Liebe ist, nicht nur zwischen dem ewigen Vater und dem Sohn, sondern auch zwischen ihnen und der Kirche. Die Anfangsgründe und das Vorschulwissen von dieser Lehre hatte er in diesem sterblichen Leben dargelegt. Oft hatte er sehr ernst und weise von diesen höchsten Dingen gesprochen, vom Unterschied der rechten und der falschen Anrufung, von der wahren Erkenntnis Gottes, mit deren Hilfe die göttlichen Offenbarungen geschaut und der wirkliche Gott von den erfundenen Götzen unterschieden werden.

Viele aus dieser Gemeinde haben wohl gehört, wie er einmal das Bibelwort auslegte: „Ihr werdet den Himmel offen sehen und die Engel Gottes hinauf- und herabfahren auf des Menschen Sohn."[20] Zuerst ermahnte er die Hörer, sich diesen ganz prächtigen Trost in die Herzen einzuprägen, der zusichert, dass der Himmel offen, dass er für uns zu Gott hin geöffnet ist. Die Riegel des göttlichen Zorns seien für die entfernt worden, die zum Sohn hin flüchten. Gott sei jetzt ganz in unserer Nähe, und die ihn anriefen, würden von ihm angenommen, geleitet und bewahrt.

Luther schärft ein, diesen Ratschluss Gottes, den gottlose Menschen bloß für ein Märchen halten, müsse man den menschlichen Zweifeln entgegensetzen. Genauso sei mit den Ängsten umzugehen, die schreckhafte Gemüter einschüchtern, so dass sie weder wagen, Gott anzurufen, noch Ruhe finden bei Gott.

Darauf sagte Luther, die Engel, die auf dem Leib Christi hinauf- und herabfahren, seien die Diener des Evangeliums. Zuerst führen sie unter Christi Leitung hinauf zu Gott und empfingen von ihm das Licht des Evangeliums und den Heiligen Geist. Danach aber führen sie herab, das heißt, sie verwalteten das Lehramt unter den Menschen.

Er fügte noch diese Auslegung hinzu: Selbst jene himmlischen Geister, die wir für gewöhnlich Engel nennen, würden, wenn sie den Sohn Gottes anschauen, durch die wunderbare Vereinigung der beiden Naturen belehrt und erfreut. Und weil sie Kriegsknechte dieses Herrn bei der Verteidigung der Kirche seien, würden sie gleichsam durch seine Hand geleitet werden.

Diese höchsten Dinge schaut Luther jetzt. Und wie er zuvor, von Christus geführt, mit den Dienern des Evangeliums hinauf- und herabfuhr, so nimmt er jetzt wahr, wie die Engel von Christus gesandt werden. Er genießt mit ihnen gemeinsam die Betrachtung der göttlichen Weisheit und der göttlichen Werke.

Wir erinnern uns, mit welcher Lust er von den Propheten sprach, von ihrem Regieren, ihren Ratschlägen, Gefahren und Errettungen. Wie kenntnisreich verglich er alle Zeiten der Kirche. Mit alledem gab er zu erkennen, in was für großer Sehnsucht er nach jenen bedeutenden Männern glühte. Von ihnen ist er nun umgeben. Er freut sich, ihre Stimme unmittelbar zu hören und ihnen zu antworten. Sie begrüßen ihn nun freudig als ihren Mitschüler und danken mit ihm gemeinsam Gott, der die Kirche sammelt und erhält.

So wollen wir denn nicht zweifeln, dass Luther gerettet ist. Wir wollen uns nicht quälen, weil wir hingegen wirklich verwaist sind. Nachdem Gott ihn von hier abberufen hat, müssen wir seinem Willen gehorchen. Wir wollen bedenken, dass Gott auch von uns erwartet, dass wir die Erinnerung an Luthers Tugenden und Wohltaten bewahren. Diesen Dienst wollen wir ihm erweisen. Lasst uns erkennen,[21] dass er ein heilsames Werkzeug Gottes gewesen ist und seine Lehre voller Eifer lernen. Seine Tugenden sind uns ebenfalls not. Lasst sie uns nachahmen, so gut wir können, die Gottesfurcht, den Glauben und die Leidenschaft im Beten, die Unbescholtenheit im Amt, die Keuschheit, die Achtsamkeit, die Absage an aufrührerische Ideen, die Lernbegier. Wir gedenken doch oft und vielfach der anderen glaubensvollen verantwortlichen Männer der Kirche, deren Leben und Wirken wir kennen. Ich nenne Jeremia, Johannes den Täufer und Paulus. So lasst uns ebenfalls Lehre und Leben dieses Mannes oft betrachten. Lasst uns Danksagung und Bitten hinzufügen. Das gebührt sich auch jetzt in dieser zahlreichen Gemeinde zu tun. Sprecht also mit mir in wahrer Andacht der Herzen:

Wir danken dir, allmächtiger Gott, ewiger Vater unseres Herrn Jesus Christus, Schöpfer deiner Kirche, zusammen mit deinem gleichfalls ewigen Sohn, unserem Herrn Jesus Christus, und dem Heiligen Geist. Wir danken dir, dem weisen, gütigen, barmherzigen Richter, dem Wahrhaftigen, Mächtigen und Freiesten, dass du deinem Sohn ein Erbe sammelst aus dem menschlichen Geschlecht. Wir danken dir, dass du das Amt des Evangeliums erhältst und nun auch durch Luther wieder aufgerichtet hast. Mit inständigem Verlangen bitten wir, du wollest auch künftig die Kirche erhalten und leiten. Du wollest in uns die wahre Lehre versiegeln, wie es Jesaja für seine Jünger erbittet.[22] Unsere Herzen wollest du durch den Heiligen Geist entzünden, dass wir dich recht anrufen und unser Leben gottgefällig führen.

Schließlich sei das noch gesagt. Weil der Tod großer Männer den Nachkommen oft Strafe anzeigt, so beschwören wir euch, ich und alle, denen das Lehramt befohlen ist, dass ihr die Gefahren für die ganze Welt bedenkt. Da wüten die Türken von außen, hier drohen andere Feinde mit Kriegen im Inland. Weit und breit gibt es auch eine große Frechheit der Geister. Seit sie Luthers Kontrolle nicht mehr befürchten müssen, werden sie die recht überlieferte Lehre mit umso größerer Waghalsigkeit verfälschen.

Lasst uns umso sorgfältiger sein, unser Leben und unsere Studien zu leiten, damit Gott diese Übel abwende. Und lasst uns immer die Überzeugung unverändert im Herzen festhalten, solange wir die reine Lehre des Evangeliums bewahren, hören, lernen, lieben, werden wir Gottes Haus und Kirche sein. Gleichwie der Sohn Gottes spricht: „Wer mich liebt, der wird mein Wort halten; und mein Vater wird ihn lieben, und wir werden zu ihm kommen und Wohnung bei ihm machen."[23]

Mit dieser ganz großartigen Verheißung wollen wir uns anspornen, die himmlische Lehre zu lernen. Wir wissen auch, dass Gott das Menschengeschlecht und das Staatswesen um der Kirche willen erhält. Wir wollen auch die künftigen ewigen Ziele betrachten, zu denen uns Gott berufen hat. Umsonst hat er sich gewiss nicht durch solche herrlichen Zeugnisse offenbart und umsonst hat er den Sohn nicht gesandt. Er liebt vielmehr alle wahrhaftig und versorgt sie, die seine Wohltaten hochachten.

Damit beende ich meine Rede.[24]

---

[1] Melanchthons urspüngliche Kurzfassung: „damit die Jüngeren bedenken".
[2] Wagenrennen als bildhafte Wendung. [3] Satzergänzung durch Camerarius.
[4] Mt 17,5. [5] Eph 4,8. [6] Röm 8,34 (Vulgata). [7] Erasmus hatte im Brief an Luther vom 30. Mai 1519 dessen zweite Psalmenvorlesung („Operationes in psalmos") lobend erwähnt. [8] Neh 4,11. [9] Nach dem griech. Mythos warf Eris, die

Göttin des Streits, einen Apfel mit der Aufschrift „der Schönsten" unter die Hochzeitsgäste des Peleus und der Thetis und löste dadurch den Trojanischen Krieg aus. [10] Vergil, Aeneis 6, 75; das Zitat hat Camerarius hinzugefügt. [11] Nach der Veröffentlichung seiner Schrift über den freien Willen hatte Erasmus in seinem Brief an Melanchthon vom 10. Dezember 1524 eingeräumt, dass die Gegenwart vielleicht einen so schonungslosen Arzt verdient hätte, der die Krankheit durch Ausbrennen und Schneiden heilt. [12] Jer 1,9 f. [13] Melanchthon kombiniert 2Tim 2,5; 4,7 und 1Tim 1,19. [14] Vgl. Röm 14,18. [15] Beginn der ersten größeren Ergänzung durch Camerarius. [16] Phil 4,8. [17] Ende der Ergänzung durch Camerarius. [18] Vgl. Hebr 6,19. [19] Beginn der zweiten größeren Ergänzung durch Camerarius. [20] Joh 1,51. Luthers Predigten über Joh 1 vom 8. Dezember 1537 und 19. Januar 1538 enthalten nur einige Anklänge. [21] Ende der zweiten großen Ergänzung durch Camerarius. [22] Jes 8,16. [23] Joh 14,23. [24] Die Schlussformel „Dixi", die Funck unübersetzt lässt, wird von Hedio mit: „End dieser Oration", von Cruciger mit: „Amen" wiedergegeben.

Das Leben Martin Luthers

Historia Lutheri 1546

Melanchthon gestaltete diese Historia, die Vorrede zum zweiten lateinischen Band der Werke Luthers, der 1546 bei Hans Lufft in Wittenberg erschien, als eine Laudatio nach den Regeln der antiken Rhetorik, wie er sie selbst in den „Elementa Rhetorices" dargestellt hatte.[1]

Melanchthon löst die Intention einer Vorrede, den Leser zur Lektüre zu motivieren und vorzubereiten dadurch ein, dass er in der Form einer kombinierten Laudatio das Exemplarische an Luthers Person und Werk herausarbeitet und zur Nachahmung empfiehlt. Dabei werden die Gesichtspunkte realisiert, die für die Ausarbeitung einer Einleitung überhaupt gelten: Um das Wohlwollen der Leser zu gewinnen, stellt Melanchthon Luthers Bewundernswürdigkeit heraus, betont er die Liebenswürdigkeit seiner Lehre und Lehrmethode, lässt den Leser am Dank- und Bittgebet teilnehmen und empfiehlt sich selbst als zuverlässiger Augenzeuge von Luthers Leben. Die zweite Aufgabe einer Einleitung, nämlich den Leser schon in einem kurzen Überblick zu informieren, erfüllt Melanchthon dadurch, dass er die Summe der reformatorischen Erkenntnis, die einzelnen Themen und die verschiedenen Arten seiner Schriften angibt. Da der Leser aus Luthers eigenem Vorwort zum ersten Band von 1545 nur einen Teil von dessen Biographie kennt, ist er jetzt gespannt, die Fortsetzung zu erfahren. Er wird über die Einleitung hinaus in die Erwartung versetzt, mit Luthers Hilfe zu den Quellen der Offenbarung Gottes geführt zu werden. Mit dem Hinweis auf die Lebensziele eines Christen legt Melanchthon dem Leser nahe, dass es um ihn selbst und um seine Kirche geht.

Übersetzungsgrundlage: CR 6, 155–170 (Nr. 3478); hinzugezogen wurden der von Karl Eduard Förstemann in „Neue Mitteilungen aus dem Gebiete historisch-antiquarischer Forschungen" 8 (1846), Heft 1 mit textkritischen Varianten versehene Text sowie andere Übersetzungen.

Philipp Melanchthon grüßt den frommen Leser!

Unser verehrungswürdiger Martin Luther hatte uns hoffen lassen, er werde seinen Lebenslauf wie auch die Anlässe seiner Kämpfe erzählen. Er hätte es auch getan, wäre er nicht aus diesem vergänglichen Leben zur Gemeinschaft mit Gott und mit der himmlischen Kirche gerufen worden, bevor die Druckerei diesen Band hergestellt hatte. Aber eine treffend geschriebene Betrachtung seines privaten Lebens (es ist nämlich reich an Beispielen, die bei Gutgesinnten zur Stärkung ihrer Frömmigkeit dienen könnten) wie auch eine Darstellung der Anlässe wären hilfreich. Sie könnten die Nachwelt an vieles erinnern und ferner die Schmähungen derer zurückweisen, die vorgeben, er habe entweder auf Betreiben führender Männer oder anderer zur Erschütterung der hohen Stellung der Bischöfe oder von sich aus im eigenen Interesse die Fesseln mönchischer Unfreiheit zerrissen.

Es wäre nützlich, wenn dies von ihm selbst vollständig und ausführlich dargelegt worden wäre. Denn wenn auch Übelmeinende jenen gewöhnlichen Vorwurf[2] erheben wollten: „Er schmeichelt sich selbst", so wissen wir dennoch, dass er so viel Charakterstärke besaß, dass er seine Geschichte mit höchster Glaubwürdigkeit berichtet hätte. Es leben noch viele rechtschaffene und verständige Männer, vor denen es lächerlich gewesen wäre, eine andere Geschichte auszudenken, wie es sich manchmal bei Dichtungen findet; denn er wusste, dass ihnen der Ablauf dieser Ereignisse bekannt war. Da aber der Tod der Herausgabe dieses Bandes zuvorkam, wollen wir das, was wir teils von ihm persönlich gehört, teils selbst erlebt haben, nach bestem Wissen glaubwürdig erzählen.

Die Familie niederen Standes mit dem Nachnamen Luther ist alt und im Herrschaftsbereich der berühmten Grafen von Mansfeld weit verbreitet. Aber Martin Luthers Eltern wohnten zuerst in der Stadt Eisleben, wo Martin Luther geboren wurde. Später zogen sie in die Stadt Mansfeld, wo sein Vater Johannes Luther Ämter bekleidete und wegen seiner Unbescholtenheit bei allen rechtschaffenen Bürgern sehr geschätzt war. Bei seiner Mutter Margarita, der Ehefrau von Johannes Luther, zeigten sich nicht nur die übrigen, einer anständigen verheirateten Frau zukommenden guten Eigenschaften, sondern fielen auch besonders ihre Sittsamkeit, ihre Gottesfurcht und ihre Anrufung Gottes in die Augen. Die anderen anständigen Frauen blickten auf sie wie auf ein Tugendvorbild. Als ich sie mehrmals nach der Zeit fragte, zu der ihr Sohn geboren sei, antwortete sie, sie erinnere sich an Tag und Stunde genau, habe aber Zweifel am Geburtsjahr. Sie versicherte aber, er sei am 10. November, nachts nach der 11. Stunde, geboren und das Kind habe den Namen Martin erhalten, denn der nächste Tag, an dem das Kind durch die Taufe der Kirche eingegliedert wurde, war dem heiligen Martin geweiht. Aber sein Bruder Jakob, ein anständiger und unbescholtener Mann, behauptete, die Meinung der Familie über das Alter seines Bruders sei die gewesen, dass er im Jahre 1483 seit Christi Geburt geboren sei. Nachdem Martin das bildungsfähige Alter erreicht hatte, erzogen die Eltern ihren Sohn daheim, Gott zu erkennen und zu fürchten und sich anderen Tugenden verpflichtet zu fühlen. Wie es bei rechtschaffenen Menschen üblich ist, sorgten sie dafür, dass er Lesen und Schreiben lernte. Der Vater des Georg Oemler trug den noch kleinen Jungen in die Grundschule. Da er noch lebt, kann er unseren Bericht bezeugen.

Damals gab es in den sächsischen Städten nur mittelmäßige Schulen. Als Martin das 14. Lebensjahr erreicht hatte, wurde er daher zusammen mit Johannes Reineck nach Magdeburg geschickt. Dieser zeichnete sich später durch seine Tüchtigkeit aus und genoss deshalb in dieser Region großes Ansehen. Das gegenseitige Wohlwollen zwischen beiden, Luther und Reineck, war immer ausgezeichnet, sei es wegen einer natürlichen Übereinstimmung, sei es wegen der Studiengemeinschaft in ihrer Jugend. Dennoch blieb Luther nicht länger als ein Jahr in Magdeburg und hatte dann in der Lateinschule von Eisenach vier Jahre lang einen Lehrer, der die Grammatik gründlicher und geschickter als anderswo vermittelte. Ich erinnere mich daran, dass Luther seine Begabung lobte. Nach Eisenach wurde er geschickt, weil seine Mutter aus einer rechtschaffenen und alten Familie dieser Gegend stammte. Hier absolvierte er sein Grammatikstudium. Da er aber über große Geisteskraft verfügte und besonderes Redetalent besaß, holte er schnell seine Altersgenossen ein und überragte seine Mitschüler rasch an Ausdrucks- und Redefülle der Sprache wie auch in Prosa und Poesie beim Schreiben.

Nachdem er also den Reiz der Literatur gekostet hatte, zog es ihn zur Universität, zur Quelle aller Wissenschaften, da er von Natur aus ungewöhnlich wissbegierig war. Und er hätte sich mit seiner so großen Geisteskraft die ganze Literatur und alle Wissenschaften aneignen können, wenn er fähige Lehrer gefunden hätte. Vielleicht hätten die ruhigeren Studien der wahren Philosophie und die Sorgfalt in der Gestaltung der Rede ihm geholfen, seine heftige Natur zu mäßigen. Aber er geriet in Erfurt an die recht spitzfindige Dialektik jener Zeit, die er rasch erfasste, weil er mit seinem Scharfsinn die Gründe und Ursprünge ihrer Regeln besser als die anderen durchschaute. Da sein bildungsdurstiger Geist mehr und Besseres suchte, las er für sich die meisten Werke der alten lateinischen Schriftsteller, Cicero, Vergil, Livius und andere. Er las sie nicht wie Knaben, die nur Worte exzerpieren, sondern um daraus Lehren und Anschauungen für das menschliche Leben zu gewinnen. Daher sah er sich auch die Grundsätze und Gedanken dieser Autoren näher an. Weil er ein zuverlässiges und sicheres Gedächtnis hatte, war ihm das meiste, was er gelesen und gehört hatte, deutlich vor Augen. Luther ragte also unter den jungen Leuten so heraus, dass die ganze Universität seine Begabung bewunderte. Als ihm nun im Alter von 20 Jahren der philosophische Magistergrad verliehen worden war, begann er auf den Rat seiner Verwandten das juristische Studium; denn nach ihrer Meinung sollten diese so großen geistigen Fähigkeiten und seine Redegewandtheit für die Öffentlichkeit und für das Gemeinwesen ausgebildet werden.

Aber gegen die Erwartung seiner Eltern und Verwandten kam er wenig später im Alter von 21 Jahren plötzlich zur Bruderschaft der Augustinermönche in Erfurt und bat um Aufnahme. Nach seiner Aufnahme eignete er sich nicht nur mit leidenschaftlichem Eifer die Lehre der Kirche an, sondern besaß auch wegen der großen Strenge der mönchischen Zucht Selbstbeherrschung und übertraf bei weitem alle in allen Übungen der Schriftlesungen, der Disputationen, des Fastens und des Betens. Er brauchte von Natur aus, worüber ich mich oft gewundert habe, trotz seines nicht gerade kleinen und schwachen Körpers nur sehr wenig zum Essen und zum Trinken. Ich habe selbst erlebt, wie er allerdings bei guter gesundheitlicher Verfassung vier Tage hintereinander überhaupt nichts aß oder trank. Ich habe erlebt, dass er sich auch sonst oft an vielen Tagen täglich nur mit etwas Brot und Fischsuppe begnügte.

Wie er mir persönlich erzählte und wie viele wissen, war der Anlass, diese Lebensform einzuschlagen, die nach seiner Ansicht der Frömmigkeit und den Studien der Theologie angemessen war, folgender: Wenn er über Gottes Zorn oder seine ungewöhnlichen Strafexempel gründlicher nachdachte, erschütterten ihn oft plötzlich so große Schrecken, dass er beinahe die Besinnung verlor. Ich habe es selbst erlebt, wie er bei einer Disputation über die Lehre vor Anspannung außer sich geriet und sich in einem benachbarten Ruhezimmer aufs Bett legte. Dort flocht er folgenden Satz wiederholt in sein Gebet: „Er hat alles der Sünde unterworfen, um sich aller zu erbarmen."[3] Diese Schrecken empfand er wohl als erste und härteste ihrer Art in dem Jahr, in dem er einen Freund verloren hatte, der durch irgendeinen Unglücksfall ums Leben gekommen war.

So veranlasste ihn also nicht seine Armut zu jener monastischen Lebensweise, sondern sein Ringen um Frömmigkeit. Obwohl er sich dabei die an den Universitäten gebräuchliche Lehre täglich aneignete, Quaestionensammlungen las und bei öffentlichen Disputationen zur Bewunderung vieler die für andere unentwirrbaren Labyrinthe verständlich erklärte, betrieb er diese Studien gewissermaßen nur nebenbei; denn er suchte in dieser Lebensform nicht geistigen Ruhm, sondern Nahrung für seine Frömmigkeit. Die scholastischen Methoden erfasste er leicht. Währenddessen las er selbst begierig die Quellen der himmlischen Lehre, nämlich die prophetischen und apostolischen Schriften, um seinen Geist über Gottes Willen zu belehren und seine Gottesfurcht und seinen Glauben mit zuverlässigen Zeugnissen zu fördern. Seine Schmerz- und Angsterlebnisse trieben ihn, diesem Studium noch intensiver nachzugehen. Wie er erzählte, wurde er durch die Gespräche mit einem alten Mann[4] im Augustinerkloster zu Erfurt oft darin bestärkt. Als er ihm seine Bestürzungen enthüllte, hörte er ihn viele Gedanken über den Glauben entwickeln, und er sagte, er sei an das Glaubensbekenntnis verwiesen worden, in dem es heißt: Ich glaube die Vergebung der Sünden. Diesen Glaubensartikel hatte jener so ausgelegt, dass man nicht im Allgemeinen glauben solle, dass irgendwelchen Menschen vergeben werde, wie auch die Dämonen glauben, dass David oder Petrus vergeben werde, sondern dass es ein Gebot Gottes sei, dass wir Menschen jeder für sich glauben, uns würden die Sünden vergeben. Er behauptete, diese Auslegung sei durch einen Ausspruch Bernhards belegt und die Stelle sei ihm in seiner Predigt über die Verkündigung Mariens gezeigt worden, wo sich die folgenden Worte finden: „Aber füge hinzu, dass du auch daran glaubst, dass DIR durch ihn die Sünden erlassen werden. Dieses ist das Zeugnis, das der Heilige Geist in deinem Herzen gibt, wenn er sagt: ‚Deine Sünden sind dir vergeben.' So glaubt nämlich der Apostel, dass der Mensch durch seinen Glauben umsonst gerecht gemacht werde." Luther sagte, er sei durch dieses Wort nicht nur bestärkt, sondern an die ganze Auffassung des Paulus erinnert worden, der so oft das folgende Wort einschärft: „Wir werden durch den Glauben gerechtgemacht." Nachdem er darüber viele Auslegungen gelesen hätte, habe er damals infolge des Gesprächs mit ihm wie auch wegen der Tröstung seines Geistes die Unwahrheit der Interpretationen erkannt, die damals gängig waren. Allmählich wurde ihm beim Lesen und beim Vergleich der Aussagen und Beispiele, die bei den Propheten und bei den Aposteln aufgeführt werden, und während sein Glaube durch die tägliche Anrufung Gottes erweckt wurde, mehr Licht der Erkenntnis zuteil.

Darauf begann er auch die Bücher des Augustinus zu lesen. Dort fand er bei der Erklärung der Psalmen wie auch in seinem Buch „Der Geist und der Buchstabe" viele erhellende Aussagen, die seine Lehre über den Glauben und seine Tröstung, die in seinem Herzen entzündet war, festigten. Dennoch ließ er nicht ganz und gar die Spruchsammlungen außer Acht. Er konnte Gabriel Biel und Petrus von Ailly, den Bischof von Cambrai, fast aufs Wort genau aus dem Gedächtnis zitieren. Er las die Schriften Ockhams lange und ausgiebig. Dessen geistige Schärfe zog er dem Thomas von Aquin und dem Duns Scotus vor. Er hatte auch Gerson gründlich gelesen. Aber die Werke des Augustinus hatte er oft vollständig gelesen und sehr gut im Gedächtnis.

Dieses höchst intensive Studium begann er in Erfurt, in dessen augustinischer Bruderschaft er vier Jahre lang weilte. Aber zu der Zeit, in der der verehrenswerte Staupitz, der die Anfänge der Universität Wittenberg unterstützt hatte, das Theologiestudium an der neuen Universität beleben wollte, versetzte er 1508 den bereits 26-jährigen Luther in Erwägung seiner geistigen Fähigkeiten und seiner Bildung nach Wittenberg. Hier begann sein Geist heller zu leuchten, wenn er die täglichen Vorlesungen und Predigten hielt. Als ihn verständige Männer, Doktor Martin Mellerstadt und andere, aufmerksam angehört hatten, sagte Mellerstadt oft, dieser Mann habe so große geistige Energie, dass er klar voraussage, er werde die übliche Lehre, die damals als einzige an den Universitäten gelehrt wurde, nach Inhalt und Methode verändern. Hier erklärte er zuerst die Dialektik und die Physik des Aristoteles, ohne sein Bemühen aufzugeben, theologische Schriften zu lesen.

Nach drei Jahren reiste er wegen Streitigkeiten unter den Mönchen nach Rom. Als er im selben Jahr zurückgekehrt war, wurde er nach dem Brauch der Universitäten mit dem Doktorgrad, wie wir es üblicherweise ausdrücken, ausgezeichnet. Friedrich, der Kurfürst von Sachsen, bestritt die Kosten. Er hatte nämlich seine Predigten gehört und seine geistige Energie, die Wirksamkeit seiner Rede und die hohe Qualität der dargelegten Themen in seinen Predigten bewundert. Damit man erkennen kann, dass ihm der Doktorgrad wegen einer gewissen Reife des Urteils zugesprochen worden ist, möge man wissen, dass es sich in Luthers 30. Lebensjahr ereignete. Er erzählte selbst, ihm sei, obwohl er sich dem völlig entzog und verweigerte, von Staupitz aufgetragen worden, sich mit diesem Grad auszeichnen zu lassen. Dieser habe spaßeshalber geäußert, Gott werde in der Kirche schon viele Aufgaben haben, für die er seinen Einsatz brauche. Obwohl diese Bemerkung damals nur im Scherz vorgebracht wurde, entsprach ihr dennoch das tatsächliche Ergebnis, wie eben viele Voraussagen den Veränderungen vorherzugehen pflegen.

Danach begann er, den Römerbrief zu erklären, darauf die Psalmen. Diese Schriften erläuterte er so, dass nach dem Urteil aller Frommen und Klugen offensichtlich nach einer langen und finsteren Nacht ein neues Licht der Lehre aufging. Hier zeigte er den Unterschied zwischen Gesetz und Evangelium auf. Hier widerlegte er den Irrtum, der damals an den Universitäten und in den Predigten vorherrschte, wonach die Menschen die Vergebung der Sünden durch eigene Leistungen verdienten und vor Gott wegen ihres ordentlichen Lebenswandels gerecht seien, wie es die Pharisäer lehrten. Luther rief also das Denken der Menschen zum Sohn Gottes zurück, und wie Johannes der Täufer[5] „auf das Lamm Gottes wies, das unsere Sünden trug", so zeigte er, dass die Sünden um des Sohnes Gottes willen umsonst vergeben würden. Man müsse allerdings diese Gnade im Glauben annehmen. Er erläuterte auch die übrigen Teile der kirchlichen Lehre.

Diese erfolgreichen Anfänge verschafften ihm große Autorität, besonders weil sein Verhalten mit seinen Worten übereinstimmte und weil seine Worte offensichtlich nicht von den Lippen, sondern aus dem Herzen kamen. Bei seinen Zuhörern ergab sich aus der Bewunderung seines Lebensstils große Zuneigung, wie auch schon die Alten sagten: „Entscheidende Glaubwürdigkeit hat der Lebenswandel."[6] Als er später einige überkommene Riten änderte, leisteten ihm daher ehrenwerte Männer, die ihn kannten, weniger heftigen Widerstand. Sie stimmten ihm wegen seiner Autorität, die er sich durch die anschauliche Darstellung dessen, was gut ist, wie auch durch die Untadeligkeit seines Lebenswandels erworben hatte, in den Ansichten zu, derentwegen sich der Erdkreis entzweite, wie sie mit großer Betrübnis ansehen mussten.

Aber Luther änderte damals noch nichts an den Riten. Er war im Gegenteil unter seinen Anhängern ein pedantischer Hüter der Lehre. Auch hatte er nichts von den ziemlich abstoßenden Vorstellungen zugemischt, sondern stellte die allgemeine und für alle ganz und gar notwendige Lehre über die Buße, über den Glauben, über die wirklichen Tröstungen im Kreuz immer anschaulicher dar. Alle Gottesfürchtigen wurden von der Anziehungskraft dieser Lehre sehr ergriffen. Die Gebildeten begrüßten es, dass Christus, die Propheten und Apostel gleichsam aus der Finsternis, aus dem Kerker und aus der Verschmutzung hervorgeholt wurden, dass man den Unterschied zwischen Gesetz und Evangelium wahrnahm, ebenso zwischen den Verheißungen des Gesetzes und der evangelischen Verheißung, zwischen Philosophie und Evangelium – er war bei Thomas, Scotus usw. nicht vorhanden – und zwischen der geistlichen und der politischen Gerechtigkeit.

Es kam hinzu, dass durch die Schriften des Erasmus die Interessen der Jugend bereits dahin gelenkt worden waren, die lateinische und die griechische Sprache kennenzulernen. Da bereits eine attraktivere Lehrweise dargeboten wurde, begannen daher viele, die mit guten und für Bildung offenen Anlagen begabt waren, die barbarische und sophistische Lehre der Mönche zu verabscheuen.

Luther selbst fing an, sich dem Studium der griechischen und hebräischen Sprache zu widmen, um besser urteilen zu können, wenn er erst die eigentliche sprachliche Bedeutung und die Ausdrucksweise der Sprache kennengelernt und die Lehre aus ihren Quellen geschöpft haben würde.

Als Luther diese Laufbahn eingeschlagen hatte, wurden in dieser Gegend vom Dominikaner Tetzel, einem unverschämten Gauner, käuflich erwerbbare Ablässe unter die Leute gebracht. Weil Luther über seine gottlosen und frevelhaften Predigten aufgebracht war, veröffentlichte er in seinem leidenschaftlichen Streben nach Frömmigkeit die Thesen über die Ablässe, die im ersten Band seiner Schriften vorliegen. Er schlug sie am Vortag von Allerheiligen 1517 öffentlich an der Kirche an, die an das Schloss von Wittenberg grenzt. Bei dieser Gelegenheit hoffte Tetzel, sich ganz nach seiner Art beim Papst in Rom beliebt zu machen, und berief sich einen Rat aus einigen Mönchen und Theologen, die ihre Nasen nur sehr flüchtig in die eigene Sophistik gesteckt hatten. Er beauftragte sie, gegen Luther zu schreiben. Inzwischen schleuderte er selbst, um keine stumme Person[7] zu sein, nicht mehr nur Predigten gegen Luther, sondern Blitze. Überall erhob er laut seine Stimme, dieser Häretiker müsse verbrannt werden. Auch warf er Luthers Thesen und seine Predigt über die Ablässe öffentlich ins Feuer. Dieses Wüten Tetzels und seiner Helfershelfer brachte Luther notwendigerweise dazu, dieses Thema ausführlicher zu erörtern und seine Wahrheit zu verteidigen.

Dies war der Beginn des Streites, in dem Luther, ohne bis dahin die künftige Veränderung der Riten zu erahnen oder zu erträumen, keineswegs die Ablässe selbst verwarf, sondern nur ihren maßvollen Gebrauch forderte. Deshalb kritisieren ihn jetzt diejenigen fälschlich, die behaupten, er habe mit einer plausiblen Sache angefangen, um später das Gemeinwesen zu verändern und für sich und andere Macht zu erwerben. Weit entfernt, von Höflingen angestiftet oder aufgewiegelt zu sein, wie der Herzog Heinrich von Braunschweig schrieb, war auch Herzog Friedrich darüber betrübt, dass Streitigkeiten entfacht wurden. Er sah weit voraus, dass diese Flamme, obwohl sie von einer plausiblen Sache ausging, dennoch allmählich weiter um sich greifen werde, wie es bei Homer heißt: „Anfangs ein wenig noch bang, erhebt er sich bald in die Lüfte."[8]

Friedrich war als Einziger von allen Fürsten unserer Zeit ein großer Liebhaber der öffentlichen Ruhe und auch überhaupt nicht auf den eigenen Vorteil bedacht. Gewöhnlich richtete er seine Entschlüsse vor allem auf das allgemeine Wohl der Erde aus, wie man aus vielem erkennen kann. Deshalb verhielt er sich Luther gegenüber weder als ein Aufwiegler noch als ein Beifallspender. Da er größere Entzweiungen fürchtete, ließ er oft seinen Schmerz, der ihn beständig begleitete, erkennen.

Aber dieser verständige Mann richtete sich nicht nur nach weltlichen Urteilen, die gebieten, schon die leisesten Anfänge aller politischen Umwälzungen sehr schnell zu unterdrücken, sondern er bezog auch die göttliche Norm in seine Entscheidungen ein, die gebietet, auf das Evangelium zu hören, die verbietet, sich der anerkannten Wahrheit zu widersetzen, und die die wahrheitsfeindliche Verstocktheit, die von Gott schauderhaft verdammt worden ist, Blasphemie nennt. Deshalb machte er es wie viele gottesfürchtige und weise Männer vor ihm: Er beugte sich Gott, las eifrig, was geschrieben wurde, und wollte nicht vernichten, was nach seinem

Urteil richtig war. Ich weiß auch, dass er sich oft nach den Ansichten gebildeter und verständiger Männer gerade über diese Probleme erkundigt hat. So bat er auf dem Reichstag, den Kaiser Karl V. nach seiner Krönung in der Stadt Köln abhielt, Erasmus von Rotterdam freundlich, frei heraus zu sagen, ob Luther seiner Ansicht nach in den Streitfragen, die er vor allem erörtert habe, im Irrtum sei. Da erklärte ihm Erasmus offen, dass Luther recht denke, dass er aber bei ihm die Sanftmut vermisse. Danach schrieb Herzog Friedrich Luther darüber einen sehr ernsten Brief und ermahnte ihn sehr, die Grobheit seines Stils zu mäßigen.

Es ist auch bekannt, dass Luther dem Kardinal Cajetan Stillschweigen versprechen wollte, wenn es auch seinen Gegnern auferlegt werde. Daraus kann man eindeutig erkennen, dass er zumindest damals noch nicht entschlossen war, unmittelbar darauf weitere Streitigkeiten zu schüren, sondern dass er Frieden wünschte, dass er sich aber nach und nach zu anderen Zündstoffen verleiten ließ, da ihn wissenschaftlich ungebildete Autoren von allen Seiten dazu herausforderten.

Es folgten also die Disputationen über den Unterschied zwischen den göttlichen und den menschlichen Gesetzen, über die abscheuliche Entheiligung des Herrenmahles in seinem Verkauf und in seiner Zuwendung für andere. Hier musste das ganze Wesen des Opfers entfaltet und der Gebrauch der Sakramente erklärt werden. Als nun gottesfürchtige Menschen in den Klöstern hörten, dass man Götzen meiden müsse, begannen sie, aus der gottlosen Unfreiheit auszubrechen. So fügte also Luther zur Erklärung der Lehre über die Umkehr zu Gott, über die Vergebung der Sünden, über den Glauben und über die Ablässe weiterhin noch folgende Themen hinzu: den Unterschied zwischen den göttlichen und den menschlichen Gesetzen, die Lehre über den Gebrauch des Abendmahls und der übrigen Sakramente und über die Gelübde. Dies waren die hauptsächlichen Streitpunkte. Die Frage nach der Gewalt des Bischofs von Rom warf Eck nur deshalb auf, um den Hass des Papstes und der Könige gegen ihn zu schüren.

Das apostolische, das nizänische und das athanasianische Glaubensbekenntnis behielt er völlig unangetastet bei. Darauf legte er in vielen Schriften ausführlich dar, was an den Riten und den menschlichen Traditionen geändert werden müsse und warum. Was er bewahren wollte und welche Formen der Lehre und der Verwaltung der Sakramente er guthieß, wird aus dem Augsburger Bekenntnis klar, das der Kurfürst von Sachsen, Johann, und der Fürst Philipp, der Landgraf von Hessen, und andere 1530 auf dem Reichstag zu Augsburg Kaiser Karl V. vorlegten. Ebenso wird es aus den Riten der Gemeinde hier in unserer Stadt und aus der Lehre klar, die unsere Gemeinde verkündet und deren Hauptinhalt im Augsburger Bekenntnis eindeutig zusammengefasst ist. Ich erwähne dies deshalb, damit die Gottesfürchtigen nicht nur beachten, welche Irrtümer Luther getadelt, welche Götzen er beseitigt hat, sondern damit sie auch wissen, dass er die notwendige Lehre der Kirche insgesamt umrissen, die Reinheit der Riten wiederhergestellt und den Gottesfürchtigen Beispiele für die Erneuerung der Gemeinde gezeigt hat. Es ist nützlich, dass die Nachwelt weiß, was Luther gutgeheißen hat.

An dieser Stelle will ich nicht erwähnen, wer zuerst das Herrenmahl unter beiderlei Gestalt darreichte, wer zuerst die Privatmessen aufgab, wo zuerst Klöster verlassen wurden. Denn Luther hatte vor dem Reichstag in Worms über diese Themen nur wenig diskutiert. Er selbst änderte die Riten nicht, sondern in seiner Abwesenheit Karlstadt und andere. Da Karlstadt einiges ziemlich rebellisch ausgeführt hatte, legte Luther bei seiner Rückkehr dar, was er billigte und was nicht, indem er einleuchtende Beweise seiner Auffassung vortrug.

Wir wissen, dass die Politiker alle Umwälzungen heftig verabscheuen, und man muss zugeben, dass sich sogar durch Entzweiungen, die aus höchst berechtigten Gründen entstanden sind, bei dieser betrüblichen Unordnung im menschlichen Leben immer etwas Unheilvolles einschleicht. Dennoch muss man bekennen, dass in der Kirche das Gebot Gottes allen menschlichen Interessen vorgezogen werden muss. Der ewige Vater hat über seinen Sohn Folgendes gesagt: „Dies ist mein geliebter Sohn, hört auf ihn!"[9] Den Gotteslästerern, d. h. denen, die die anerkannte Wahrheit auszulöschen versuchen, droht er seinen ewigen Zorn an.

Darum war es Luthers gottesfürchtige und notwendige Aufgabe, zumal er ein Lehrer der Kirche Gottes war, gefährliche Irrtümer, die epikureische Menschen auch noch mit neuer Unverschämtheit vermehrten, seiner Kritik zu unterziehen. Es war auch unumgänglich, dass seine Hörer ihm zustimmten, wenn er die rechte Lehre verkündete. Wenn aber eine Umwälzung ärgerniserregend ist, wenn in der Uneinigkeit viele Nachteile stecken, wie wir mit großer Betrübnis tatsächlich viele wahrnehmen, liegt die Schuld einerseits bei denen, die die Irrtümer zuerst verbreitet haben, andererseits bei denen, die sie jetzt mit teuflischem Hass in Schutz nehmen.

Ich erwähne dies nicht nur deshalb, um Luther und seine Hörer zu verteidigen, sondern damit auch die gottesfürchtig Gesinnten jetzt und für die spätere Zeit darüber nachdenken, wie die Leitung der wahren Kirche beschaffen ist und schon immer beschaffen war, wie sich Gott durch das Wort des Evangeliums aus dieser Sündenmasse, d. h. aus dem großen Menschengewirr, in dem das Evangelium wie ein Funke in der Dunkelheit leuchtet, seine unvergängliche Kirche auserwählt. Wie zur Zeit der Pharisäer Zacharias, Elisabeth, Maria und andere dennoch Bewahrer der echten Lehre waren, so gab es auch vor unserer Zeit viele, die Gott in rechter Weise anriefen und mehr oder minder deutlich an der Lehre des Evangeliums festhielten. Von dieser Art war auch jener alte Mann, von dem ich bereits gesprochen habe, der Luther oft aufgerichtet hat, wenn er von seinen Ängsten heimgesucht wurde, und der ihm in der Lehre über den Glauben in etwa die Richtung gewiesen hat. So lasst uns mit leidenschaftlichen Bitten Gott anflehen, er möge das Licht des Evangeliums hinfort bei vielen erhalten, wie auch Jesaja für seine Schüler betete: „Versiegle das Gesetz in meinen Schülern!"[10] Weiterhin zeigt diese Darlegung, dass falsche abergläubische Bräuche nicht dauerhaft sind, sondern durch göttliche Fügung ausgerottet werden. Da dies die Ursache von Umwälzungen ist, muss man sich davor in Acht nehmen, dass in der Kirche Irrtümer gelehrt werden.

Aber ich kehre zu Luther zurück. Wie er sich anfangs ohne privaten Ehrgeiz auf diese Streitsache einließ, so war er sich trotz seines leidenschaftlichen und jähzornigen Naturells immer seiner Aufgabe bewusst. Er kämpfte nur durch seine Lehrtätigkeit und verbot, zu den Waffen zu greifen. Klug unterschied er die in ihrer ganzen Art verschiedenen Pflichten, die eines Bischofs, der seine Kirche unterweist, und die der Staatsgewalten, die das gemeine Volk eines bestimmten Gebietes mit dem Schwert in Schranken halten.

Der Widersacher, der die Kirche durch Ärgernisse zu sprengen und Gott zu beleidigen sucht und schadenfroh, wie er ist, am Verderben unglücklicher Menschen sein Vergnügen findet, hatte mehrfach aufsässige Köpfe wie Thomas Müntzer und dergleichen dazu angefeuert, Aufstände zu erregen. Deshalb verurteilte Luther aufs schärfste jenes verblendete Unterfangen und hielt die Würde und alle Bande der öffentlichen Ordnung nicht nur in Ehren, sondern festigte sie auch. Wenn ich mir überlege, wie viele bedeutende Männer in der Kirche in dieser Frage oft gedankenlos gefaselt haben, zeigt sich mir ganz deutlich, dass sich sein Herz nicht nur von menschlicher Gewissenhaftigkeit, sondern auch vom göttlichen Licht leiten ließ, innerhalb der Grenzen seines Amtes so konsequent zu bleiben. Er verabscheute also nicht nur die rebellischen Lehrer dieser Zeit, Thomas Müntzer und die Wiedertäufer, sondern auch diejenigen Bischöfe in Rom, die mit ihren, ohne göttlichen Auftrag aufgestellten, Dekreten äußerst dreist und unverschämt beteuerten, dass Petrus nicht nur das Amt der Evangeliumsverkündigung, sondern auch politische Befehlsgewalt übertragen worden sei.

Überhaupt war er für alle ein Mahner, Gott zu geben, was Gott gebührt, und dem Kaiser, was dem Kaiser gebührt,[11] d. h. Gott mit wahrer Buße, mit der Erkenntnis und der Verbreitung der wahren Lehre, mit wahrer Anrufung und mit Taten eines guten Gewissens zu verehren. Aber jeder solle seiner Staatsmacht um Gottes willen in allen bürgerlichen Pflichten respektvoll gehorchen. So war jedenfalls Luther selbst: Er gab Gott, was Gott gebührt, lehrte die rechte Lehre und rief Gott in rechter Weise an. Er besaß auch andere Tugenden, die für einen Menschen, der bei Gott Gefallen findet, notwendig sind. Demgemäß vermied er in

seinem politischen Verhalten alle aufrührerischen Pläne mit großer Standhaftigkeit. Ich bin der Meinung, dass diese guten Eigenschaften so große Vorzüge sind, dass man in diesem Leben andere,
noch größere Vorzüge nicht anstreben kann.

Die Tugend ebendieses Mannes, der Gottes Gaben ehrfürchtig
genutzt hat, verdient gewiss Lob. Dennoch muss man vor allem
Gott danken, dass er uns das Licht des Evangeliums durch ihn
wiederhergestellt hat. Seine Lehre muss im Bewusstsein bleiben
und verbreitet werden. Ich lasse mich auch nicht vom Geschrei
der Spötter und Kritiker erschüttern, die offenkundige Wahrhei-
ten verhöhnen oder verurteilen, sondern ich glaube wahrhaftig,
dass gerade dieses Wort der Lehre, das in unseren Gemeinden verkündet wird, der dauerhafte Konsens der allumfassenden Kirche
ist und dass von der Anerkennung dieser Lehre notwendigerweise
die Anrufung Gottes und die Lebensführung bestimmt werden
muss, dass überhaupt gerade dies die Lehre ist, von der Gottes
Sohn sagt: „Wenn mich einer liebt, wird er mein Wort bewahren,
und mein Vater wird ihn lieben, und wir werden zu ihm kommen und bei ihm Wohnung nehmen."[12] Ich spreche nämlich vom
Hauptinhalt der Lehre, wie sie in unseren Gemeinden von den
Gottesfürchtigen und Gebildeten verstanden und ausgelegt wird.
Denn wenn auch manchmal die Auslegungen der einen den eigentlichen Sinn und Zusammenhang besser erfassen als die anderen oder der eine sich manchmal gröber als der andere ausdrückt,
so besteht dennoch unter den Gottesfürchtigen und Gebildeten in
der Hauptsache Übereinstimmung.

Nach häufigem und langem Nachdenken über die Lehre in der
ganzen Zeit von den Aposteln an scheint es mir, dass auf die ursprüngliche Reinheit vier deutliche Veränderungen der Lehre folgten. Es gab zwar zur Zeit des Origenes einige Rechtgläubige, wie
es nach meiner Meinung Methodius war, der die abweichenden
Vorstellungen des Origenes missbilligte. Dennoch verkehrte dieses
Zeitalter das Evangelium in den Köpfen der Leute in Philosophie,
d. h. es drängte die Überzeugung auf, dass eine maßvolle Ausbil-
dung der Vernunft die Vergebung der Sünden verdiene und die-
jenige Gerechtigkeit sei, von der gesagt wird: „Der Gerechte wird

aus seinem Glauben leben."[13] Diese Zeit gab den Unterschied zwischen Gesetz und Evangelium fast ganz auf und vergaß die apostolische Verkündigung. Sie behielt nämlich nicht die ursprüngliche Bedeutung der Wörter Schrift, Geist, Gerechtigkeit und Glauben bei. Wenn die eigentliche Bedeutung der Wörter, die Zeichen von Dingen sind, verloren gegangen ist, müssen andere Dinge erdacht werden. Aus diesem Samen entstand der Irrtum des Pelagius, der weit verbreitet wurde. Nachdem also die Apostel der Kirche die unverfälschte Lehre und reine und heilsame Quellen übergeben hatten, ließ Origenes also viel Unrat eindringen.

Um die Irrtümer dieser Zeit wenigstens zu einem Teil zu berichtigen, berief Gott den Augustinus. Dieser reinigte wieder etwas die Quellen, und ich zweifle nicht daran, dass wir ihn ganz und gar zum Befürworter hätten, wenn er über die Kontroversen unserer Zeit Schiedsrichter wäre. Über die unentgeltliche Vergebung, über die Gerechtigkeit im Glauben, über den Gebrauch der Sakramente und über das, was für den Glauben gleichgültig ist, stimmt er gewiss ausdrücklich mit uns überein. Aber wenn er auch seine Absicht an der einen Stelle mehr, an der anderen weniger sprachgewandt oder angemessen darlegt, wird der Leser dennoch anerkennen, dass er mit uns übereinstimmen würde, wenn er ihr Klarheit und Geschmeidigkeit im Ausdruck hinzufügte. Wenn nämlich unsere Gegner manchmal gegen uns Sätze zitieren, die sie ihm entnommen haben, und sich mit lautem Geschrei auf die Väter berufen, dann tun sie das nicht aus Liebe zur Wahrheit und zur alten Sittenstrenge, sondern sie verbrämen die gegenwärtigen Götzenbilder in betrügerischer Weise mit der Autorität der alten Schriftsteller, denen die Götzen der jüngsten Zeit unbekannt waren.

Es ist aber offenkundig, dass die Ursachen der abergläubischen Ansichten gleichwohl in der Zeit der Väter entstanden sind. Daher hat Augustinus auch einiges über die Gelübde festgelegt, obwohl er auch darüber weniger abstoßend spricht als die anderen. Aber auf einzelne Menschen, sogar gute Menschen, lassen die verderblichen Einflüsse ihrer Zeit immer etwas Verkehrtes abfärben, weil wir ebenso wie dem Vaterland auch den gegenwärtigen Gewohnheiten, mit denen wir groß geworden sind, zuneigen. Der bekannte Ausspruch des Euripides[14] ist absolut wahr: „Alles Vertraute ist angenehm." Würden doch alle, die damit prahlen, sich nach Augustinus zu richten, die bleibende Ansicht des Augustinus und, um es so zu sagen, sein Herz wiedergeben, nicht aber nur verstümmelte Aussprüche nach ihren Meinungen umbiegen!

Das durch die Schriften des Augustinus wiederhergestellte Licht war für die Nachwelt von Nutzen. Denn danach befolgten Prosper, Maximus, Hugo von St. Viktor und andere, die die Studien leiteten, bis zur Zeit Bernhards so ziemlich die Norm des Augustinus. Doch da inzwischen die Macht und der Reichtum der Bischöfe wuchsen, folgte gewissermaßen das Zeitalter der Giganten. Weltliche und ungebildete Menschen regierten in der Kirche. Einige von ihnen waren in den Intrigen des römischen Hofes und im kanonischen Recht ausgebildet.

Also traten die Dominikaner und die Franziskaner auf, die eine bescheidenere Lebensform schufen; denn sie sahen die Verschwendungssucht und den Reichtum der Bischöfe und verabscheuten ihr weltliches Benehmen. Sie schlossen sich gewissermaßen in die Kerker der mönchischen Zucht ein. Aber erstens vermehrte ihre eigene Unwissenheit den Aberglauben; zweitens versuchten sie wohl, die Menschen zu den theologischen Studien zurückzurufen – sie beobachteten nämlich, dass sich die Studien der Menschen an den Hochschulen der Rechtswissenschaft zuwandten, weil man in Rom durch Prozesse bereits zu größerem Einfluss und Vermögen gelangen konnte –, aber es fehlte ein Konzept. Albertus und andere, die sich der Lehre des Aristoteles verschrieben hatten, begannen, die Lehre der Kirche in Philosophie umzuformen. Dieses vierte Zeitalter schüttete nicht nur Schmutz, sondern dazu noch Gifte, d. h. Meinungen, die offenkundige Götzen anerkannten, in die Quellen des Evangeliums. Bei Thomas, Scotus und anderen gibt es so viele Labyrinthe und falsche Meinungen, dass sich vernünftigere Theologen immer nach einer anderen verständlicheren und reineren Gestalt der Lehre sehnten.

Man kann nur mit unerhörter Unverschämtheit behaupten, es habe keiner Änderung dieser Lehre bedurft; denn es ist offenkundig, dass ein großer Teil der Spitzfindigkeiten in jenen Disputationen nicht einmal von denen verstanden werden, die mit dieser Art Lehre vertraut sind. Ferner wird Götzenwahn offensichtlich dort verfestigt, wo man die Zuwendung eines Opfers kraft des gewirkten Werkes lehrt, wo man die Anrufung von Statuen rechtfertigt, wo man abstreitet, dass die Sünden wegen des Glaubens vergeben werden, wo man aus menschlichen Zeremonien Gewissensqualen macht. Schließlich gibt es noch andere abstoßendere und gotteslästerliche Dinge, bei deren Vergegenwärtigung ich am ganzen Körper erschaudere.

Lasst uns also Gott danken, dem ewigen Vater unseres Herrn Jesus Christus, der durch den Dienst Martin Luthers den Unrat und die Gifte aus den Quellen des Evangeliums wieder entfernen wollte und die reine Lehre der Kirche wiederhergestellt hat. Alle Gottesfürchtigen auf der ganzen Welt sollten, wenn sie das bedenken, ihre Gebete und Wehklagen miteinander verbinden und mit inbrünstigen Herzen Gott bitten, das, was er in uns gewirkt hat, um seines heiligen Tempels willen zu festigen.

„Lebendiger und wahrer Gott, ewiger Vater unseres Herrn Jesus Christus, Schöpfer aller Dinge und der Kirche, dies ist dein Wort und deine Verheißung: ‚Um meines Namens willen will ich mich eurer erbarmen. Um meinetwillen, ja um meinetwillen will ich's tun, dass ich nicht gelästert werde.'[15] Ich bitte dich aus ganzem Herzen: Erwähle dir mit dem Wort des Evangeliums zu deiner und deines Sohnes Ehre immer auch aus unserer Mitte eine unsterbliche Kirche! Lenke mit dem Heiligen Geist unsere Herzen um deines Sohnes willen, unseres Herrn Jesus Christus, der für uns gekreuzigt und auferweckt wurde, des Mittlers und Fürsprechers, damit wir dich in Wahrheit anrufen und dir wohlgefällige Dienste leisten!

Lenke auch die Studien der Lehre, leite und bewahre diese Staatsverwaltungen und ihre Ordnung! Da du also das Menschengeschlecht erschaffen hast, um von ihm anerkannt und angerufen zu werden (deshalb hast du dich auch durch deutliche Bezeugungen offenbart), wirst du nicht zulassen, dass diese Scharen vernichtet werden, in denen deine Lehre zur Sprache kommt. Als dein Sohn, unser Herr Jesus Christus, in sein Todesleiden ging, betete er für uns: ‚Vater, heilige sie in der Wahrheit, dein Wort ist Wahrheit.'[16] Deshalb verbinden wir unsere Wünsche mit diesem Gebet unseres Priesters und bitten zusammen mit ihm, dass deine Lehre beim Menschengeschlecht immer leuchte und uns regiere."

Wir haben auch Luther diese Bitte täglich sprechen hören, und unter diesen Bitten wurde seine Seele sanft aus seinem sterblichen Leib gerufen, als er bereits im 63. Lebensjahr stand.

Die Nachwelt besitzt viele schriftliche Zeugnisse seiner Lehre und seiner Frömmigkeit. Er hat Lehrschriften herausgegeben, in denen er die für uns Menschen heilbringende und notwendige Lehre zusammengefasst hat. Sie unterweist die Gutgesinnten in der Umkehr zu Gott, im Glauben und in den wahren Früchten des Glaubens; im Gebrauch der Sakramente, in der Unterscheidung von Evangelium und Philosophie, in der Würde des politischen Standes, schließlich in den übrigen Artikeln der Lehre, die in den Gemeinden lebendig sein muss. Er hat ferner Streitschriften hinzugefügt, in denen er viele für die Menschen verderbliche Irrtümer widerlegt. Auch hat er exegetische Schriften, d. h. sehr viele Erläuterungen zu den prophetischen und apostolischen Schriften veröffentlicht. Sogar seine Gegner müssen anerkennen, dass er in dieser Gattung die vorhandenen Auslegungen aller Exegeten übertrifft.

Alle, die gottesfürchtig denken, erkennen, dass schon diese Verdienste groß sind. Aber die Übersetzung des Alten und des Neuen Testaments, in der eine so große Klarheit herrscht, dass die deutsche Lektüre einen Kommentar ersetzen kann, kommt sicherlich den obengenannten Werken an Nutzen und aufgewandter Mühe gleich. Die Übersetzung ist dennoch nicht kommentarlos schlicht, sondern ihr sind sehr gelehrte Anmerkungen und für die einzelnen Teile Inhaltsangaben beigegeben, die auf das Ganze der himmlischen Lehre hinweisen. Sie unterrichten den Leser über die literarische Gattung, damit Gutgesinnte unmittelbar aus den Quellen sichere Zeugnisse für die Lehre entnehmen können.

Luther wollte nämlich in seinen Schriften nicht das Denken aller Leser ausschalten, sondern zu den Quellen hinführen. Er wollte, dass wir Gottes Stimme selbst vernehmen. Durch sie wollte er bei vielen den wahren Glauben und die wahre Anrufung erwecken, damit Gott in Wahrheit gepriesen werde und viele zu Erben des ewigen Lebens würden.

Es ist angebracht, diese Absicht und diese so großen Anstrengungen mit Dankbarkeit zu preisen wie auch um des Vorbildes willen im Gedächtnis zu behalten, damit sich auch jeder von uns auf seine Art bemühe, zum Wohl der Kirche beizutragen. Denn das ganze Leben, alle seine Bemühungen und Pläne sind vor allem auf folgende zwei Ziele auszurichten: erstens, dass wir Gottes Ehre verherrlichen; zweitens, dass wir für die Kirche Nutzen bringen. Über das erste Ziel sagt Paulus: „Tut alles zur Ehre Gottes!"[17] Über das andere sagt der Psalm: „Betet darum, was Jerusalem zum Frieden dient!"[18] In demselben Vers wird auch die sehr erfreuliche Verheißung hinzugefügt, dass diejenigen, die die Kirche lieben, glücklich und selig sein werden. Diese himmlischen Gebote und diese Verheißungen mögen alle einladen, sich die Lehre der Kirche in rechter Weise anzueignen, die Diener des Evangeliums und seine heilverkündenden Lehrer zu lieben und ihre eigene Hingabe und Mühe für die Verbreitung der wahren Lehre und für die Bewahrung der Einheit der wahren Kirche einzusetzen.

Leser, lebe wohl! Wittenberg am 1. Juni 1546

---

[1] Vgl. CR 13, 448–451.   [2] Eigentlich: „Er flötet sich selbst." Suidas 4520 und Comica Adespota, CAF Fragmenta incertorum poetarum (733).   [3] Röm 11,32; Gal 3,22.   [4] Johannes Greffenstein.   [5] Joh 1,29.   [6] Aristoteles, Rhetorik 1356 a.   [7] Eigentlich: „Eine Maske ohne Stimme"; Cicero: An Atticus 13,29 (19),3.   [8] Homer, Ilias 4,442 f., über Eris, die Göttin des Streits; bei Vergil, Aeneis 4, 176, über das Gerücht (fama).   [9] Mk 9,7.   [10] Jes 8,16.   [11] Mt 22,21.   [12] Joh 14,23.   [13] Röm 1,17.   [14] Euripides, Fragment 1046,3.   [15] Jes 48,9.11.   [16] Joh 17,17.   [17] 1Kor 10,31.   [18] Ps 122,8.

Deklamation über Luther und die Zeitalter der Kirche

Declamatio de Luthero et aetatibus ecclesiae   1548

Aus dem ersten Absatz wie aus dem Schluss dieser Deklamation scheint hervorzugehen, dass anlässlich von Luthers Geburtstag regelmäßig Deklamationen in der Schlosskirche stattfanden. Von Bedeutung hier ist Melanchthons Sicht auf die Kirchengeschichte. Gleichsam als Einleitung dazu bietet er einen kurzen Abriss der Philosophiegeschichte, die er als Verfall deutet, um sich dann der Kirchengeschichte zuzuwenden. Ursprünglich lehrten im Alten Testament die Patriarchen von Adam bis Abraham die reine Anbetung Gottes. Mit dem nicht namentlich genannten Mose setzten Zeremonialgesetzgebung und Abfall ein. Genauso verhält es sich mit den fünf Zeitaltern der christlichen Kirche. Auf die Apostel folgt der Sündenfall des Origenes, der jedoch durch Augustin weitgehend behoben wird. Das Zeitalter trauriger Finsternis ist die Hochscholastik, aus dem erst das fünfte unter Luther wieder zu den Quellen des Evangeliums führt. Melanchthon befürchtet offensichtlich ein neues Zeitalter, in dem das Licht des Evangeliums wiederum verdunkelt wird. Der geschichtliche Hintergrund ist das im Text nicht ausdrücklich erwähnte Augsburger Interim, das den Versuch einer Rekatholisierung darstellte. Die „Oratio" bildet wegen ihrer eigentümlich wellenförmigen Geschichtsbetrachtung einen wichtigen Beitrag zu Melanchthons historiographischen Anschauungen.

Von der „Oratio recitata in renunciatione gradu Theologia clarissimi viri Melchioris Isindri Suidnicensis" existieren zwei zeitgenössische Drucke von Hans Lufft (Wittenberg 1548), die sich nur im Titel geringfügig unterscheiden (Koehn Nr. 148 f.). Einen Nachdruck legte Karl Eduard Förstemann 1846 vor. Der Rezitator der Rede war Georg Major.

Übersetzungsgrundlage: CR 11, 783–788.

Als ich zwei Tage vor dem Geburtstag Martin Luthers über das Thema der Rede nachdachte, ging mir, um einen alten Vers zu zitieren, viel Schweres durch das traurige Herz. Gerade wegen seines Geburtstages stand mir Luther gleichsam unablässig vor Augen. So sehr begann ich, unsere Zeitläufte zu beklagen, dass ich kein anderes Thema wählen konnte. Um denn nicht vom Krieg[1] zu reden, der vielleicht niemals ausgebrochen wäre, hätte Luther noch gelebt. Doch jetzt ist dieses verhängnisvolle Unglück freilich hereingebrochen, dieses neuere Übel, nämlich die Verdrehung der Lehre, die nicht dem Schicksal, sondern durchaus menschlichen Machenschaften zuzuschreiben ist und die Luther selbst mit seiner lebendigen Stimme leicht unterdrückt hätte. Nun, da es einigen an Urteilskraft und Autorität fehlt und auch kein einziger Mahner wie Luther mehr da ist sowie außerdem viele – sei es aus Irrtum, sei es in böser Absicht – Falsches als Wahres annehmen, reißt man die Kirche auseinander; Verfälschungen des ehemals recht Überlieferten breiten sich aus. Man befestigt die verdorbenen Zeremonien, während das Gebet erschlafft, da es nur unter Zweifel geschieht. Auch bringt der Zweifel bei vielen eine epikureische Verachtung[2] Gottes und aller Religionen hervor, und schließlich, wenn sich die Gelehrten erst einmal um diesen Apfel der Göttin Eris[3] zu zanken beginnen, entstehen neue Streitigkeiten und andere Entstellungen der Lehrsätze.

Angesichts dieser Übel, so sollte man glauben, müssten alle anständigen Menschen in unseren Kirchen mit großem Schmerz erfüllt werden. Und dennoch gibt es Eiferer, die nicht der Klage der Kirche freimütig beipflichten, sondern sogleich loswüten, alle jene seien Aufrührer, die den Verfälschungen der Lehre nicht zustimmen und an der Verwirrung der Kirche wie der des Gebetes der Frommen litten. Sie behaupten, persönliche Leidenschaften, Hass und Hochmut hinderten uns, ihnen zuzustimmen.

Selbst wenn wir auch zustimmten, müssen dann wirklich deswegen alle Frommen im Volk, die freier urteilen, auch zustimmen? Es ist also klar: Wenn wir wahre Lehrsätze ablehnen, wären im Volk nur größere Uneinigkeit und größerer Hass gegen die Religion die Folge.

Wir schmeicheln nicht der gemeinen Masse, sondern schauen auf die wahren Urteile der Frommen. Aber der Schwachheit des Volkes, der ehrbaren Alten und der Kinder sollte man etwas entgegenkommen, wie Gottes Sohn sagt, dass man sich sehr hüten möge, die Schwachen zu verärgern.[4] Wenn einige, die es bedenken und wünschen, dass die Kirchen nicht verstört werden, in denen die Stimme der reinen Lehre erklingt und Mäßigung vorherrscht, ja in denen vielmehr wegen anderer Unglücksfälle die Trauer groß ist, warum sollen sie als Aufrührer beurteilt werden? Denn weder greifen sie selbst zu den Waffen noch fordern sie Truppen an, noch rufen sie andere zum Umsturz auf.

Wenn ich auch weiß, wie gefährlich es ist, auch das bescheidenste Urteil nur anzudeuten, meine ich dennoch meine jüngere Zuhörerschaft dringend ermahnen zu müssen, nicht zu dulden, dass ihr Gebete durch die Vielfalt der Meinungen gestört werden, sondern sie sollen die wahre Lehre festhalten und in ihr ruhen und lernen, zum Glauben durch ernsthafte Übungen aufzusteigen. Ich rede über eine große Angelegenheit und hoffe, klar zu sagen, was in der Kirche gesagt werden muss. Wenn die Seele durch Zweifel an den wichtigsten Teilen der Lehre gequält wird, wird nicht nur das Gebet ausgelöscht, sondern auch der Hass auf alle Religion entfacht. Darum muss man die Herzen mit aller Wachsamkeit und Klugheit davor bewahren, dass sie von dieser tödlichen Krankheit befallen werden. Um also die Gemüter zu stärken, halte man fest an der Regel des Paulus, die er an Timotheus schrieb: „Bewahre das anvertraute Gut durch den Heiligen Geist."[5] Paulus übergab Timotheus wie auch seinen anderen Zuhörern die wahre, reine, klare und unverdorbene Gestalt der Lehre. Voll Verantwortung befahl er, diese wie einen Schatz zu hüten, damit sie auch den Nachgeborenen ohne Fälschung verkündet würde. Diese Lehre des Paulus brachte Luther wieder an das Licht und ermahnte uns, sie wie einen Schatz treulich zu hüten und nicht zuzulassen, dass sie verfälscht, die Gemüter durch verderbliche, abergläubische Kunstgriffe von Gott entfernt und schließlich die Gebete durch die Fülle und Verschiedenartigkeit der Meinungen vertrieben würden.

Dass ursprünglich richtige Überlieferungen durch spätere Zusätze verdorben werden, ist keine neue Erscheinung. Der Teufel spielt auf diese Weise nicht nur in der Kirche, sondern auch in den Wissenschaften. So auch in der Philosophie, zu der mit den Lehren des Aristoteles und Theophrast der rechte Grund gelegt war. Später suchten verkommene Geister aus Neuerungssucht leichtfertig neue Auffassungen, um so gleichsam von der mittleren und Königsstraße abzuweichen und in sich gegenseitig widersprechenden Irrtümern zu versinken.

Epikur verlegte sich den Sinnen entgegen auf die Lust. Sie war für ihn das höchste Gut, das Maß für alles andere. Er entfernte Gott aus der Weltherrschaft und behauptete tollkühn, alle Körper dieser Welt seien aus dem zufälligen Zusammenprall der Atome geboren. Auf diese Weise seien die sichtbare Sonne und die Sterne entzündet worden; danach hob er in der ganzen Natur die Ordnung auf, um so die Sinne der Menschen von Religion und Gesetz loszulösen. Dieser Wahnsinn missfiel Zenon, einem sehr ernsten Mann, so sehr, dass er soweit wie nur möglich davon abwich und dabei seinerseits weiterging als nötig ist. Epikur hatte gesagt, alles geschehe zufällig und wirbele ohne Ordnung und Notwendigkeit herum. Zenon behauptete dagegen, alles geschehe mit Notwendigkeit und gemäß den unwandelbaren Gesetzen des Schicksals, selbst die Verbrechen des Phalaris.[6] Jener nannte das Vergnügen, die Tugend, die Gesundheit und den Reichtum Güter; dieser hielt nur die Tugend für ein Gut. Jener erklärte alle Leidenschaften für naturgemäß, auch die unanständigen und der Gesellschaft schädlichen; dieser hielt davon nichts. Als später Arkesilaos sah, dass dieser Disput einem unergründlichen Labyrinth ähnelte, ging er über deren Ansichten hinaus und bestritt jede Gewissheit überhaupt. Solchen Rasereien folgte man, obwohl die Philosophie ursprünglich nicht schlecht gegründet worden war. Dabei sollte man hier nicht nur die Eitelkeit des menschlichen Verstandes anklagen, sondern auch die Bosheit der Dämonen, denen es eine Lust ist, aus Hass auf Gott die Wahrheit in Finsternis zu hüllen, um danach die blinden Gemüter desto leichter zu verwirren und in schreckliche Verbrechen zu stürzen.

In der Kirche treibt die Bosheit der Dämonen von Anfang an ein noch viel mutwilligeres Spiel. In gleicher Weise, wie es jetzt geschieht, wurde die Lehre von der göttlichen Verheißung verdunkelt. Denn ursprünglich hatten Adam, Seth, Henoch, Noah, Sem und Abraham gelehrt, dass der Glaube die Annahme der Sündenvergebung sei und zur Ruhe des Gemütes in Gott führen müsse, um so von ihm alles Gute zu erstreben und zu erwarten. Die Zeremonien aber seien Zeichen, um das Notwendige zu lehren. Andere dagegen, die nicht verstanden, wie Gott im Glauben anzurufen sei oder was es bedeute in Gott zu ruhen und von ihm Hilfe zu erwarten heißt, bewunderten die Zeremonien so sehr, dass sie schließlich glaubten, Gott damit zu dienen. Und in dieser Überzeugung vermehrten sie jene Stück für Stück. So stellte man verschiedene Götzenbilder auf und brachte ihnen nicht nur Vieh, sondern auch Menschenopfer dar; dazu wurden allerhand scheußliche Riten eingeführt wie die Orgien des Bacchus,[9] voller Schändung und Unzucht. Denn allmählich verwandelte der Teufel die glänzenden Anfänge Schritt für Schritt ins Scheußliche.

Aber betrachten wir die Zeiten nach der Predigt der Apostel. Ein jeder mag sie auf seine Weise einteilen. Dennoch meine ich, sie lassen sich klar so unterscheiden: Das erste Zeitalter, das reine, war das der Apostel selbst. Zu ihm gehörten auch deren Schüler, die die Lehre noch nicht mit platonischen Theorien und abergläubischen Riten verwässert überlieferten. Das zweite Zeitalter ist das des Origenes. In ihm wurde die Glaubenslehre bereits verfinstert, und platonische Philosophie wie Aberglaube beherrschten die Kirchen.

Wenn Gott auch immer den Samen der reinen Lehre in eigenen Gegenden bewahrt, so laufen dennoch oft lange Zeit Irrtümer in einem großen Teil der Kirche um, die Gott später zurechtbringt, so wie die Kirche durch die Stimme des Augustinus nach dem Zeitalter des Origenes wieder gereinigt wurde. Man kann also dieses Zeitalter des Augustinus das dritte nennen, in dem die Studien der Menschen wieder zu den Quellen zurückgerufen wurden. Jedoch wurde die Kirche durch die Kriege mit den Goten und Vandalen bald zerstreut, und es folgte das vierte Zeitalter, das der Mönche, in dem die Finsternis wieder wuchs.

Was anderes ist denn die Lehre des Thomas oder des Duns Scotus als ein barbarischer Zusammenfluss aus der Vermischung zweier Grundübel, der ungelehrten und allzu geschwätzigen Philosophie sowie des Götzendienstes: des Missbrauchs nämlich des Abendmahles, der Anrufung der Heiligen, des Zölibats und des mönchischen Aberglaubens. Und trotzdem bewahrte Gott, wie schon gesagt, auch damals den Samen der reinen Lehre bei einigen Menschen, obwohl offensichtlich der größere Teil der Kirche in Finsternis versunken war. In seiner unendlichen Barmherzigkeit begann Gott, das Dunkel zu vertreiben, indem er das Licht des Evangeliums durch Luther wieder entzündete. Und obgleich viele Völker der Stimme des Evangeliums feindlich gesinnt blieben, wie es immer geschieht, so haben doch in vielen Gebieten die Kirchen eine gottgefällige Gestalt erhalten, und die ganze Lehre zeigt sich ohne jeden Makel.

Dies also kann man das fünfte Zeitalter nennen. In ihm hat Gott wiederum die Kirche zu ihren Quellen zurückgerufen. Auch gibt es so viele offensichtliche Beweise für die Lage der Dinge, dass alle Vernünftigen zugeben müssen: Die in unseren Kirchen verkündete Lehre ist die Stimme des Evangeliums. Denn auch jene, die sie durch neue Gaukeleien zu verderben suchen, schmeicheln sich beim Volk unter dem Vorwand ein, sie würden dieselbe Sache fördern: Nur einige äußerliche Zeremonien müsse man um des Friedens und der Eintracht willen wiederherstellen! Würden sie nicht solche Kunstgriffe benutzen, hörte ihnen überhaupt keiner zu. Ihr aber, die Ihr Theologie studiert, vergesst nicht, dass Ihr die Wächter der himmlischen Lehre seid. Bedenkt eifrig, welches Gut euch Gott durch Propheten, Apostel und schließlich auch durch Luther anvertraut hat.

Wenn es sich nun so verhält, warum verstören diese Tyrannen die Kirche? Wenn aber nicht, so mögen sie zugeben, dass wir triftige Gründe haben, ihnen nicht zustimmen zu können. Die Verkehrung der Lehre in der Kirche ist keine harmlose Sache. Und zumal in unserer Zeit legt man der Wahrheit mit nicht geringer

Sophisterei einen Hinterhalt,[8] indem man einige allzu offenkundige Missbräuche abstellt, die man im Licht des Evangeliums nur mit größter Unverschämtheit verteidigen könnte. Unterdessen behaupten unsere Gegner trotzdem ihre Stärke und festigen bei anderen Völkern dieselben Missbräuche, um so allmählich die Seelen der Menschen in unseren Kirchen wieder an sich zu reißen. Wenn unsere Knaben hören, dass man die Heiligen anruft, so kann es nicht ausbleiben, dass die Lehre von dem Sohn Gottes als dem Mittler des Heils verdunkelt wird. Schrittweise wird dadurch das Vertrauen auf tote Heilige übertragen, weil mit diesen gleichsam eine engere Vertrautheit als mit Christus bestünde und sie stärker von den ihnen vertrauten Leiden ergriffen würden. Aber weil wir nun wissen, auf welche Weise früher der Götzenkult in der Kirche gewachsen ist, müssen wir den Anfängen widerstehen, wie das bei jeder Behandlung vorgeschrieben ist.

Nichts Hinterlistiges und nichts Aufrührerisches sage ich damit. Vielmehr mahne ich das Notwendige an, die Reinheit der Lehre um der Ehre Gottes, des Heils der Kirche und unserer Gebete willen mit gutem Gewissen zu bewahren. Mögen es die ungläubigen Menschen verzeihen, die die Schmerzen des Gewissens nicht kennen, wenn wir nicht durch Zustimmung zu ihren Irrtümern unsere Gewissen verletzen wollen, weil solche Wunden nur schwer heilbar sind.

All dieses zu sagen hat mich auch die Erinnerung an Luther bewogen, an dessen Grab[9] diese Rede gehalten wird. Er wollte, dass wir uns aller Sätze des Paulus getreulich erinnern, war er doch ein besserer Dolmetscher der paulinischen Lehre als irgendein anderer, wie seine Schriften belegen. Besonders aber befahl er uns, jenen Satz gleichsam mit beiden Händen festzuhalten: „Bewahre das dir anvertraute Gut durch den Heiligen Geist." Aber warum wird „durch den Heiligen Geist" hinzugefügt? Weil menschliche Wachsamkeit nicht alle Anschläge verhüten kann. So komme das Gebet hinzu, damit der Heilige Geist unsere Herzen regiere, und wir so den Fallstricken entgehen. Dich aber, o Sohn Gottes, du Mittler, für uns gekreuzigt und auferstanden, du Wächter deiner Kirche, dich bitten wir, dass du dich unserer erbarmst, für uns beim ewigen Vater eintrittst, uns mit deinem Heiligen Geist leitest und über den frommen Studien der Lehre und ihren Herbergen wachst und uns beistehst, damit wir dich in ewiger Dankbarkeit und Freude loben.

Hier endet meine Rede.

[1] Der Schmalkaldische Krieg 1546/47, in dessen Ergebnis Wittenberg an die albertinischen Wettiner kam.   [2] Epikur, griechischer Philosoph, galt in der christlichen Tradition als Befürworter hemmungslosen Genusses und als Atheist.   [3] Eris, Göttin der Zwietracht. Ihr goldener Apfel, den Paris der schönsten Göttin überreichen sollte, löste der Sage nach den Trojanischen Krieg aus.   [4] Vgl. Mt 18,6; Lk 17,1 f.   [5] 2 Tim 1,14.   [6] Phalaris, Tyrann von Akragos, galt als Urbild des Tyrannen schlechthin. Der Sage nach soll er seine Gegner im Bauch eines ehernen Stieres, der glühend gemacht wurde, geröstet haben.   [7] Orgien zu Ehren des Bacchus: die Bacchanalien, mystische Bewegung, Geheimkult, der ursprünglich nur Frauen aufnahm; den Bacchanalien wurden entsetzliche Riten angedichtet; sie wurden 186 v. Chr. vom römischen Senat verboten. Melanchthon scheint die Bewegung mit dem phönizischen Baalskult zusammenzustellen, der tatsächlich Menschenopfer kannte.   [8] Anspielung auf das Augsburger Interim, mit dem im Ergebnis des Schmalkaldischen Krieges von kaiserlicher Seite eine Wiederannäherung der Religionsparteien vergeblich angestrebt wurde.   [9] Luthers Grab befindet sich in der Wittenberger Schlosskirche. Diese Rede scheint eine frühe Form eines institutionalisierten Reformationsgedächtnisses zu sein.

Kirchenpolitik

Über das Amt der Fürsten, Gottes Befehl auszuführen und kirchliche Missbräuche abzustellen

De officio principum, quod mandatum Dei praecipiat eis tollere abusus Ecclesiasticos 1539

Melanchthon hatte sich zu diesem Thema bereits in anderen Schriften geäußert. Schon in der Neuauflage der Loci communes 1535, worin er u. a. auch das Verhältnis von Kirche und weltlicher Obrigkeit behandelt hatte, sah er die Pflicht der weltlichen Obrigkeit nicht mehr „auf den Schutz von Leib und Leben beschränkt", wie er früher, übereinstimmend mit Luther, behauptet hatte. Ein Gespräch mit Konrad von Heresbach, dem Kanzler des Herzogs von Jülich, veranlasste Melanchthon, diese Schrift zu verfassen. Damals lagen bereits Vorarbeiten zu Konrad von Heresbachs eigenem Fürstenspiegel vor, die Melanchthon schon 1538 hatte einsehen können. Zuerst schrieb er zu diesem Thema eine Rede für Laurentius Zoch. Ursprünglich sollte sie Melanchthons De ecclesia (VD 16 M 3081–3088) angefügt werden, aber er wurde damit nicht fertig und entschloss sich, sie einzeln zu veröffentlichen. Am 9. September 1539 war sie bereits im Druck und lag am 26. Oktober 1539 vor (VD 16 M 3968).

Auf den Erstdruck folgten Nachdrucke 1540 in Augsburg (VD 16 M 3969), Basel (VD 16 M 3970) und Wittenberg (VD 16 M 3971), 1541 durch Ambrosius Moibanus in Breslau (VD 16 M 3972).

Noch 1539 gab Veit Dietrich eine Übersetzung heraus (VD 16 M 3973), die sich nicht nur auf die Vorlage beschränkt, sondern in der Regel Stellen und Begriffe, die dem nicht theologisch gebildeten Leser hätten unverständlich sein können, genauer erläutert. 1540 folgten zwei weitere Übersetzungen, die eine anonym (VD 16 M 3974), die andere stammt von Georg Major (VD 16 M 3975).

Übersetzungsgrundlage: MSA 1, 388–410.

Ob die Fürsten den falschen Gottesdienst korrigieren müssen, wenn die Bischöfe oder Oberherrn darin nichts unternehmen oder sich dagegen stellen?

Zurzeit findet allgemein eine Untersuchung statt, nach deren Ergebnis, wenn sie richtig erörtert worden ist, die Rechtgläubigen sich richten und so die Kirchen mit mehr Nachdruck unterstützen können. Es ist nämlich höchst vorbildlich, die Kirche zu lieben und zu fördern, weil das als wichtigstes Ziel allen Menschen vorgegeben ist, dass sie sich bemühen sollen, den Ruhm Gottes zu preisen und zu verherrlichen. Aber viele behaupten, dass das Anliegen, die Kirche in Ordnung zu bringen, die Laien nichts anginge, sondern nur die Bischöfe, weil sich niemand in fremde Berufung einmischen dürfe. Die Aufgaben der Bischöfe und der weltlichen Obrigkeit seien aber streng getrennt. Sie bringen auch viele andere Argumente vor, die wir später vortragen und einleuchtend widerlegen werden. Andere behaupten, dass man der Autorität eines höheren Herrn weichen müsse, weil der höhere Herr mehr Recht habe, in den Angelegenheiten des Untergebenen Entscheidungen zu treffen, als der Untergebene selbst. Aber ich weise diese Spitzfindigkeiten zurück und halte dagegen, dass Fürsten und weltliche Obrigkeit den falschen Gottesdienst beenden und erreichen müssen, dass in den Kirchen die wahre Lehre überliefert wird und richtige Gottesdienste stattfinden. Dieses Urteil untermauere ich mit vielen einleuchtenden Argumenten.

Für alle ohne Unterschied gilt das Gebot, dass sie an das Evangelium glauben und es bekennen sollen, ob nun die Autorität der Bischöfe oder anderer das unterstützt oder dem entgegentritt, wie geschrieben steht: „Denn wenn man von Herzen glaubt, so wird man gerecht; und wenn man mit dem Munde bekennt, so wird man gerettet"[1], und: „Wer mich aber verleugnet vor den Menschen, den will ich auch verleugnen vor meinem himmlischen Vater usw."[2], und: „Ich glaube, deshalb rede ich"[3], und im ersten Brief des Petrus, im zweiten Kapitel: „dass ihr die Wohltaten dessen verkündigen sollt, der euch aus der Finsternis gerufen hat"[4], und: „Wenn die Völker zusammenkommen und die Königreiche, dem Herrn zu dienen usw."[5], und: „Ich will die Übertreter deiner

Wege lehren"[6], und: „Damit sie den Ruhm deines Reiches verkünden."[7]

Nun muss aber im Bekenntnis öffentlich gezeigt werden, dass du nicht dem Götzendienst verfallen und nicht damit einverstanden bist, dass jene Art der Lehre, der du anderenfalls anhängen würdest, andere ansteckt. Mache auch allen öffentlichen Gotteslästerungen bei denen, denen du vorgesetzt bist, ein Ende, denn da der Hausherr den Lästerungen bei seiner Familie ein Ende machen muss, um wie viel mehr der Fürst in dem Gebiet, das er beherrscht. Denn wer nicht die richtige Lehre vermittelt und nicht auch öffentlichen Lästerungen bei denen ein Ende macht, für die er verantwortlich ist, dieser bekennt nicht, sondern billigt scheinbar die Lästerungen. Also muss der Fürst dem falschen Gottesdienst ein Ende machen und darf sich nicht von den Urteilen der Bischöfe und mächtigeren Herren abschrecken lassen, nach jenem Wort: „Man muss Gott mehr gehorchen als den Menschen"[8], und: „Wenn jemand ein anderes Evangelium predigt, sei er verflucht."[9] „Wer Vater und Mutter mehr liebt als mich, ist meiner nicht würdig."[10]

Das ist also der erste Grund, abgeleitet aus der Notwendigkeit des Bekenntnisses, wonach es ohne Zweifel notwendig und Teil des Bekenntnisses ist, die Lehre weiterzugeben, so wie Christus sagt: „So lasst euer Licht leuchten, damit sie euren Vater im Himmel preisen usw."[11] Statthalter Sergius hörte Paulus nicht nur zu, sondern wollte, dass ihn die ganze Provinz hörte.[12] Die Obrigkeit, die die Lehre nicht weitergibt, bekennt nicht. Ja, einer, der die Lehre nicht weitergibt, steht zumeist in Wirklichkeit den Feinden nahe. Dieser bekennt aber nicht, der den Feinden des Evangeliums nahesteht; vielmehr wird er gezwungen, ihren wütenden Kampf gegen die Lehre zu unterstützen.

Der zweite Grund: Ausdrücklich schreibt Gott denen, die an der Spitze stehen, vor, dass sie dem Evangelium gehorchen und es weiterverbreiten lassen sollen. Im 2. Psalm: „So seid nun verständig, ihr Könige, und lasst euch warnen, ihr Richter auf Erden! Dient dem Herrn mit Furcht und preist ihn mit Zittern. Küsst den Sohn, dass der Herr nicht eines Tages zürne."[13] Im 24. Psalm:

„Machet die Tore weit und die Türen in der Welt hoch, dass der König der Ehren einziehe!"[14] Der Psalm spricht nämlich die Könige und Reiche an, die eine gebräuchliche Metapher als Türen der Welt bezeichnet. Im 101. Psalm: „Wenn die Völker zusammenkommen und die Königreiche, dem Herrn zu dienen."[15] Im 148. Psalm: „Die Könige der Erde und alle Völker usw. loben den Namen des Herrn."[16] Jesaja 49: „Und Könige sollen deine Pfleger und ihre Fürstinnen deine Ammen sein"[17], d. h. Fürsten und Staaten müssen helfen, den Dienst am Evangelium zu schützen und für den Lebensunterhalt derer, die es lehren, zu sorgen. Denn aus dem Grund hat Gott die Staaten eingesetzt, dass das Evangelium verbreitet werden kann. Diesen Geboten müssen alle Obrigkeiten gehorchen, auch wenn die höheren Herren und die Bischöfe dagegen ankämpfen.

Der dritte Grund, abgeleitet aus der Pflicht der weltlichen Obrigkeit: Die weltliche Obrigkeit ist der Wächter der ersten und zweiten Gesetzestafel,[18] was die äußere Ordnung betrifft, d. h. sie muss öffentliche Laster unterbinden und die Schuldigen bestrafen und gute Beispiele öffentlich machen. Es ist offensichtlich, dass im ersten und zweiten Gebot Götzendienst und Lästerung verboten werden. Also ist es notwendig, dass die weltliche Obrigkeit öffentlichen Götzendienst und Lästerungen beseitigt und dafür sorgt, dass in der Öffentlichkeit die wahre Lehre und richtige Gottesdienste zu finden sind. Wenn auch die weltliche Obrigkeit nicht die Herzen bekehren kann und nicht den Dienst am Geist[19] innehat, hat sie dennoch entsprechend ihrer eigenen Aufgabe die äußere Ordnung auch in den Dingen zu wahren, die die erste Tafel betreffen. Daher bekräftigt Paulus den ersten Teil des Arguments, wenn er sagt: „Das Gesetz ist für die Ungerechten gegeben, für die Gottlosen und Heiden"[20], d. h. für die, die gezügelt werden müssen.

Und wir stellen damit nicht die Rechtsordnung des Mose wieder her, sondern das moralische Gesetz ist beständig und in allen Zeitaltern gültig. Moralisches und Naturgesetz ist es, Götzendienst und Lästerungen zu verbieten und zu bestrafen, weil sie auch im ersten und zweiten Gebot, die moralisch sind, verboten werden, so wie alle Völker Verbrechen bestraft haben, und ohne Zweifel muss die weltliche Obrigkeit die Heiden und Atheisten bestrafen, die Freude an epikureischen Reden über Gott und die Vorsehung haben.[21] Bei Daniel im dritten Kapitel steht ein leuchtendes Beispiel von dem heidnischen König Nebukadnezar, der den Befehl erlassen hatte, dass keiner eine Lästerung gegen den Gott Israel ausstoßen sollte.[22] Das Gesetz, dass Gotteslästerer getötet werden müssen, gehört also nach 3. Mose 24 zum zweiten Gebot.[23]

Diesen Gründen sind ohne Zweifel Konstantin, Valentinian und Theodosius gefolgt, die die Verehrung der Götzenbilder gesetzlich verboten und die Todesstrafe für die, die öffentlich Opfer darbrächten, festgelegt haben. Diese Gesetze liegen heute als Sammlung vor.[24] Theodosius ließ auch die Tempel mit den Götzenbildern zerstören, damit nicht, wie bereits geschehen, wenn die Tempel fortbestanden, nach seinem Tod die gottlosen Opfer wieder eingeführt würden. Die Donatisten beklagten sich, dass sie von der weltlichen Obrigkeit bestraft würden, obwohl es sich um einen religiösen Fall handele,[25] aber Augustinus antwortet, das geschehe zu Recht, und beruft sich auf die Erlasse und Beispiele frommer Herrscher.[26] Daher gehört ganz deutlich zur Pflicht der weltlichen Obrigkeit, dass sie falsche Gottesdienste beseitigt und Lästerungen und falsche Prediger bestraft. Da dieser Satz ganz sicher und erwiesen ist, da der Wille Gottes offenbar ist, sind die Fürsten sehr zu tadeln, die falsche Gottesdienste tolerieren und falschen Predigern die Erlaubnis geben, zum Volk zu reden.

Die rechtgläubigen Fürsten aber sollen sich zuerst die Gebote Gottes vor Augen halten, die wir oben erwähnt haben, dann die Beispiele, an die ich erinnert habe, drittens sollen sie auch die Beispiele der Könige Judas und Israels erwägen, von denen sie wissen, dass sie nicht nur die mosaische Ordnung betreffen, wenn es moralische sind, sondern die Fürsten zu allen Zeiten. Daraus sollen sie lernen, dass die, die Götzendienst fördern, schrecklich bestraft werden, die anderen aber, die Götzen beseitigt haben, mit den schönsten Siegen, Wundern und himmlischen Gaben belohnt werden. Wegen Salomos Götzendienst[27] wurde das Reich Israel zertrennt.[28] Die Größe dieser Strafe musste mit Recht alle vom

Götzendienst abschrecken. Er hat nämlich nicht nur ständige Kriege und den Untergang der zehn Stämme Israels verursacht, sondern auch die schreckliche Zersplitterung der Religion. In der Folge sind viele Könige in Samaria wegen falscher Gottesdienste getötet worden, bis endlich die zehn Stämme ins Exil und beinahe völlig zu Grunde gegangen sind.[29]

Was für Strafen drohen aber jetzt wegen der falschen Gottesdienste, da Gott das Volk nicht geschont hat, dem er die weitreichendsten Versprechungen in Bezug auf sein Reich gegeben hatte?[30] Dagegen werden diejenigen Könige gelobt und mit Siegen und anderen Gunsterweisen belohnt, die Götzenbilder beseitigt haben, Asa,[31] Josaphat,[32] Hiskia[33] und Josia,[34] ebenso Jehu, der nur den Kult des Baal beseitigte, den Achab dem früheren Götzendienst hinzugefügt hatte, der vorher von Jerobeam in Samaria eingesetzt worden war.[35] Beispiele finden sich in den Büchern der Könige und den beiden Büchern der Chronik. Und weiter, insoweit es die Zehn Gebote betrifft, haben Könige, Fürsten und weltliche Obrigkeit dieselbe Pflicht, wie einst die frommen Könige in jenem Volk, in welchem sich damals die Kirche befunden hat. Daher soll die weltliche Obrigkeit wissen, dass sie ohne Zweifel Gott dafür büßen lassen wird, wenn sie nicht die falschen Gottesdienste vernichten. Es gibt sehr ernste Drohungen im ersten und zweiten Gebot, und im ersten Buch Samuel, Kapitel zwei, wird gesagt: „Ich werde verherrlichen, die mich verherrlichen, und verachten, die mich verachtet haben."[36] Diese Drohungen sind keineswegs nichtig und folgenlos.

Der vierte Grund wird aus dem Beispiel der Eltern gewonnen: Die Obrigkeit schuldet in Bezug auf die äußere Ordnung den Untergebenen alle Dienste, die auch der Hausherr den Seinen schuldet. Sicher ist aber, dass der Hausherr diesen Dienst den Kindern und dem Gesinde schuldet, dass er dafür sorgt, dass sie richtig unterwiesen werden, und dass er falsche Gottesdienste verbietet. Also muss die Obrigkeit dasselbe tun. Den zweiten Teil des Arguments bekräftigt Paulus im Brief an die Epheser, Kapitel 6: „Ihr Väter, erzieht die Söhne in Ordnung und Furcht des Herrn."[37] Er fasst zwei Dinge zusammen, die Furcht des Herrn, das ist das Wort

Gottes, das vorschreibt, dass die Eltern den Kindern die Lehre des Evangeliums überliefern sollen, dann fügt er etwas über die Ordnung hinzu, die dafür steht, dass die Kinder durch Belehrung, Drohungen, Bestrafungen daran gewöhnt werden, sich von Sünden fernzuhalten.

Der fünfte Grund, von der öffentlichen Pflicht aller Glieder in der Kirche: Wenn die Bischöfe nichts gegen die falsche Lehre unternehmen oder wenn die Bischöfe selbst Falsches lehren, muss die übrige Kirche die schlechten Pfarrer ihres Amtes entheben, und in jeder Gemeinde müssen die angesehensten Glieder darin den Übrigen vorangehen und den anderen helfen, dass die Kirche reformiert wird. Die Fürsten und anderen Beamten sollen angesehene Glieder der Kirche sein. Also ist es nötig, dass sie die Reform einleiten und unterstützen. Der erste Teil des Arguments ist einleuchtend. Denn folgende Gebote betreffen die ganze Kirche und jedes einzelne Glied: „Hütet euch vor falschen Propheten"[38], 1. Korinther 5: „Verstoßt den Bösen aus eurer Mitte"[39], in Galater 1: „Wenn einer ein anderes Evangelium lehrt, der sei verflucht."[40] Es schreibt uns Einzelnen vor, dass wir die Verteidiger der falschen Gottesdienste und falschen Lehre wie die Exkommunizierten und Verfluchten verdammen sollen. Da das sehr richtig ist, muss die Kirche gelehrte und fromme Prediger auswählen, nachdem diese entfernt worden sind, so wie die Kirche von Antiochien den Bischof Paulus von Samosata wegen seiner falschen Lehre verbannt hat. Da er nicht aus dem Haus des Bischofs ausziehen wollte und die Einkünfte des Bischofs beibehielt und seinen Anhang hatte, der ihn schützte, erreichte der rechtgläubige Teil der Kirche von dem heidnischen Herrscher Aurelianus, dass Paulus von Samosata durch die Macht der Obrigkeit gezwungen wurde, das Haus und die Einkünfte des Bischofs aufzugeben.[41] Wann immer es feststeht, dass die Lehre falsch ist, so besteht kein Zweifel, dass der rechtgläubige Teil der Kirche die schlechten Prediger entfernen und den falschen Gottesdienst beseitigen muss. Und diese Deformierung muss besonders die weltliche Obrigkeit gleichsam als das mächtigere Glied der Kirche unterstützen. Dieser Grund ist so überaus klar, dass er weder eine lange Erklärung nötig hat noch dass er durch andere Gründe auf irgendeine Weise erschüttert werden kann. Und es besteht kein Zweifel, dass die Kirche und die, die angesehene Glieder sind, die Verteidiger der falschen Gottesdienste aus den kirchlichen Ämtern entfernen müssen, so wie es oft im Alten und Neuen Testament geboten wurde. So entzogen die Propheten den eingesetzten Bischöfen das Volk, als damals die Könige die Bischöfe nicht vertrieben. Manchmal, wenn zufällig rechtgläubige Könige da waren, vertrieben sie die falschen Priester, und die antiochenische Kirche setzte – wie ich eben gesagt habe – den eigenen Bischof Paulus von Samosata ab.

Sechstens, dass die Gemeinschaft mit Christenverfolgern gemieden werden muss: Es ist nicht möglich, neutral zu bleiben, so wie einige sich das einbilden, sondern man kann nur entweder mit den Verfolgern oder mit der wahren Kirche verbunden sein; und besonders für die Fürsten und die weltliche Obrigkeit trifft das zu, dass sie notwendig entweder den christenverfolgenden Königen gehorchen oder ihnen entgegentreten. Dazwischen gibt es nichts. Also müssen sich die, welche sich nicht durch Gemeinschaft mit der Verfolgung beflecken wollen, offen auf die Seite der wahren Kirche stellen. Darauf beziehen sich die meisten Sprüche in den Schriften, die eine Gemeinschaft mit den Feinden der Wahrheit verbieten. Im 26. Psalm: „Ich hasse die Versammlung der Boshaften und sitze nicht bei den Gottlosen. Ich wasche meine Hände in Unschuld und halte mich, Herr, zu deinem Altar."[42] Im 139. Psalm: „Ich hasse sie mit ganzem Nachdruck."[43] In 2. Chronik 19: „Dem Gottlosen hilfst du; darum kommt über dich der Zorn des Herrn."[44] In den Sprüchen Salomos 24: „Errette, die man zum Tod schleppt usw."[45] Bei Matthäus 12: „Wer nicht mit mir ist, ist gegen mich"[46], und in 1. Könige fragt Elia: „Wie lange hinkt ihr auf beiden Seiten?"[47] In 1. Johannes 3: „Daran haben wir die Liebe erkannt, dass er sein Leben für uns gelassen hat; und wir sollen auch das Leben für die Brüder lassen."[48]

Also ist es nötig, dass alle offen bekennen, und alle müssen die wahre Kirche verteidigen. Zahlreich sind die schweren Sünden derer, die, obwohl sie richtig denken, dennoch ihre Meinung verbergen und nicht, wie es ihre Pflicht ist, die Missbräuche beseitigen.

Erstens nämlich stärken sie die Gottlosigkeit, dann schrecken sie die Schwachen ab, die von ihrem Urteil abhängen, und bestärken das blinde Wüten der Gegner. Diese Sünden sind nicht leichtzunehmen. Es irren sich also die, die nichts verändern, um sich neutral zu halten, da es hier keine Mitte gibt, und die ganze Gemeinschaft und Vertrautheit mit den Verfolgern missfällt Gott, bringt Ärgernisse hervor und zieht Strafen nach sich.

Siebentens aus dem Naturrecht: Das Ziel der menschlichen Gesellschaft ist eigentlich und in erster Linie, dass Gott bekannt wird. Die Obrigkeit ist der Hüter der menschlichen Gemeinschaft. Also muss sie umso mehr der Hüter jenes eigentlichen Zieles sein, weil bei jeder Handlung das eigentliche Ziel in erster Linie anzustreben und im Auge zu behalten ist, wie für den Arzt beim Heilen die Gesundheit besonders anzustreben und im Auge zu behalten ist. Also muss auch der Herrscher in der Verwaltung der Gesellschaft das eigentliche Ziel der Gesellschaft in erster Linie anstreben. Es irrt also die weltliche Obrigkeit, welche die Verwaltung vom Ziel trennt und glaubt, dass sie nur der Hüter der Friedens und des Leibes sei. Sie hat eine andere, größere Pflicht, nämlich die Verteidigung des ganzen Gesetzes, der ersten und zweiten Tafel, weil sie die äußere Ordnung betrifft. Wegen dieses himmlischen Geschenks ehrt sie Gott mit der Gemeinschaft seines Namens, indem er sagt: „Ich habe gesagt, ihr seid Götter"[49], d. h. die durch göttliche Fügung Auserwählten zur Bewahrung der wahren Religion, zum Verbieten und Vernichten des Götzendienstes, zur Bewahrung der Gerechtigkeit, der Ehe, des Friedens, zur Verhinderung der Laster usw.

In 5. Mose 17: „Gott hat den König zum Hüter des Gesetzes und der Lehre der Religion gemacht."[50] Und im Buch, das den Titel „Weisheit" trägt, wird am Anfang folgende Vorschrift überliefert: „Liebt die Gerechtigkeit, die ihr Richter über die Erde seid, sucht Gott usw."[51] Viele ähnliche Sätze habe ich oben genannt, die die Fürsten an diese höchste Pflicht erinnern. Nachdem aber die Opferpriester begonnen hatten, Gesetze für die übrige Gemeinde nach eigenem Ermessen zu erlassen, und niemand etwas anderes als das in den Sprüchen und Urteilen der Bischöfe

Festgelegte vertreten durfte, begann sich die Überzeugung in den Köpfen der meisten einzunisten, dass die Fürsorge für die Kirchen die Fürsten nichts angehe, dass ihnen nur die Verteidigung der Körper und Vermögen anvertraut worden sei, das heißt, dass sie nur Wächter des Leibes seien. Aber wenn nur für den Leib gesorgt werden muss, worin sollten sich die Fürsten von Rinderhirten unterscheiden? Es muss ganz anders geurteilt werden, nämlich, dass die Gemeinwesen durch göttliche Fügung mit bewundernswerter Weisheit und Güte eingerichtet worden sind, nicht, um die irdischen Güter anzustreben und zu genießen, sondern vielmehr, damit Gott in der Gesellschaft bekannt wird, damit die ewigen Güter angestrebt werden.

Und die Beispiele der Gottlosen darf man hier nicht entgegenhalten. Nicht Alexander und nicht Augustus sind es gewesen, die eine andere Sorge als die um den Körper auf sich genommen haben, obwohl sie im Übrigen lobenswerte Fürsten waren. Es stimmt, dass die meisten nur für diesen einen Teil Sorge getragen haben. Wenige nämlich erkennen ihre eigentliche Aufgabe, noch viel geringer ist die Zahl derer, welche die wahre Religion kennen. Aber dennoch hat Gott wiederholt einige große Herren zur Wiederherstellung der Lehre erweckt, wie Joseph in Ägypten, in Babylon Nebukadnezar und dessen Sohn, dann den Meder Darius, den Perser Kyros, in Rom Konstantin, im Volk Israel David, Salomo, Josaphat, Jehu, Hiskia, Josia. Und diese waren deshalb nicht faul, weil sie die Religion wiederherstellten, im Gegenteil, an dieser Aufgabe erwies sich ihre Tapferkeit und Seelengröße. Denn sie konnten nicht ohne größte Gefahren, ohne den Hass der Fürsten die gewohnten Religionen verändern.

Konstantin befahl, dass die Tempel der Götzenbilder geschlossen würden, er verbot die Opfer der Heiden, er befahl, dass das Evangelium öffentlich gelehrt werde, er setzte den Lehrern des Evangeliums ein Gehalt aus.[52] Endlich veränderte er einen großen Teil der alten Form im römischen Imperium, obwohl doch die Nebenregenten und andere Fürsten und ein großer Teil des Imperiums weiterhin den Namen von Christus bitter hassten. Und so haben denn auch Maxentius und Licinius, die Amtskollegen, gewaltige Kriege gegen ihn in Gang gesetzt und auch den Adel und die Truppen von Italien, Griechenland, Pannonien, Thrakien an sich gezogen. Da er so viel Gefahr um Christi Ruhm willen auf sich zu nehmen und zu ertragen wagte, gab er ein herausragendes Beispiel dafür, dass die tapferen und guten Fürsten die Religion verteidigen müssen. Daniel predigte dem babylonischen König und befahl, dass er Buße tun solle, und versprach ihm die Vergebung der Sünden. Er fügte aber auch gewisse Pflichten hinzu, dass er die Gerechtigkeit lieben und den ungerecht Unterdrückten helfen solle, das heißt, dass er die Unschuldigen und besonders die Kirchen gegen die Wut und Grausamkeit der Gottlosen verteidigen solle.[53] Diese Pflicht fordert Gott besonders von den höchsten Fürsten.

Aber die Könige und Fürsten von heute unterstützen, obwohl sie sehen, dass die Rechtgläubigen ungerechter Grausamkeit ausgesetzt sind, und obwohl sie die zahlreichen Fehler der Kirche erkennen, dennoch die Grausamkeit und Gottlosigkeit gegen das Gewissen, um nicht Hass oder Gefahr auf sich zu ziehen. Sie fürchten nämlich die Verschwörungen des päpstlichen Anhangs. Und, was eines edlen Geschlechts ausgesprochen unwürdig ist, sie verraten aus Furcht, Trägheit und auch aus Hoffnung auf sicheren Gewinn Religion und Gerechtigkeit.

Als Kassander an die Athener das Ansinnen stellte, dass sie Alexander unter die Götter erheben und ihn mit festgelegten Opfern verehren sollten, verwünschten die meisten diese lästerliche Schmeichelei. Aber Demades überredete sie dazu, damit kein Krieg mit ihnen angefangen werde, und er sagte: „Seht zu, dass ihr nicht das Land verliert, während ihr verhindert, dass dem Himmel Unrecht geschieht."[54] So wollen jetzt viele lieber, dass dem Himmel Unrecht geschehe, als Mühe oder Gefahr um der Verteidigung der Wahrheit willen auf sich zu nehmen. Aber diese feigen und gottlosen Fürsten sind ihrer göttlichen Berufung ganz und gar unwürdig. Ich habe gesagt, ihr seid Götter.[55] Gott lässt nämlich die Fürsten an seinem Namen teilhaben, weil er ihnen die Verteidigung der göttlichen Dinge, nämlich des Evangeliums, der Gerechtigkeit, des Friedens und der Ordnung, anvertraut hat.

Achtens: „Wehe dem Menschen, der Verursacher und Förderer eines Ärgernisses ist."[56] Die Fürsten, die die Missbräuche nicht ändern, sind Verursacher und Förderer furchtbarer Ärgernisse. Daher besteht kein Zweifel, dass ihnen Gott auf das schrecklichste zürnt. Die Größe der Ärgernisse und ihre wahren Ursachen sollen sorgfältig untersucht werden. Gott wird mit der Verteidigung des Götzendienstes gelästert. So viele tausend Seelen werden fehlgeleitet und gehen zu Grunde, in erster Linie durch die Schuld der Fürsten, die verhindern, dass das Volk die reine Lehre des Evangeliums hört. Bestärkt wird so das blinde Wüten der Gegner, die durch das Verhalten der Fürsten noch hartnäckiger und grausamer werden. Auch die Laster werden bestärkt.

So aber spricht Gott Ezechiel 34 von allen Herrschern: „Siehe, ich will an die Hirten und will meine Herde von ihren Händen fordern und werde sie vernichten."[57] Und bei Amos im sechsten Kapitel: „Wehe euch, ihr Vornehmen, Häupter der Völker usw."[58] „Sie hatten kein Mitleid mit dem Elend Josephs."[59] Diese göttlichen Drohungen werden in der Tat nicht folgenlos sein. Daher ist zu wünschen, dass alle Fürsten ihren Vorteil kennen und sich von diesen gewaltigen Ärgernissen freimachen. Dieser Beweis kann nämlich auf keine Weise widerlegt werden.

Dass aber auch uns Ärgernisse vorgeworfen werden, dass offenbar manche die Freiheit missbrauchen, oder anderes, das geschieht nicht durch die Schuld der Lehre oder der Fürsten. Wenn die Gelehrten und Fürsten ihre Pflicht richtig erfüllen, wie Ezechiel sagt, sind sie ohne Schuld.[60]

Dagegen liegt die Schuld an den gewaltigen Verbrechen besonders bei denen, die an der Spitze stehen. Ferner ist der Götzendienst ein bei weitem schrecklicheres Verbrechen als die anderen Irrtümer des Volkes. Und alle übrigen Ärgernisse zusammengenommen enthalten keinesfalls so viel an Laster wie folgende drei Stützpfeiler im Reich des Antichrists: die Entweihung der Messe, der Zölibat und die erlogene Autorität des römischen Bischofs. Die Entweihung der Messe ist offen götzendienerisch. Wie viel der schändlichsten Verbrechen hat der Zölibat in so vielen Jahren zusammengebracht? Die römische Herrschaft hat in 600 Jahren schon ebenso viele Kriege entzündet. Es ist aber deutlich, in welchem Bereich auch immer, wer wirklich die Verursacher der Ärgernisse sind. Für sie predigt Christus: „Wehe dem Menschen, durch den ein Ärgernis kommt."[61] Dort aber sind die Fürsten die Urheber der Ärgernisse, wo sie die fromme Lehre zu verbreiten verbieten, den Götzendienst, die Ausschweifungen und Laster der Priester und andere Verbrechen verteidigen.

Bis hierher habe ich acht schwerwiegende, fundierte und wahre Gründe aufgezählt, welche die Rechtgläubigen, die die Kirchen reformieren, unterstützen und zu Recht manche allzu Zurückhaltenden dazu bewegen sollten, dass sie in dieser Angelegenheit ihre Pflicht tun. Für die Lästernden predigen wir vergeblich, aber dennoch muss man ihnen Christi Gebote vor Augen halten, damit sie erkennen, dass ihr Wüten nicht gutgeheißen wird. Ich möchte einen Beweis, den die Zurückhaltenden erwägen sollen, hinzufügen.

Gott befiehlt, dass wir für die Gemeinwesen bitten und beten sollen, dass sie erhalten bleiben. Diese nach schönster Ordnung errichtete bürgerliche Gemeinschaft ist nämlich eine einzigartige Wohltat Gottes, darin die Güte und Weisheit Gottes leuchtet. Und Gott will, dass um der Kirchen willen Gemeinwesen bestehen. Diese Gründe bringen fromme Herzen dem Herrn im Gebet vor, damit Gott die Gemeinwesen erhalten möge, weil sie nach seiner Weisheit eingerichtet sind, desgleichen, weil sie den Kirchen helfen und sie verteidigen sollen und damit sie in der Erfüllung ihrer Pflicht zum Ruhm Christi beitragen.

Wie kann aber für Gemeinwesen gebetet werden, deren vorrangiges Ziel es ist, Christi Lehre und Namen zu vernichten, die Kirchen von Grund auf zu zerstören, die Glieder Christi zu Grunde zu richten? Oder können intelligente Menschen hier beten: Herr Gott, erhalte dieses Reich, damit dein Name gelästert werde, damit die Erkenntnis Christi ausgelöscht werde, die Rechtgläubigen niedergemetzelt werden? So sieht ein Gebet für gottlose Gemeinwesen aus, und davor müssen die fromm Gesinnten ernstlich und gewaltig zurückschrecken.

Wenn daher die Fürsten selbst Gott anrufen wollen, mögen sie sich hüten, dass ihr Gebet nicht derartig sei, sondern sie sollen

Gott richtige Gründe vorbringen, z. B.: Da du die Gemeinwesen darum erhältst, dass deine Kirchen bewahrt werden, dass sie deinen Kirchen dienen und dass das Evangelium verbreitet werde, deshalb bitte ich, dass du auch das von mir regierte Gemeinwesen bewahrst. Das sind fromme Gebete, die Gott erhört. Welcherart ist aber das Leben eines Menschen, der Gott nicht richtig anrufen kann, der weiß, dass er ohne Gott, von Gott verstoßen, lebt? Das ist der Gipfel allen Unglücks und aller Schicksalsschläge.

Darum sollen die, die an der Spitze stehen, dafür sorgen, dass sie selbst Gott anrufen können und dass sie fromme Gebete verwenden, damit ihr Amt dem Ruhm Gottes und den Kirchen dient und es nicht zu Christus im Widerspruch steht. Die Gefahren nämlich lenkt Gott so, wie er es versprochen hat, weil es gewiss ist, dass die wahre Kirche erhalten wird. Das sollen sie wissen, damit sie bei der Reform der Kirche sorgfältig verfahren, die Kirchen in Ordnung bringen und fördern, dafür Sorge tragen, dass Gehälter für die Diener der Kirche festgesetzt werden, die Studien der Wissenschaften anregen, die die Kirche nötig hat. Wir sehen nämlich, dass auch in der Zeit der Apostel Zusammenkünfte der Gelehrten bei der Kirche stattgefunden haben und dass Johannes und danach Polykarp Unterricht hielten. Zu diesem notwendigen Zweck sollen sie die Reichtümer der Kollegien und Klöster neu verwenden, wie ich später darlegen werde. Vorher nämlich will ich einige Argumente widerlegen, die manche dagegen vorbringen.

Erstens:
Die Pflicht der weltlichen Obrigkeit ist es, Leib und Leben zu schützen.
Die Fürsorge der Kirche erstreckt sich auf die Seele.
Also darf sich die weltliche Obrigkeit keine kirchlichen Aufgaben anmaßen.
Ich antworte auf den ersten Teil. Die Definition ist nicht vollständig, wenn gesagt wird, die Pflicht der weltlichen Obrigkeit sei es, Leib und Leben zu schützen oder den Frieden zu verteidigen, weil zu ihrem Amt nicht nur die Bewahrung der äußeren Ordnung nach der zweiten Tafel, sondern auch nach der ersten gehört. Vollständig ist folgende Definition: Die weltliche Obrigkeit

ist der Hüter des Gesetzes, weil es sich auf die äußere Ordnung erstreckt und diese mit materieller Gewalt aufrechterhalten wird. Wie sie die Ehebrüche verbietet, so muss sie epikureische Reden und öffentlichen Götzendienst und Gotteslästerung verbieten und bestrafen. Es besteht nämlich kein Zweifel, dass sich das zweite Gebot auf die weltliche Obrigkeit bezieht. Zwischen Rinderhirten und weltlicher Obrigkeit besteht ein Unterschied. Jene sorgen nur für den Bauch des Viehs, die Obrigkeit muss aber hauptsächlich dem Ruhm Gottes dienen. Wegen dieser eigentlichen Aufgabe lässt sie Gott an seinem Namen teilhaben.[62]

Ich sage aber, dass sie der Wächter des Gesetzes ist, soweit es die äußere Ordnung betrifft, damit der Unterschied zwischen dem Dienst am Evangelium und dem Amt der weltlichen Obrigkeit gewahrt bleibt. Den Dienst am Evangelium, durch den der Heilige Geist in den Glaubenden wirksam ist, schreibt das Evangelium vor, wie 2. Korinther 3 gesagt wird: „Er macht uns zu Dienern des neuen Bundes, nicht des Buchstabens, sondern des Geistes."[63] Dagegen hat die weltliche Obrigkeit ihre eigene öffentliche Aufgabe, nämlich Ärgernisse zu verhindern, und so verbietet sie den öffentlichen Götzendienst genauso wie Ehebruch oder Mord. Das lehrt Paulus deutlich, wenn er sagt: „Das Gesetz ist für die Ungerechten gegeben, für die Sünder, die Gott lästern."[64] Und diesen Gebrauch des Gesetzes nennt Paulus rechtmäßig, das heißt, dass durch die äußere Disziplin die weltliche Obrigkeit die Schandtaten, die sich mit der ersten und zweiten Tafel nicht vertragen, in Schranken hält.

Wir bringen also die Aufgaben nicht durcheinander, sondern die weltliche Obrigkeit hat ihren eigenen Aufgabenbereich, der die äußere Ordnung betrifft, wie auch das Gesetz befiehlt, dass die Lästerer bestraft werden, in 3. Mose 24, und in 5. Mose 22: „Stürzt die Götzenbilder usw."[65] Der Diener des Evangeliums hat einen anderen Aufgabenbereich, nämlich, dass er die Lehre des Evangeliums, durch die der Heilige Geist wirksam ist, öffentlich verkündet. Dabei muss ihn die weltliche Obrigkeit entsprechend ihrem Amt besonders unterstützen, damit Gottes Ruhm verherrlicht werde, sie muss auch dafür sorgen, dass ihr Bekenntnis in ihrer Amtsausübung deutlich wird, weil diese beiden die wichtigsten Ziele aller sittlich guten Tätigkeiten in diesem Gemeinwesen sind. Als durch die Dekrete der Imperatoren die Donatisten eingeschränkt wurden, kritisierten einige, die doch um die Wette lehrten, dass Gottlose gezügelt werden müssten, scharf den Augustinus. Aber dieser lehrt zu Recht, was in solchen Fällen die Pflicht der weltlichen Obrigkeit sei.[66]

Der zweite Einwand:
Niemand darf ein fremdes Amt unrechtmäßig an sich ziehen.
Nur die Bischöfe dürfen die Kirchen in Ordnung bringen.
Also darf auch die weltliche Obrigkeit keine fremde Aufgabe an sich reißen.
Auf den zweiten Teil antworte ich zweifach. Die weltliche Obrigkeit hat, wie ich gesagt habe, ihre eigene Aufgabe: sie betrifft die äußere Ordnung. Wenn sie rechtschaffene Lehrer an die Spitze setzt, behindert sie nicht das Lehramt. Also muss der Untersatz abgestritten werden, weil die Bischöfe, als Feinde der wahren Lehre, das Recht verlieren, die Kirchen zu leiten, und die übrige Kirche den Auftrag hat, sie ihrer Leitungsaufgabe zu entheben und rechtgläubige Gelehrte an die Spitze zu setzen, wie Paulus es klar vorschreibt: „Wenn irgendeiner ein anderes Evangelium predigt, sei er verdammt."[67] Diese Vorschrift betrifft alle Glieder der Kirche, alle zusammen oder jeden einzeln, und sie müssen sich von den gottlosen Gelehrten wie von Verdammten abwenden und sie verfluchen. Und da es in erster Linie die Aufgabe der Fürsten und der weltlichen Obrigkeit ist, den Ruhm Gottes zu verherrlichen, ist es nötig – weil das übrige Volk sich nach ihrem Urteil richtet –, dass sie gleichsam als angesehene Glieder in der weltlichen Gemeinschaft durch ihre eigene Autorität der wahren Kirche zu Hilfe kommen, die gottlosen Gelehrten entfernen und rechtgläubige an die Spitze setzen.

Und auch das gehört besonders zum Amt der weltlichen Obrigkeit, dass sie die Verwendung der Einkünfte bestimmt. Kein Zweifel besteht aber, dass sie sündigt, wenn sie die Reform der Kirche dadurch verhindert, weil sie den falschen Predigern nicht etwas von den Einkünften wegnehmen will, von denen die rechtgläubigen Diener des Evangeliums versorgt werden müssen. Sie sagen, dass niemand aus seinen Besitztümern verjagt werden dürfe, als ob die kirchlichen Einkünfte nicht um des Dienstes am Evangelium willen verliehen wären. Paulus sagt deutlich, dass Christus befohlen habe, die Lehrer des Evangeliums sollten vom Evangelium leben.[68] Daher ist es ungerecht, wenn die Feinde des Evangeliums die frommen Gaben genießen, die für die Versorgung der rechtgläubigen Diener des Evangeliums nötig sind. Wir wissen, wie zahlreich und üppig ausgestattet die Stifte der Domherren und Mönche sind, in welchen sich entweder keine Gelehrten befinden, oder, wenn es welche gibt, sie ihre Bildung dazu verwenden, die Wahrheit zu unterdrücken und die Kirche Christi zu Grunde zu richten. Außerdem findet dort vielfacher Götzendienst durch die Entweihung der Messen, durch die Anrufung der Heiligen statt, und die meisten leben befleckt von Lastern. Damit nichts diesen Stiften entzogen werde, wollen die Fürsten, um gerecht und nicht gewalttätig zu erscheinen, sich nicht um geeignete Gelehrte bemühen. Aber in diesem Verbrechen liegt vielfache Gottlosigkeit: Jene bringen die wahre Lehre nicht voran, sie stärken den Götzendienst, die Begierden, sie betrügen die wahre Kirche, sie lassen zu, dass Diebe und Räuber in den frommen Gaben der Kirche schwelgen, obwohl es im besonderen Maße zur Pflicht der weltlichen Obrigkeit gehört zu bewirken, dass die wahre Kirche ihr Eigentum erhält, wie ich noch ausführlicher darlegen werde.

Der dritte Einwand:
Keine Veränderung darf vor der Untersuchung durch eine Synode durchgeführt werden.
Diese Kontroversen sind niemals in einer Synode entschieden worden.
Also muss man wohl die Angelegenheit noch aufschieben.
Listige Leute veranlassen besonders mit folgendem Einwand viele Menschen zur Zurückhaltung: Die Schnelligkeit ist ein Feind der Klugheit. In solchen Dingen scheint nämlich ein langsames Verfahren lobenswert zu sein, es scheint Zeichen einer besonnenen Seele zu sein, die gesetzlichen Entscheidungen zu erwarten und

nicht sofort die Urteile Weniger und Unbekannter zu übernehmen. Diese angebliche Weisheit wird entweder aus heimlichem
Hass auf die Wahrheit oder aus Ängstlichkeit vorgebracht. Denn
einige Streitpunkte sind eindeutig und nicht entscheidungsbedürf-
tig. Allgemein bekannt sind die Schandtaten: Stiftung von Messen zu Gunsten anderer Personen, die Anrufung der Heiligen, das
Verbot des Abendmahls unter Brot und Wein, der Aberglaube der
Mönchsgelübde und der Zölibat. Obwohl alle, die nicht entweder
völlig verkommen oder ganz dumm sind, hier die Wahrheit erkennen, legt man uns dennoch nahe, auf die Untersuchung durch eine
Synode zu warten, als ob die Autorität des göttlichen Gebotes von
der Bestätigung der Bischöfe oder der Könige oder irgendwelcher
Menschen abhinge, wie in Rom Tiberius an den Senat eine Anfra-
ge gerichtet hat, ob Christus unter die Götter gerechnet werden
solle.[69] Diesem Beispiel des Tiberius folgen genau jene Zögerer,
die nicht die göttlichen Gebote annehmen wollen, bevor die Versammlung der Kardinäle und Bischöfe, die nach Leben und Vorsatz Tyrannen und Epikureer sind, sie beglaubigt haben.

Aber ich antworte der Reihe nach auf die einzelnen Thesen:
Die erste ist zu verneinen, weil die Meinungsverschiedenheiten
über das Wort Gottes von den Meinungsverschiedenheiten über
menschliche Angelegenheiten, in denen die menschliche Autorität gilt, verschieden sind; denn die letzte Instanz von allen ist das
göttliche Wort. Auch wenn wir wenige sind und die ganze Welt
gegen uns ist, müssen wir dem Wort Gottes gehorchen, was, wie
man bekennt, von Gott überliefert worden ist, so wie Elia, der
klagt, dass er allein zurückgeblieben sei.[70] Die Könige waren gegen
ihn, die Bischöfe und Priester verfluchten ihn, das Volk verließ
ihn. Wenn er auch sah, dass er niemanden, weder einen Anhänger
noch einen Besucher, hatte, ist er dennoch von seiner Meinung
nicht abgewichen. So sagt Petrus, dass es im Volk verschiedene
Meinungen über Christus gebe, dass er für einen Propheten oder
für Elia gehalten werde, und von diesen grenzt er seine Meinung
ab und erklärt mit Bestimmtheit, dass dieser Jesus ein Sohn Gottes und der Erlöser sei.[71] Darum sagt Christus: „Fleisch und Blut
haben es dir nicht offenbart, sondern mein himmlischer Vater."[72]

Hier frage ich, ob Petrus das Urteil der Bischöfe, der Fürsten des Volkes, hätte abwarten sollen. Und auch die wahre Kirche muss nicht die Untersuchung abwarten, wenn das Wort Gottes bekannt ist, so wie Paulus zu lehren begann, bevor er die Apostel aufsuchte.[73] Und er lehrte zwar über die Aufhebung des Gesetzes freier als die Apostel, aber er war weit davon entfernt, die Untersuchung durch die Gegner abzuwarten. Offenkundig ist, dass die Bischöfe und ihre Verbündeten nicht die Kirche sind, sondern die Feinde des Evangeliums, solche Menschen, wie sie die Pharisäer und die alten Tyrannen, Antiochus, Diokletian und andere waren. Das zeigt sich an ihren Urteilssprüchen: Sie handeln ungewöhnlich grausam gegen alle, die mit uns übereinstimmen. Ich habe mit vielen gesprochen, die maßvolles Verhalten vorgaben, die das jedoch alle meistens nur taten, um mit neuen Spitzfindigkeiten den alten Missbrauch zu entschuldigen, nicht um zu reformieren. Die Disputationen dieser Zeiten spornen die fähigen Menschen auf beiden Seiten an. Und so stellen die Feinde des Evangeliums, wenn sie die gelehrteren sind, ihre Irrtümer viel geistreicher als früher dar. Und nicht selten erkennen wir in den Wunden, die sie uns zufügen, unsere Pfeile. Später schreiben sie die Urteile mit Blut, befehlen, dass wir getötet werden sollen.

Als Kardinal Aleander nach Österreich kam, verschlimmerte sich dort die Grausamkeit, und viele Rechtgläubige wurden dem bischöflichen Legaten zuliebe auf das grausamste ermordet. Von solchen Opfern für den Legaten versprechen sie sich offenbar seine gnädige Gesinnung, wie bei Troja die Griechen von dem Mord an Polyxena für die Totengeister des Achill. Aleander war aber gerade von der Synode zurückgekehrt, er hatte an einer Beratung der Kardinäle, die Hoffnung auf ein angemessenes Verfahren zu machen schien, teilgenommen. Aber deren Kunst ist es, schöne Worte zu machen, heimlich im Herzen aber Schlechtes zu ersinnen, wie Homer sagt.[74]

Die Untersuchung durch die bischöfliche Partei ist also nicht abzuwarten, sondern jeden Einzelnen spricht das Gebot Gottes an, das Evangelium zu hören, zu lernen, es anzunehmen und zu bekennen. Und die Einzelnen müssen in ihrem Amt Zeugnisse ihres Bekenntnisses ablegen. Der Hausherr muss den Götzendienst in seiner Familie verbieten. Die weltliche Obrigkeit muss dafür sorgen, dass die, welche sie regiert, richtig belehrt werden. Und da die Autorität der göttlichen Lehre nicht von menschlicher Erkenntnis abhängt, darf man nicht auf die Dekrete von Menschen warten, wie die drei Israeliten in Babylon nicht auf die Dekrete des Reichs und des Parlaments, wie man jetzt sagt, warteten, sondern gegen das gottlose Edikt des Königs voller Tapferkeit ankämpften.[75]

Im Übrigen ist es für die Rechtgläubigen förderlich, nicht nach dem Urteil der Feinde, sondern nach den Zeugnissen der wahren Kirche zu fragen, so wie Christus will, dass wir durch wechselseitige Ermahnungen belehrt und bestärkt werden, wenn er zu Petrus spricht: „Und du bestärke deinerseits deine Brüder."[76] Es gibt Zeichen, es gibt Zeugnisse bei anerkannten Schriftstellern. Wenn wir sie zum Evangelium in Beziehung setzen, wird hinreichend klar, welche die alte und reine Lehre der wahren und rechtgläubigen Kirche Christi ist. Die Fürsten sollen also nicht bei den Tyrannen, nicht bei den Bischöfen, Mönchen und anderen Rat suchen, sondern bei dem Wort des Evangeliums, bei den erprobten Gelehrten. Und sie sollten sich nicht schämen anzuhören, was jetzt von Rechtgläubigen und Gelehrten überliefert wird. Christi Kirche soll gehört werden, d. h.: die Gemeinde der Rechtgläubigen, nicht die Versammlung derjenigen, die Feinde des Evangeliums sind, und die Urteile müssen mit dem Wort untermauert werden.

Es gibt einige, die entweder von Natur aus oder durch schlechte Gewohnheit streitsüchtig und Freunde von Spitzfindigkeiten und sophistisch sind. Diese geben denn auch, obwohl die Wahrheit hinreichend offenbar ist, keine Ruhe, sondern zanken und deuteln ständig, so wie die Juden, wenn sie auch noch so sehr besiegt sind, dennoch versuchen, sich herauszumogeln. Von dieser Sitte hat der Teufel seinen Namen, weil er mit erstaunlichen Wortverdrehungen die Worte Gottes entstellt, unterdrückt und verhöhnt. Aber vor dieser teuflischen Sitte müssen sich alle Menschen mit Abscheu fernhalten, besonders aber die Fürsten, für die es äußerst schändlich ist, Wortverdreherei zu unterstützen. Wenn der Verstand durch wahre und unangreifbare Zeugnisse überzeugt worden ist, sollen sie nicht nach kleinlichen Spitzfindigkeiten suchen, um die Wahrheit zu hintertreiben. Und wenn irgendeiner die Wahrheit mit frommem Eifer sucht, damit er den Ruhm Gottes preise, damit er für sein Heil und das anderer sorge, unterstützt Gott diesen Versuch und hilft ihm, so wie er sagt: „Wer sucht, der findet usw."[77] Über die übrigen Freunde von Spitzfindigkeiten und Wortverdreherei ist gesagt: „Hört und versteht nicht!"[78] Diese Strafe ist der Gipfel allen Unglücks.

Der vierte Einwand:

Wer in irgendeinem Machtbereich Untertan ist, hat so viel Recht, wie viel ihm der höhere Herr zugesteht.

Der höhere verbietet Veränderungen, die seinen Machtbereich betreffen.

Also darf ohne dessen Einverständnis keine Veränderung vorgenommen werden.

Auf den ersten Teil antworte ich: Er ist in der Tat richtig, was den Nutzen und den Ertrag der Macht betrifft. Der Untergebene hat die Einkünfte, er hat die Privilegien, die der höhere Herr ihm zugesteht. Aber in dem, was das Bekenntnis des Evangeliums oder irgendwelche von Gott gebotenen Werke betrifft, stimmt es nicht. Das Bekenntnis steht über und außerhalb aller Stände der Menschen. Gleichermaßen den Dienern und den Söhnen der Familie, Privatleuten und Beamten schreibt Gott das Bekenntnis vor, wie Matthäus 10 bezeugt wird: „Wer Vater oder Mutter mehr liebt als mich, ist meiner nicht würdig."[79] Auch die Diener in einem Hause müssen das Evangelium bekennen, wie damals, als Joseph seinen Herrn zur wahren Erkenntnis Gottes geführt hat.[80] Obwohl die Gefährten des Daniel Diener waren, haben sie sich dennoch dem königlichen Edikt in Bezug auf das Standbild widersetzt.[81]

Die heiligen Geschichten sind voll von Beispielen, die zeigen, dass Menschen niederen Standes nicht nur mit Worten, wie es sich gehört, die Lehre des Evangeliums gegen den Befehl der Könige und Kaiser bekannten, sondern auch die Götzenbilder mit den Händen umgestürzt haben. In einem Städtchen Phrygiens stürzte der Präfekt Adauctus in der Zeit Diokletians alle Götzenbilder um und brachte alle dahin, Christi Lehre anzunehmen. Aus diesem Grund veranlasste der Tyrann, das Städtchen anzugreifen und alle Einwohner hinzumorden.[82]

Unweit von Antiochien stieß zur Zeit Julians der Sohn des heidnischen Oberpriesters das Götzenbild Apolls, das damals bei allen sehr berühmt war, im Heiligtum vom Sockel und zerschlug es.[83] Auch junge Frauen bewiesen mit gleicher Seelengröße öffentlich die Festigkeit ihres Glaubens. Die Tochter des Kaisers Licinius, Irene, fürchtete nicht die Grausamkeit ihres Vaters, der das Christentum besonders hasste. Sie zerstörte die Hausgötter und die übrigen Götzenbilder im väterlichen Haus mit vorbildlicher Tapferkeit und warf sie weg.

Besonders aber muss das Bekenntnis von Herren durch beispielhaftes Verhalten glänzen, welche die Übrigen bestärken. So riss ein edler Mann in der Stadt Nikomedeia vor den Augen des Volkes die öffentlichen Bekanntmachungen gegen die christliche Religion, die von Diokletian erlassen worden waren, herunter.[84]

Als Militärtribun versetzte der spätere Kaiser Valentinian in der Gegenwart von Kaiser Julian einem heidnischen Priester, der das Sühnewasser herbeitrug, einen Faustschlag. Mit solchen Beispielen wollten diese Fürsten auch die Rechtgläubigen stärken.[85] Da also Gott das Bekenntnis des Evangeliums von allen, den Höchsten und den Niedrigsten, fordert, von allen Ständen und Rängen der Menschen, von Herren und von Dienern, kann hier nicht eine Deutelei darüber, wie viel der Rangniedere an Recht hat, am Platz sein. Das Bekenntnis betrifft gleichermaßen alle Ränge.

Auch kann der höhere Herr, wenn er einen Befehl gibt, nicht den Teil verbieten, der der wichtigste eines jeden Amtes ist und nach göttlichem und Naturrecht gerade dessen eigentliches Wesen betrifft. Vielmehr steht fest, dass alle politischen Ämter zum Ruhm Gottes versehen werden müssen. Alle Beamten, höhere und niedere, jeder an seinem Ort, müssen dem zweiten der Zehn Gebote gehorchen, d. h. die öffentlichen Lästerungen, durch die Gott eine Beleidigung angetan wird, verbieten und bestrafen. Und dem höheren Herrn darf nicht gehorcht werden, wenn er nicht will, dass dieser Teil des Dienstes erfüllt wird, ebenso wenig dann, wenn er schändliche Laster billigt und unterstützt.

Bis hierher wurde der erste Teil des Beweises hinreichend widerlegt. Den zweiten werde ich nicht erörtern; die Fürsten sind Herren in ihrem eigenen Gebiet und haben es zur Nutzung erhalten. Zu ihrem Amt gehört in erster Linie, nicht zuzulassen, dass eine Gewaltherrschaft errichtet wird. Ich weiß nicht, ob sie sich in einer Zeit wie dieser erinnern werden, dass sie die Herren sind.

Denn viele, die nicht die reine Lehre des Evangeliums bekennen, wenn sie auch die Reform der Kirche wünschen und Grausamkeit missbilligen, sind dennoch müßige Zuschauer, lassen zu, dass die Tyrannis ohne Ende wütet, obwohl sie kraft eigener Autorität die Bischöfe und Könige zum richtigen Verhalten, zur wahren Erkenntnis zurückführen müssten. Das kommt den edlen Familien zu, wie Achill sagt, dass er den Atriden gehorchen werde, wenn sie Ehrenhaftes befehlen, nicht aber, wenn sie Schändliches vorschreiben.[86]

Dass sie aber den Gehorsam hoch loben und sagen, dass es von großer Frömmigkeit zeuge, der Kirche zu dienen, ein großer Ruhm sei, ihren Befehlen zu gehorchen, diese glänzende Rede verdeckt die größte Schlechtigkeit, die epikureische Verachtung der Religion. Sie preisen nämlich den Gehorsam nicht in der richtigen Bedeutung, sondern sie versuchen damit entweder die Tyrannis zu stärken, oder sie suchen eine Entschuldigung für ihre Gottlosigkeit oder Trägheit oder Ängstlichkeit. Es gehört sich aber, dass die Rechtgläubigen sich des apostolischen Wortes erinnern: „Man muss Gott mehr gehorchen als den Menschen."[87] Der kirchliche Gehorsam bedeutet auf keine Weise eine Verschwörung zur Verteidigung des Götzendienstes, der Laster und neronischer Grausamkeit. Da die Bischöfe, die Falsches lehren oder verteidigen, wie Gebannte zu verfluchen sind, schuldet man ihnen keinerlei kirchlichen Gehorsam. In den übrigen Fällen wird auch von uns der Gehorsam auf alle Art gelobt. In weltlichen Pflichten muss man der rechtmäßigen Obrigkeit gehorchen, aber immer ist an der Regel festzuhalten, dass, wenn sie befehlen, dass etwas gegen die Gebote Gottes geschehen solle, wir Gott mehr gehorchen sollen als den Menschen.

Das, was ich über das Amt der weltlichen Obrigkeit in dieser Erörterung zusammengetragen habe, ist wahr und unumstößlich, ausdrücklich und klar im Wort Gottes überliefert. Und ich zweifle nicht, dass es auch mit den übrigen Dogmen in Einklang steht, wenn sie richtig verstanden würden, und ich wünsche, dass gute Männer diese Ermahnung annehmen werden.

Das aber erbitten und erflehen mit aufrichtigen Tränen alle Rechtgläubigen, dass es solche Fürsten, die die Kirchen wiederherstellen, geben möge, dass sie die Studien der Wissenschaften und der Künste unterstützen und anregen mögen, die für Christi Kirche notwendig sind, dass sie dafür sorgen mögen, dass die armen Studenten in den Schulen mit öffentlichen Stipendien ausgestattet, richtig ausgebildet und durch strengere Zucht gelenkt werden.

In Deutschland bemühen sich die Gegner aus Hass auf das Evangelium eifrig, so sehr sie können, alle Studien der Wissenschaften zu unterdrücken und auszutilgen, weil sie glauben, dass sie schon von sich aus zur wahren Lehre weisen. Und sie sind so davon besessen, dass, wie ich mich erinnere, manche Äbte sagen, sie wollten nicht, dass ihre Mönche sich mit den Wissenschaften beschäftigen, weil es nicht vorteilhaft für sie sei, dass irgendein Mönch gelehrter als der Abt ist oder zu sein scheint. Die Unbildung ist aber schädlicher als die Tyrannis. Um eine wissenschaftliche Wüste in den Kirchen zu schaffen, dulden sie keine gebildeten und rechtgläubigen Gelehrten, versuchen sie eine barbarische Unwissenheit im ganzen weltlichen Bereich zu schaffen.

Gott hat aus keinem anderen Grund befohlen, dass große Versammlungen beim Tempel stattfinden sollten, als dass sie wie Schulen wären, wo die Älteren lehren und die Übrigen in den Wissenschaften, im göttlichen Gesetz, in der Geschichte, in der Musik, in der Medizin unterweisen. Denn diese Wissenschaften übten damals die Priester aus. So ist Samuel herangebildet worden, so haben auch die Propheten Elia, Elisa, Johannes der Täufer ihren Schülerkreis gehabt. Diese Sitte hat auch Christus gepflegt, und dann haben ihn die Apostel und ihre Schüler nachgeahmt.

Johannes hatte in Ephesus feste und unermüdliche Schüler, so wie später Polykarp in Smyrna.

Und es war nützlich, dass es solche Zusammenkünfte gab, damit feststand, von welchen Gelehrten und mit welcher Sorgfalt das Evangelium gelehrt wurde. Da Sorgfalt unumgänglich war, sind dann die Stifte der Domherren eingerichtet worden, damit die Nachwelt wusste, von welchen Lehrern sie die Lehre empfangen hatte. So hat Athanasius den Dionysius Alexandrinus und den Alexander gehört. Und Basilius führt oft seine Lehrer an, er sagt, dass ihm noch immer deren Sätze und Stimmen im Ohr klingen.[88] Aber später haben die Reichtümer in den Stiften Sittenlosigkeit nach sich gezogen, dann kam die Macht hinzu, die auch den Studien geschadet hat. Und wie die Kirche bei den Domherren zu Grunde gegangen war, so verloren sie die Lehre.

Alle Rechtgläubigen und besonders die, die an der Spitze sind, müssen also dafür sorgen, dass der alte Brauch bestehen bleibt, dass die Wissenschaften dort blühen, wo die wahre Kirche ist. Was ist absurder, als dass sich Könige und Fürsten, die Feinde des Evangeliums sind, rühmen, dass sie die alte Form der Kirche verteidigen und dennoch nur um Nahrungsmittel und andere unwichtige Bräuche kämpfen und nicht veranlassen, dass die Stifte sich wieder den Studien zuwenden, was in erster Linie zur alten Form der Kirche gehört?

Aber ich höre auf, über sie zu reden. Wir sollten bedenken, wie sehr es eine Notwendigkeit und eine fromme Pflicht ist, die Studien zu fördern. Denn ohne Schule und ohne Lehre kann die Reinheit des Evangeliums nicht gewahrt werden. Und es ist auch sehr viel daran gelegen zu wissen, von welchen Lehrern und mit welcher Zuverlässigkeit es weitergegeben wird. Außerdem können die kirchlichen Meinungsverschiedenheiten in der Tat ohne große Gelehrsamkeit nicht geklärt werden.

Da aber nur wenige Reiche sich mit theologischen Studien befassen, ist es notwendig, dass ein Ehrensold für die Pfarrer der Kirche, die Gelehrten und die, die in den Schulen lehren, festgelegt wird. Zu diesem Zweck sind die Reichtümer der Stifte und der Klöster zu verwenden, die von Ungelehrten, Faulen, letztlich von den Feinden des Evangeliums widerrechtlich beansprucht und verprasst werden. Weil Christus im Urteil des Jüngsten Gerichts sagt, dass er als Hungernder und Dürstender umhergegangen ist,[89] sollen die Fürsten noch bedenken, dass er wirklich als Hungernder und Dürstender umhergeht, dass er sich über die Tyrannen beklagt, welche die Rechtgläubigen erschlagen, über die Stifte und andere Geizhälse, welche die Einkünfte, die zum Erhalt der Lehre notwendig sind, verprassen, endlich auch über die Trägen, die die Studien nicht unterstützen wollen, die nicht für die Zukunft Vorsorge treffen.

Hier bitte und ermahne ich alle, die an der Macht sind, dass sie den hungernden und dürstenden Christus erkennen, um seinetwillen auch seine Diener aufnehmen, das heißt, für die Pastoren und Schulgelehrten sorgen mögen. Es ist mit Sicherheit gerecht und fromm, dass die Güter der Stifte und Klöster zu diesem bestimmten Zweck verwendet werden, so wie es deutlich geschrieben steht. So hat es der Herr angeordnet, dass die, die das Evangelium verkündigen, von dem Evangelium leben.[90] Und dagegen kann nicht die Autorität der Könige angeführt werden, die diese Güter den Stiften gegeben haben. Sie haben sie nämlich der Kirche gegeben; sie wollten nicht, dass die Pastoren verhungern, dass die Studien zu Grunde gehen sollten und inzwischen diese Einkünfte von anderen, die träge und gottlos sind, verprasst würden. Deswegen gehört es zum Amt der Fürsten, auf diese Weise für die Kirchen vorzusorgen.

[1] Röm 10,10.   [2] Mt 10,33.   [3] Ps 116,10.   [4] 1Petr 2,9.   [5] Ps 102,23.   [6] Ps 51,15.   [7] Ps 145,11.   [8] Apg 5,29.   [9] Gal 1,9.   [10] Mt 10,37.   [11] Mt 5,16.   [12] Apg 13,7.   [13] Ps 2,10–12.   [14] Ps 24,7.   [15] Ps 102,23.   [16] Ps 148,11.13.   [17] Jes 49,23.   [18] Für Melanchthon hatte die erste Tafel Vorrang.   [19] Gemeint ist das Predigtamt.   [20] 1Tim 1,9.   [21] Epikur war der Meinung, dass die Götter ein glückliches Leben führen und sich nicht um die Angelegenheiten der Menschen kümmern. Er wurde zu Unrecht als „Verkünder hemmungslosen Lebensgenusses" angesehen.   [22] Dan 3,29.   [23] Lev 24,16.   [24] Codex Theodosianus XVI, 10.   [25] Zum Donatistischen Streit vgl. RGG³ 2, 239–241.   [26] Vgl. Augustin, Epistulae 93.   [27] 1Kön 11,4–8.   [28] 1Kön 12,16–19.   [29] Vgl. 2Kön.   [30] So z. B. Dtn 7,12–24.   [31] 1Kön 15,12.   [32] 2Chr 17,3.   [33] 2Kön 18,4.   [34] 2Chr 34,3.   [35] 2Kön 10,18–29.   [36] 1Sam 2,30.

[37] Eph 6,4. [38] Mt 7,15. [39] 1Kor 5,13. [40] Gal 1,9. [41] Euseb, Historia ecclesiastica 7,30,19. [42] Ps 26,5 f. [43] Ps 139,22. [44] 2Chr 19,2. [45] Vgl. Spr 24,11. [46] Mt 12,30. [47] 1Kön 18,21. [48] 1Joh 3,16. [49] Ps 82,6. [50] Dtn 17,18. [51] Weish 1,1. [52] Euseb, Vita Constantini 2,56. [53] Dan 4,24. [54] Valerius Maximus 7,2,13. [55] Ps 82,6. [56] Mt 18,7. [57] Ez 34,10. [58] Am 6,1. [59] Am 6,6. [60] So z. B. Ez 18,5–9. [61] Mt 18,7. [62] Ps 82,6. [63] 2Kor 3,6. [64] 1Tim 1,9. [65] Lev 24,16; Dtn 12,3. [66] Augustin, Epistulae 93. [67] Gal 1,9. [68] 1Kor 9,14. [69] Tertullian, Apologia 5. [70] 1Kön 18,22. [71] Mt 16,14.16. [72] Mt 16,17. [73] Gal 1,16 f. [74] Homer, Odyssee 17, 66. [75] Dan 3,1–30. [76] Lk 22,32. [77] Mt 7 8. [78] Jes 6,9; Mt 13,13. [79] Mt 10,37. [80] Vgl. Gen 41,15–46. [81] Dan 3,12. [82] Euseb, Historia ecclesiastica 8,11,2. [83] Theodoret 3, 14. [84] Euseb, Historia ecclesiastica 8, 5. [85] Theodoret 3, 16. [86] Homer, Ilias 1, 293–296. [87] Apg 5,29. [88] Rufin, Historia ecclesiastica 1, 14. [89] Mt 25,35 . [90] 1Kor 9,14.

Eine Frage nach der Autorität von Synoden

Quaestio recitata a Mag. Georgio Burmanno Goldbergensi 1541

1536 berief Papst Paul III. für das folgende Jahr ein Konzil nach Mantua ein, doch lehnten die Evangelischen auf dem Bundestag von Schmalkalden am 24. Februar 1537 die Teilnahme daran ab, da man in dieser päpstlichen Veranstaltung, wie Luther in der Vorrede zu den Schmalkaldischen Artikeln einschärfte, das freie Konzil nicht zu erkennen vermochte, auf das man schon in der Confessio Augustana die Hoffnung gerichtet hatte. Aus diesem und anderen Gründen kam das Konzil zunächst nicht zustande, und in den Vordergrund der Auseinandersetzungen zwischen den Religionsparteien trat der quasi-konziliare Weg der Religionsgespräche, den 1540/41 vor allem Karl V. betrieb. Freilich führte auch dieser Versuch mit dem Scheitern des Regensburger Religionsgesprächs in eine Sackgasse. Damit musste die Frage nach einem Konzil von neuem in das Blickfeld treten. Während sich die Evangelischen erneut gegen die Verbindlichkeit eines päpstlichen Konzils verwahrten, begann der Papst entsprechende Pläne zu schmieden und besprach diese im September 1541 mit dem Kaiser bei einem Treffen in Lucca. Mitten in dieser altgläubigerseits auf ein Konzil hinlenkenden Phase, am 15. September 1541, wurde der aus Goldberg in Schlesien gebürtige Georg Burmann in Wittenberg zum Magister promoviert und trug wohl aus diesem Anlass die folgende ausgefeilte Frage über die Autorität von Synoden, also konziliaren Versammlungen, vor, die ihm Melanchthon formuliert hatte. Der brisante Kontext zeigt, dass die Disputationen, auf die man bei der Neukonstitution des Wittenberger Universitätswesens in reformatorischem Sinne besonderen Wert legte, mehr waren als nur akademische Fingerübungen.

Übersetzungsgrundlage: CR 10, 732–736.

Wenn mir auch das Wohlwollen der Lehrer guttut, die mir aus einer Art Ehrerbietung gegenüber dem Dienst am Evangelium[1] diese Rolle zugewiesen haben, wünschte ich doch, dass diese Rede anderen, Gebildeteren in dieser Versammlung zugeteilt worden wäre. Um aber einer öffentlichen, ehrenvollen Gewohnheit Genüge zu tun, führe ich eine kurze Frage an und bitte euch, dass ihr diese meine Disputation wohlwollend aufnehmt.

Viele gewichtige Auseinandersetzungen regen sich jetzt in der Kirche, in denen die gelehrtesten Männer die apostolischen Schriften nicht einhellig auslegen. Vielmehr besteht auch bei Gegenständen von großer Wichtigkeit Uneinigkeit über Wortlaut und Sinn oder περὶ ῥητοῦ καὶ διανοίας, um die rhetorischen Benennungen zu gebrauchen.[2] Wie man also vor Gericht die Auslegung der Gesetze vom Fürsten oder von einem Vogt erwartet, so meint man, dass in den kirchlichen Streitigkeiten die Auslegung von einer Synode gefordert werden müsse. Man pflegt also hinsichtlich der Entscheidungen der Synoden zu fragen, was für eine Autorität zur Auslegung es in der Kirche gebe, wer über ebendiese Autorität verfüge und ob Synoden irren können.

Ich lege also die Frage vor, ob, wenn es in der Kirche eine Autorität zur Auslegung gibt, diese primär den Synoden zuzuerkennen sei und ob man anerkennen müsse, dass rechtmäßig versammelte Synoden sich nicht irren können.

Zuerst aber zeige ich auf, dass es in der Kirche eine Autorität zur Schriftauslegung gibt:

Der Kirche wird eine Gabe nicht ohne Sinn gegeben, sondern damit
sie Auseinandersetzungen entscheide und schlichte.
Eine Gabe in der Kirche ist die Auslegung.
Also ist ihr auch die Autorität zur Auslegung gegeben.

Sodann: Weil Christus wollte, dass die Kirche ihre eigenen Lehrsätze aufstellen kann, hat er sie gewiss mit einer Autorität ausgestattet. Dass aber diese Autorität vor allem den Synoden zuzuerkennen sei, zeige ich folgendermaßen: Die Verheißung ist nicht einem oder mehreren Einzelnen erteilt worden, sondern vielen in einer Versammlung – wie geschrieben steht: „Wo zwei oder drei versammelt sind in meinem Namen, da bin ich mitten unter ih-

nen."[3] Eine Synode ist eine solche Versammlung von mehreren
gottesfürchtigen Menschen, und zwar vor allem von Lehrenden:
Also bezieht sich jene Autorität, die die Verheißung bestätigt,
hauptsächlich auf die Synode.

Zudem hat Christus gewollt, dass es einen Richter gebe, indem
er sagt: „Sage es der Gemeinde!"[4] Und Paulus sagt: „Die andern
sollen darüber urteilen." Daher kommt der Synode eine besondere Autorität zu. Wir wollen aber, weil eine bewährte Gewohnheit
Anleitung und Auslegungsmaßstab für ein Recht ist, auch den
Brauch der Kirche im reineren Stand anschauen: In Apostelgeschichte 15 werden, weil eine Uneinigkeit über die Aufhebung des
Gesetzes entstanden ist, Gesandte zu den Aposteln geschickt. Diese rufen ihr Kollegium wie auch Älteste von außerhalb zusammen,
damit sie in einer so gewichtigen Sache untereinander übereinkä-
men. Und nachdem die Sache recht erwogen war, wurde nicht auf
Grund der Ansicht eines einzelnen, sondern auf Grund des Urteils
vieler Christen ein Beschluss gefasst. Diesen Brauch behielten später auch jene Leuchten der Kirche bei, die den Marcioniten,[6] den
Samosatenern,[7] dem Arius[8] und dergleichen Häretikern Einhalt
geboten. Man muss also wohl zugestehen, dass die Autorität der
Synode zur Auslegung eines Zweifelsfalles größer ist als die eines
einzigen oder mehrerer einzelner Christen. Sonst hätte die Schrift
grundlos befohlen, Streitigkeiten dem Urteil mehrerer Christen
anheimzugeben, grundlos wäre die Verheißung an viele erfolgt.[9]

Wenn wir aber die Bezeichnung „Kirche" verwenden, fassen
wir darunter nicht allein die Amtsträger, sondern auch andere
Fromme und Gelehrte. Und zwar so, dass die Amtsträger, die einen herausragenden Rang einnehmen, nicht ausgeschlossen sind.
Es ist nämlich unsinnig, sich Kirche ohne das Amt vorzustellen.

Hat man dies festgestellt, dass es in der Kirche eine Autorität
zur Auslegung von Zweifelsfällen gibt und diese mehreren Christen, d. h. Synoden zukommt, so folgt, dass man die Beschlüsse der
Synoden als gewiss annehmen muss und nicht in Zweifel ziehen
darf. Die Einsetzung einer Autorität zur Entscheidung wäre doch
unsinnig, wenn man sich ihr ständig widersetzen dürfte. Es gibt
kein Gemeinwesen ohne eine unverletzliche Instanz, die die Ge-

setze auslegt. Wenn dieser Rang den weltlichen Gewalten zuteil wird, weil sie von Gott eingesetzt sind,[10] und Gott wollte, dass die Obrigkeit durch diese Entscheidungsautorität stabilisiert werde, warum sollte dann nicht noch eher die Kirche, die doch die weltlichen Gewalten bei weitem an Würde überragt, über eine unverletzliche Autorität verfügen? Wie könnte man schließlich, wäre die Autorität der Synoden erschüttert und dieser Riegel zerbrochen, die Leichtfertigkeit der Geister zügeln? Es wird kein Ende der Zwistigkeiten in der Kirche geben, wenn es freisteht, dem, was die Alte Kirche in höchster Erhabenheit beschlossen hat, durch sophistische Ausflüchte auszuweichen. Es gibt viele Themen, die Unruhen entfachen könnten, wenn man die Zeugnisse der Alten aufhöbe – etwa die Frage nach der Kindertaufe oder auch die, ob „Wort" in Johannes 1 eine Person bezeichne, und viele andere. Es muss also in der Kirche eine Autorität über bereits entschiedene Sachverhalte in Geltung stehen. Lasst uns die Verheißungen annehmen, die bezeugen, dass Versammlungen und Entscheidungen gottesfürchtiger Menschen von Gott gelenkt werden. Das Volk möge einsehen, dass es der Kirche und jenen Versammlungen gottesfürchtiger Gelehrter, die in gewaltigen Kämpfen die himmlische Lehre verteidigt haben, Achtung schuldet. Das ist für den allgemeinen Frieden von Nutzen, denn Anarchie schafft unaufhörliche Selbstzerfleischung und Verwüstung der Kirchen.

Lasst uns auch die Beispiele in den Kirchen, die jetzt in Ordnung gebracht sind, betrachten: In ihnen werden Entscheidungen gefällt und Fragen Versammlungen von Gebildeten vorgelegt. Deren Entscheidungen folgen die Kirchen auch in unklaren Angelegenheiten.

Manche aber argumentieren dagegen: Zunächst gestehen sie zwar zu, dass die Kirche befugt sei, Entscheidungen zu fällen, aber sie fügen hinzu, es sei ein Gesetz überliefert, von dem man nicht weichen dürfe, nämlich die prophetischen und apostolischen Schriften. Und von denen sagen sie, den Gottesfürchtigen seien sie gewiss und klar, während Leichtfertige und Gottlose für einige Aussagen sophistische Ausflüchte suchen können und dies auch zu tun pflegen. Im Übrigen bestreiten sie, dass es in der Kirche eine dem Amt des Vogtes vergleichbare Autorität zur Auslegung gebe. In den Gottesfürchtigen findet sich eine Gabe, ein Licht, durch das jene Weisheit erblickt wird, die den Horizont der Vernunft übersteigt.[11] Diese Gabe ist keine Autorität, vor allem nicht eine solche, die bestimmten Ständen oder einer bestimmten Menge zugeordnet ist. „Denn nicht alle sind Israel, die von Israel stammen."[12] Noch viel weniger ist dies eine besondere Gabe von Priestern, die im Kampf mit dem Evangelium liegen, auch wenn sie sich den Titel „Kirche" anmaßen und wegen dieses erhabenen Titels als Sündenfreie angesehen werden wollen, ganz so wie die Priester zur Zeit Jeremias mit dem Ruf prahlten: „Dem Priester wird es nicht fehlen an Weisung."[13] So herrschen in der Kirche oft die Gottlosen, während zugleich die Schar derer, die sich an die rechte Meinung halten, klein und unansehnlich ist, wie Jesaja sagt: „Hätte uns der Herr nicht einen Sprössling übriggelassen, so wären wir alle untergegangen wie Sodom und Gomorra."[14] Wenn also auch zugestandenermaßen die wahre Kirche, in der die Gabe der Auslegung und das Licht der Kirche strahlen, über ein rechtes Urteil verfügt, sind doch nicht die Synoden die Kirche, seien sie auch legitim einberufen. Sondern es kann geschehen, dass dort auch mehrere Gottlose sind und deren Stimmen das Übergewicht haben. Die Synode von Sirmium war von Konstantius korrekt einberufen worden, es kamen griechische und lateinische Bischöfe zusammen, Konstantius selbst, der Photin[15] in die Schranken wies, war bei der Verhandlung zugegen, und auch der Ossius, ein frommer Mann, war anwesend. Es ist auch manches durchaus fromm entschieden worden. Und dennoch hatte man sich in der Hauptsache schändlich geirrt: Das Nizänische Glaubensbekenntnis wurde durch eine trügerische Einigung entstellt, denn man fügte für „ὁμοουσίῳ"[16] „ὅμοιον"[17] ein.[18] Die Bösen hatten gesiegt. Daher haben die Gottesfürchtigen später diese Synode gesondert verurteilt.

Derlei Beispiele, die die schweren Irrungen der Synoden deutlich machen, kann man viele vortragen: Zur Zeit Friedrichs II., im Jahr des Herrn 1215, wurde in Rom von Innozenz III. eine Synode versammelt, welche die Altgläubigen als Generalkonzil bezeichnen. Weil die Franken damals Konstantinopel besetzt hielten, brachte es der Bischof von Rom ohne Weiteres zustande, dass die Griechen zur Synode kamen. Es waren also sowohl die Gesandten des römischen Kaisers da wie auch die des Kaisers von Konstantinopel, außerdem die Gesandten von fünf Königen sowie zwei Patriarchen, nämlich von Konstantinopel und aus Jerusalem, letzterer mit dem Titel des Patriarchen von Alexandria, der, meine ich, damals ebenfalls ein Franke war;[19] außerdem siebzig griechische und lateinische Erzbischöfe, vierhundert Bischöfe und achthundert Gesandte aus geistlichen Gemeinschaften. Weil es eine solch hohe Beteiligung gab, wurden zwei Dekrete abgefasst, das eine über die Wandlung des Brotes ins Sakrament,[20] das andere über die Aufzählung von Vergehen in der Beichte.[21] Weil diese Dekrete aber ohne Schriftzeugnisse und gegen das gewichtige Zeugnis der Alten beschlossen wurden und weil sie Anlass geben zu schwerem Aberglauben, macht es die Sachlage gewiss erforderlich, dass man sie in Frage stellt. Man muss deswegen den alten Synoden ihr Gewicht durchaus nicht absprechen. Ihnen stimmen wir wegen der gewissen und zuverlässigen Zeugnisse der apostolischen Schriften und anderer altbewährter Zeugnisse zu.

Weil diese Frage aber der Disputation unter Doktoren würdig ist und eine ausführlichere Erklärung erfordert, reiche ich sie an meinen Freund und Gastgeber, Magister Christoph Jonas,[22] weiter und ersuche ihn, die einzelnen Teile klar zu behandeln, auf dass er einerseits die Autorität der Synoden zur Bekämpfung von Leichtfertigkeit, Vermessenheit und Übermut der Geister befestige, andererseits ein Urteil hinzufüge, damit nicht die Entscheidungen Gottesfürchtiger durch ungerechte und tyrannische Macht unterdrückt werden können. Beides führt zum Untergang der Kirche: Anarchie ebenso wie Tyrannei. Wir aber wollen Gott bitten, dass er selbst die Kirche, die er durch das Blut seines Sohnes, unseres Befreiers Jesus Christus, erlöst und sich zu einem bleibenden Tempel geweiht hat, regiere und berufene Leiter erwecke und dereinst wieder gottesfürchtige Synoden einrichte.

Hier endet meine Rede.

[1] Burmann wurde nicht ganz zwei Wochen später, am 28. September, ordiniert. [2] Das griechische Begriffspaar verwendet der antike Rhetor Hermogenes aus Tarsus. [3] Mt 18,20. [4] Mt 18,17. [5] 1Kor 14,29. [6] Marcion kam Mitte des 2. Jahrhunderts in Überspitzung paulinischer Gedanken zu einer Lehre, die schroff einen barmherzigen und gnädigen Gott des Evangeliums einem Gott des Gesetzes und der Gerechtigkeit, dem Schöpfergott des Alten Testaments, gegenüberstellte. [7] Paulus von Samosata wurde 264 und 268 in Antiochien verurteilt, weil er in Christus nur einen in besonderem Maße inspirierten Menschen gesehen hatte. [8] Arius wurde 325 in Nicäa verurteilt, weil er gelehrt hatte, dass der Sohn geschaffen und darum nicht eines Wesens (homousios) mit dem Vater sei. [9] Gedacht ist wohl an Mt 18,18: „Was ihr auf Erden binden werdet, soll auch im Himmel gebunden sein, und was ihr auf Erden lösen werdet, soll auch im Himmel gelöst sein." [10] Vgl. Röm 13,1. [11] Vgl. Phil 4,7: „Und der Friede Gottes, der höher ist als alle Vernunft, bewahre eure Herzen und Sinne in Christus Jesus." [12] Röm 9,6. [13] Jer 18,18. [14] Jes 1,9. [15] Photin wurde unter dem Vorwurf, Christus als bloßen Menschen gelehrt zu haben, verurteilt. [16] Gleichen Wesens. [17] Gleich. [18] Melanchthon denkt offenbar an die Sirmische Synode von 357, auf der zwar nicht – wie auf der des Jahres 359 – explizit das „homoion" ins Bekenntnis aufgenommen wurde, wohl aber alle Begriffe, die vom „Wesen" (usia) sprachen, also auch „homousios", als unbiblisch verworfen wurden. Diese Synode ist in der Tat mit dem Namen des Ossius von Cordoba, eines Verfechters der antiarianischen Orthodoxie, verbunden, der jene Formel unter Druck unterschrieb. [19] Der Konzilsteilnehmer Radulf von Merencourt war 1215–1224 lateinischer Patriarch von Jerusalem. Ein lateinisches Titularpatriarchat von Alexandrien wurde hingegen erst 1219 eingerichtet, entsprechend erscheint in der Liste der Konzilsteilnehmer kein solcher Patriarch. Inhaber des 1204 nach der Eroberung durch die Kreuzfahrer errichteten lateinischen Patriarchates von Konstantinopel war zu diesem Zeitpunkt Gervasius. [20] Das vierte Lateranische Konzil definierte 1215 die Transsubstantiationslehre, nach der Leib und Blut Christi durch eine Wandlung der Substanz von Brot und Wein wahrhaft im Abendmahlssakrament enthalten sind. [21] Das vierte Lateranische Konzil verpflichtete alle erwachsenen Christen dazu, einmal jährlich alle begangenen Sünden zu beichten. [22] Christoph Jonas aus Königsberg war 1529 in Wittenberg immatrikuliert und 1538 in den akademischen Senat aufgenommen worden.

Synodalrede über den Unterschied zwischen der Kirche Gottes und dem Reich der Welt

Oratio synodica de discrimine ecclesiae dei et imperii mundi 1546

Nachdem die Religionsgespräche der Jahre 1540/41 gescheitert waren, mit denen Karl V. unter dem Druck äußerer Bedrohung das in sich gespaltene Reich zu einen gesucht hatte, wurde eine Lösung auf militärischem Wege für den Kaiser wieder zur politischen Option. Die ersten Erfolge in dieser Richtung, 1543 im geldrisch-klevischen Feldzug errungen, hatten zur Folge, dass die Reformation sich weder in Kleve noch in Köln durchsetzen konnte. Nachdem Karl sich dann in den Geheimbestimmungen des Friedens von Crepy 1544 die Unterstützung des französischen Königs auch für eine mit Gewalt erfolgende Rückführung der Protestanten in die altgläubige Kirchengemeinschaft gesichert und sich zudem durch einen Waffenstillstand 1545 einen freien Rücken gegenüber dem osmanischen Reich verschafft hatte, konnte er im folgenden Jahr im Bündnis mit dem Papst den Krieg gegen die protestantischen Stände eröffnen. Den Charakter dieser Auseinandersetzungen als Glaubenskrieg kaschierte er durch die formale Begründung, dass gegen Landgraf Philipp von Hessen und Kurfürst Johann Friedrich von Sachsen die Reichsacht zu vollstrecken sei, weil sie 1542 den Herzog von Braunschweig-Wolfenbüttel aus seinem Land vertrieben hatten. Das Ausscheren des Herzogs Moritz von Sachsen aus der evangelischen Front gab nach einigem Hin und Her in Süddeutschland im letzten Oktoberdrittel den Weg für ein Übergreifen der Kampfhandlungen nach Mitteldeutschland frei. Schließlich trat auch Moritz selbst, auf die Kurwürde hoffend, offen auf der Seite des Kaisers in den Krieg ein.

Die Ereignisse gingen auch am Hochstift Merseburg, in dem Moritz schon im Sommer Truppen hatte ausheben lassen, nicht spurlos vorüber. Dem hier eingesetzten evangelischen Administrator August, dem Bruder des Herzogs, war in Fürst Georg III. von Anhalt ein hochangesehener „Coadjutor in Geistlichen Sachen" zur Seite gestellt worden, der es auf sich nahm, am 25. Oktober 1546 in einer Synodalrede, die ihm Melanchthon verfasst hatte, das kriegerische Geschehen, dessen fatale Wendung er selbst vergeblich zu verhindern gesucht hatte, theologisch zu bewältigen.

Übersetzungsgrundlage: CR 11, 758–763.

Angesichts dieser gewaltigen Betrübnis unserer Zeit und der Trauer unserer Gebiete muss man vor allem von Gott Tröstung erbitten, der deshalb sein Wort über die Kirche, die weltlichen Reiche und das ewige Leben offenbart hat, um in den schweren Trübsalen dieses Lebens unseren Schmerz zu lindern und uns eine Zuflucht aufzuzeigen. Daher finde ich, wenn ich auch im Blick auf die Ursachen für das menschliche Elend und die Mittel dagegen noch vieles andere bedenke, doch vor allem in dem tröstlichen Gedanken Ruhe, dass Gott immer wieder beides bestätigt: zum einen dass die Angriffe der Gottlosen die Kirche in diesem Leben heftig erschüttern, zum anderen aber dass sie dennoch beständig bis zur Auferweckung der Toten und danach in alle Ewigkeit bleiben und das Amt des Evangeliums nicht untergehen werde, so sehr sich auch die Trümmer der Reiche häufen.

Denn auf Grund eines wundersamen Ratschlusses sammelt Gott sich aus dieser bedauernswerten Masse der Menschheit zu allen Zeiten eine Kirche, wie es in den größten Kämpfen Samuel, Elia, Elisa, Jesaja, Jeremia und andere verkündet haben – gemäß den Worten: „Sie gingen hin und weinten und streuten ihren Samen."[1] Gott will nicht, dass in der Menschheit jemals die Stimme der Lehre oder die Anrufung Gottes verstumme. Ja eben zu diesem Zweck, in uns die Sorgfalt im Lernen und die Anrufung zu erwecken, lässt er es zu, dass die Kirche hart geprüft wird.

Weil dies so ist, habe ich, obwohl ich wegen meines gewaltigen Schmerzes kaum auftreten kann, aber dessen ungeachtet noch die übrigen Aufgaben meines Amtes versehe, dann doch beschlossen, diese Rede zu eurem Trost zu halten. Und ich hoffe, dass meine Ansprache in der Lage sein möge, euch reichlich zu trösten, nicht allein, weil mir hier unter euch ein höherer Rang zugewiesen ist, sondern vielmehr, weil ihr selbst meinen Eifer gegenüber der Kirche und meine Betrübnis kennt, wie ja auch Kranke bereitwilliger Reden und Ratschlägen von Kranken Gehör schenken. Mit euch aber werde ich reden, als redete ich zu mir selbst, und ich werde mich bemühen, eure Traurigkeit mit denselben Heilmitteln zu lindern, mit denen ich mich selbst so gut wie möglich aufrechterhalte.

Wenn ich sehe, welch schmerzlichen Krieg man in Deutschland angefangen hat und dass wie bei einer Feuersbrunst verschiedene Gegenden nach und nach in Brand geraten, erkenne ich den schrecklichen Zorn Gottes. Nicht allein die gegenwärtigen Leiden, den gewaltsamen Tod so vieler Menschen, die Verwirrung der Ordnung und die Verwüstung vieler Ortschaften beklage ich. Nein, mehr noch quält mich, dass kein Ende der Bürgerkriege abzusehen ist. Einmal begonnen, werden die Uneinigkeiten unter den Bürgern eines Reiches einzig durch wundersamen Beistand Gottes nach Verlauf vieler Jahrhunderte beigelegt. Wenn inzwischen – wie es hier und da schon geschieht – die theologischen Studien erlöschen oder die Kirchen gänzlich untergehen, zumindest aber doch um einiges wüster sein werden, so wird dies eine entsetzliche Barbarei zur Folge haben, so wie nach der Zeit der Apostel, als durch die Zerstörung kultiviertester Städte im Verlauf des Zusammenbruchs des römischen Reiches zugleich die Gelehrsamkeit und die Lehre der Kirche so verschüttet wurden, dass kaum ein Schatten der alten Lehre blieb.

Da ich mich jetzt in der Betrachtung solch schlimmer Zustände verzehre und aufreibe, hege ich keinen Zweifel daran, dass das auch euch quält. Aber in diesem Kummer wollen wir uns, wie ich schon sagte, jene Verheißung vor Augen halten: Die Kirche Gottes wird Bestand haben.[2] Obgleich sich durch die ganze prophetische und apostolische Lehre hindurch viele Stellen finden, die diese Verheißung ausdrücklich bestätigen, habe ich mir vorgenommen, euch vor allem jenes Wort vorzutragen, das sich bei Jesaja im 59. Kapitel findet. Es scheint für diese Gelegenheit umso passender, weil es nicht nur von der Ewigkeit der Kirche spricht, sondern auch lehrt, was für eine Versammlung die Kirche Gottes ist und wo die Kirche ist, und weil es das Lehramt des Evangeliums lobt und uns zur Lust am Lernen ermuntert. Dies aber sagt Gott bei Jesaja: „Dies ist mein Bund mit ihnen, spricht der Herr: Mein Geist, der auf dir ruht, und meine Worte, die ich in deinen Mund gelegt habe, werden von deinem Mund nicht weichen noch von dem Mund deines Samens, spricht der Herr, von nun an bis in Ewigkeit."[3]

Es ist eine für das ganze Leben nützliche Regel, der allgemeinen Trübsal das treffliche Zeugnis der Güte Gottes entgegenzusetzen, dass er sich nämlich von seinem verborgenen Sitz aufgemacht und sich der Menschheit offenbart hat, dass er mit eigener Stimme die Verheißung der Versöhnung und des ewigen Lebens überbracht und seinen Sohn gesandt hat, auf dass dieser der Versöhner sei. Auch wenn wir uns in diesem Leben eine Weile in schwerer Trübsal befinden, wollen wir uns doch über diese übergroße Wohltat freuen, dass Gott vertraut mit uns spricht und mit vielen großen Wundertaten bezeugt, dass er diejenigen, welche ihre Zuflucht bei dem Sohn suchen, in Wahrheit aufnehmen, erhören und mit ewigen Gütern beschenken werde. Lasst uns nun nicht so hart und eisern sein, uns von der übergroßen Güte nicht bewegen zu lassen und zu meinen, Gott trage nicht für uns Sorge, da er sich der Menschheit doch so vertraut gezeigt hat! Wie er aber seine Verheißung über unser Heil kundgetan hat, so bekräftigt er, dass er jede Versammlung, in der die Stimme des Evangeliums erklingt, immer bewahren werde und dass er diejenigen, welche diese Stimme bereitwillig hören, zu Erben des ewigen Lebens macht.[4]

Daher heißt es bei Jesaja: „Dies ist mein Bund mit ihnen." Die Worte zeigen auch, wer die Versammlung lenkt und von welcher Art die Wohltaten in ihr sind. Gott bekräftigt, dass die Lehre, die durch die Propheten überlieferte Verheißung, stets Bestand im Munde der Nachkommen haben wird. Und durch diese Stimme der Lehre entzündet der Heilige Geist in den Hörern ein neues Licht: Weisheit und ewige Gerechtigkeit.

Die Kirche Gottes ist also eine Versammlung von Menschen, die das Evangelium aufnehmen.[5] In dieser Versammlung ist Gott selbst durch das Amt des Evangeliums wahrhaft wirksam. Und denen, die Buße tun und an die Verheißung der Versöhnung glauben, gibt er den Heiligen Geist und das ewige Leben. Es gehören aber in diesem Leben viele dazu, die zwar nicht wiedergeboren sind, jedoch der Lehre zustimmen.[6]

Aus allen Köpfen und aus jeder Predigt aber wollen wir die Träume derer weit fortweisen, die behaupten, dass man die Kirche nirgends erkenne, und die sich eine unsichtbare Schar wie eine platonische Idee[7] ganz außerhalb der Menschheit ausmalen. Gott will, dass die Kirche in der gesamten Menschheit gehört werde.

Er will, dass sie gesehen werde. Er hat sich nicht vergeblich offenbart. Er will, dass er erkannt und gehört werde, dass seine Verheißungen angenommen werden, so wie es im Psalm heißt: „Ihr Schall geht aus in jedes Land."[8] Und Paulus sagt: „Die er aber erwählt hat, die hat er auch berufen."[9]

Es ist ein großer Trost, ebendies zu wissen, dass es einzig innerhalb dieser Schar der Berufenen, die die Lehre des Sohnes Gottes hören und auch annehmen, zum ewigen Leben Erwählte gibt und dass es in dieser Schar stets Erwählte geben wird. Weil dieser Trost einem frommen Geist höchst willkommen sein muss, wollen wir uns umsehen, wo Kirche sei und wo man sie wahrnehmen kann, damit wir wissen, dass auch wir ihre Bürger sind. Daher sollen wir wissen, dass immer dort wahrhaft die Kirche Gottes ist, wo das Amt des Evangeliums ist, d. h., wo die Stimme der Lehre des Gottessohnes erklingt und die uns von ihm aufgetragenen Ordnungen beachtet werden, als Zeugnisse seiner Verheißungen und Zeichen unseres Bekenntnisses.

Die Kirche kann also erkannt, deutlich gehört und wahrgenommen werden, weil sie eine bestimmte Art der Lehre aufweist, die ihr von Gott durch die Propheten, Christus und die Apostel überliefert worden ist, und weil sie bestimmte Ordnungen hat, die jedermann sehen kann. Durch Gottes Güte haben wir es nicht nötig, sie in der Ferne zu suchen. Ihr sollt wissen, dass hier in unserer Versammlung, in euren Familien, Dörfern und Städten wahrhaft die Kirche Gottes ist, weil dort das Amt des Evangeliums ist. Und hegt keinen Zweifel daran, dass es eben in dieser Menge Menschen gibt, die zum ewigen Leben erwählt und jetzt auch ein Teil jener Nachkommenschaft sind, von der es bei Jesaja heißt: „Mein Geist, der auf dir ruht, und meine Worte, die ich in deinen Mund gelegt habe, werden von deinem Mund nicht weichen noch von dem Mund deiner Nachkommenschaft."

Lasst uns also Gott Dank sagen, dass er sich offenbart hat, dass er uns seine Verheißungen überliefert hat, dass er sich durch deren Wort stets eine ewige Kirche sammelt, und auch dafür, dass er zeigt, wo diese Kirche ist, die er wahrlich liebt und mit ewiger Herrlichkeit schmücken wird, und dass er uns selbst zur Gemeinschaft dieser Kirche berufen hat, und endlich für seine feste Zusage, dass in dieser Welt stets eine solche Versammlung als Wächterin der Lehre bleiben wird.

Diese unermesslichen Wohltaten wollen wir der Trübsal entgegenhalten, die in diesem Leben auf der menschlichen Natur nach Gottes festem Ratschluss lastet. Lasst uns, was das betrifft, nicht über sein Urteil zürnen, sondern in geduldigem Ertragen des Schmerzes Besänftigung und Befreiung erwarten.

Aber wie, so werdet ihr fragen, kann die Kirche Bestand haben, wenn die weltlichen Reiche beben und in sich zusammenfallen? Wo sie einst in höchster Blüte standen – in Syrien, in Ägypten, in Asien –, herrscht jetzt gottlose Barbarei, die dem Sohn Gottes feind ist. Ich erschaudere, wenn ich an diese Beispiele denke, die das Ausmaß von Gottes Zorn zeigen. Aber genau das hat Gott oft vorhergesagt, dass die Kirche in keinem einzigen Reich einen sicheren Platz habe. Und er hat es deshalb vorhergesagt, damit wir wissen, die Reiche der Welt sind das eine, ein anderes aber ist die Kirche Gottes, und wir die Ursachen dieser Betrübnis bedenken.

Gott bewahrt seine Kirche auch inmitten der Trümmer der Reiche. Wo immer du die unverfälschte Stimme des Evangeliums hören wirst, da darfst du mit Gewissheit davon ausgehen, dass du dich in der Kirche befindest, ganz gleich, ob ihr Platz in einem ruhigen oder zerrütteten Gemeinwesen oder unter drückender Knechtschaft ist. Die Ursache der Wandlungen sollen wir immer dann bedenken, wenn die Studien vernachlässigt werden und die Zucht sich lockert, wenn Verbrechen ungesühnt bleiben und viele das Evangelium zum Deckmantel ruchloser Begierden nehmen oder Götzen errichten oder nach Sitte der Kyklopen die Religion verachten und nach Macht oder Vergnügungen streben. Gott verkündet als Rächer seinen Zorn mit schrecklichen Strafen, wie er selbst sagt: „Dein Gott ist ein verzehrendes Feuer."[10] Also mögen alle Christen, jeder einzeln, ihr Verhalten gewissenhafter in Zucht nehmen, und mit größerer Sorgfalt möge ein jeder seiner Pflicht nachkommen. Damit aber wendet sich nun die Rede vornehmlich unserem Stand zu, dem die schwierigste Angelegenheit im ganzen Leben der Menschen zukommt, nämlich die Leitung der Kirche, wozu die Darlegung der Lehre gehört, ebenso wie die Prüfung der Sitten.

Häufig hat die Vernachlässigung der Lehre Verwirrung und Zwietracht in Religionssachen hervorgerufen, und daraus entstanden Kriege, die ganze Völker vernichtet haben. So heißt es beim Propheten Hosea: „Weil du die Erkenntnis verworfen hast, will ich dich auch verwerfen, dass du nicht mehr mein Priester sein sollst."[11] Mögen wir selbst, von dieser Drohung wie von einem Blitz getroffen, uns gegenseitig dazu anhalten, die theologischen Studien zu pflegen und unsere Pflichten mit ganzer Sorgfalt zu erfüllen. Beispiele von Strafen stehen uns in diesen wie auch in anderen Gebieten vor Augen. Und ich fürchte, es werden bald noch schlimmere folgen. Aber dennoch wird Gott diese große Drangsal lindern, wenn wir mit größerer Sorgfalt darangehen, die Sitten in Zucht zu halten und das uns übertragene Amt auszuüben. Ihr sollt nicht meinen, ihr wäret zu Müßiggang und den Freuden des Leibes berufen, sondern ihr seid Wächter der höchsten Aufgabe von allen, die Gott der Menschheit übertragen hat, wie Maleachi schreibt: „Des Priesters Lippen wachen über die Erkenntnis, und Weisung sucht man aus seinem Munde."[12]

Man kann aber den reinen Sinn der Lehre nicht ohne Lektüre, Nachsinnen und Gespräch unter Gebildeten bewahren. Zu diesem Bemühen muss außerdem das fromme Gebet hinzukommen, damit Gott Sinne und Urteile lenke, so wie es häufig im Psalm heißt: „Lehre mich deine Maßstäbe."[13] Und hinzukommen muss auch die Übung in Rechtschaffenheit, was die Sitten angeht, die die Zierde der Lehre sind. Denn nur so werden wir andere recht lehren, indem wir zuvor uns selbst bilden und unser Gewissen und Leben nach der Anleitung des Evangeliums ausrichten.

Damit also unsere Predigten die Stimme des Evangeliums recht ertönen lassen und das Wort Gottes in unserem Munde ist, wie

Jesaja sagt, müssen wir die Propheten und Apostel häufig lesen und Auslegungen von erfahrenen Gelehrten hören. Dazu nämlich lässt Gott das Amt des Evangeliums durch öffentlichen Vortrag der Lehrer ausüben, dass – allerdings in Übereinstimmung mit den Quellen – eine Auslegung erfolge und dass ebendiese Auslegung auch die weniger Gebildeten hören. Oft genug habe ich es gesagt! Und da Gott selbst immer wieder dasselbe durch die Stimme der Propheten, die Stimme Christi und die der Apostel geboten hat, und den Lernwilligen Belohnungen und denen, die von der Lehre nichts wissen wollen, Strafen verheißt, dürfen diese Ermahnungen nicht verachtet werden. „Ich werde der Rächer sein", spricht Gott,[14] wenn einer nicht auf den Propheten, nämlich den Sohn Gottes, gehört hat. Dieser Blitz mag uns zum Hören und Lernen des Evangeliums aufrütteln.

Da aber ohne deine Hilfe, ewiger Gott, Vater unseres Herrn Jesus Christus, Urheber aller Dinge und deiner Kirche, auch das Licht der Lehre nicht bewahrt werden kann, bitte ich dich um deines Sohnes, unseres Herrn Jesus Christus willen, dass du dir in diesen und anderen Gebieten stets eine Kirche sammeln mögest, die dich in ewiger Freude zusammen mit dem Sohn verherrlicht, und dass du das Licht des Evangeliums behüten mögest und diesen Völkern den frommen und heilbringenden Frieden gewährst, dass du auch die Ordnung regeln und die Sinne der Fürsten, der Lehrenden und des Volkes durch den Heiligen Geist zur wahren Anrufung und zu wahrer Übung des Glaubens lenken mögest. Amen.

Hier endet meine Rede.

---

[1] Ps 126,6. [2] Mit der lateinischen Vokabel „manere" drückt Melanchthon das Wissen um den dauerhaften Bestand der Kirche auch in den Texten der Confessio Augustana VII und entsprechend in ihrer Apologie aus. [3] Jes 59,21. [4] Vgl. Tit 3,7. [5] Vgl. Confessio Augustana VII: Kirche ist „die Versammlung aller Gläubigen, bei welchen das Evangelium rein gepredigt und die heiligen Sakrament lauts des Evangelii gereicht werden". [6] Vgl. Confessio Augustana VIII sowie Apologie VII f. [7] Melanchthon reicht hier einen Vorwurf, gegen dessen polemischen Gebrauch von altgläubiger Seite sich die Reformatoren schon früh wehren mussten,

an die den Aspekt der Unsichtbarkeit im Kirchenbegriff überbetonenden Spiritualisten weiter; ihnen gegenüber ist in Melanchthons Denken immer stärker der Aspekt der Sichtbarkeit der Kirche in den Vordergrund getreten.   [8] Ps 19,5.   [9] Röm
8,30.   [10] Dtn 4,24; vgl. Hebr 12,29.   [11] Hos 4,6.   [12] Mal 2,7.   [13] Ps 119,12 u. ö.
[14] Melanchthon denkt wohl an den im Neuen Testament zweimal zitierten
Vers Dtn 32,35 („Die Rache ist mein"), insbesondere in der Aufnahme in Hebr
10,29 f., wo es im Kontext um die Verachtung des Gottessohnes geht.

Briefe und Gutachten
zur Reichs- und Kirchenpolitik

Schmalkaldischer Krieg, Augsburger Interim, Fürstenkrieg, Passauer Vertrag, Augsburger Religionsfrieden 1546 bis 1555

Der Ausgang des Schmalkaldischen Krieges 1547 veränderte das Leben Melanchthons. Herzog Moritz von Sachsen wurde Kurfürst und damit neuer Landesherr für Wittenberg. Viele Evangelische gaben ihm die Schuld an der Niederlage des Schmalkaldischen Bundes sowie an der Gefangennahme des Kurfürsten Johann Friedrich von Sachsen und des Landgrafen Philipp von Hessen. Im Juni 1548 beauftragte Moritz den Praeceptor und andere Wittenberger Theologen mit einem Gutachten zum Augsburger Interim, mit dem der Kaiser einen Weg suchte, um die Evangelischen wieder zur altgläubigen Kirche zurückzuführen. Moritz teilte Melanchthon mit, dass er das Interim nicht gegen den Willen seiner Landstände einführen, aber dem Kaiser Entgegenkommen zeigen wollte. Dafür entwickelte Melanchthon den Gedanken, dass man an den Grundartikeln des evangelischen Glaubens – dem Abendmahl mit Brot und Wein, der Rechtfertigung vor Gott allein aus dem Glauben, der Ablehnung von Messopfer und Heiligenanrufung sowie an der Möglichkeit für Geistliche zu heiraten – festhalten müsse. In äußerlichen Bräuchen aber, wie der Gottesdienstordnung oder den Festen, hielt Melanchthon ein Entgegenkommen für möglich, um dadurch die evangelischen Kirchen und die evangelische Lehre zu erhalten. Diese äußerlichen Bräuche wurden mit dem griechischen Wort Adiaphora (Mitteldinge, Nebensächlichkeiten) benannt. Die meisten dieser Adiaphora waren im albertinischen Herzogtum unter Herzog Moritz noch üblich. Melanchthon trennte außerdem zwischen dem Bekennen der Kirche und dem politischen Handeln der Fürsten, die nur zur Erhaltung der evangelischen Grundartikel verpflichtet waren.

Dagegen erhoben auf Seiten des abgesetzten und gefangenen Kurfürsten Johann Friedrich die Theologen um Nikolaus von Amsdorf und Matthias Flacius scharfen Protest und erklärten, dass es für Fürsten und Gemeinden im Falle des Bekenntnisses keine Adiaphora geben könne. Melanchthon verbreitete ihrer Meinung nach Irrlehren. Sie hielten ihn und Moritz für Werkzeuge des Kaisers. Sie wollten nicht glauben, dass

Moritz und dessen Räte nur eine Fassade für den Kaiser aufrichten wollten, hinter der die evangelische Kirche ohne Änderungen weiterbestehen sollte. Melanchthon dagegen war sich dieser Absicht durch interne Gespräche mit den Räten und Moritz sicher. Immer wieder rühmte er das Blühen der evangelischen Universitäten und Gemeinden in Sachsen. Melanchthons Kompromissvorschlag, den die anderen albertinischen Theologen mittrugen, ermöglichte ein scheinbares Entgegenkommen gegenüber dem Augsburger Interim, hinter dem die Landeskirche in Kursachsen ohne Veränderung leben und Moritz den Fürstenkrieg von 1552 vorbereiten konnte. An dessen Ende stand der Passauer Vertrag vom 2. August 1552, der den Evangelischen den Status quo garantierte. Daraus ging schließlich 1555 der Augsburger Religionsfrieden hervor, der die Gleichberechtigung der lutherischen Konfession gegenüber der römisch-katholischen festschrieb. Der theologische Kampf gegen Melanchthon wurde indes auch nach 1555 weitergeführt.

Gutachten für Fürst Georg von Anhalt, Dessau, 23. November 1546

Textgrundlage: Landesarchiv Oranienbaum: GAR Neue Sachordnung Nr. 1031, 136a–139b; vgl. MBW 4, 448 (Nr. 4460).

Herzog Moritz kann drei bedeutende Gründe gegen Verhandlungen vorbringen: 1. Der Kaiser habe ihm den Vollzug der Acht[1] befohlen. 2. Die Sache sei auf dem Landtag beraten, für das Haus Sachsen zwingend notwendig und geschehe zum Nutzen von Religion und Land. 3. Der Schmalkaldische Bund habe sich bereits als Feind erklärt, daher könne der Herzog nicht warten.

Auf diese schwerwiegenden Gründe hin kann man nicht leicht um einen Waffenstillstand bitten. Sollte man denn sagen, man wolle in der Zwischenzeit Verhandlungen beginnen, wenn der Gegner dazu nicht bereit ist? Nein, dann soll man davon auch nicht sprechen.

Anlass zur Hoffnung geben jedoch das Schreiben von Herzog Moritz an Landgraf Philipp von Hessen, nach dem der Herzog in der Hauptsache verhandeln will, und die Bereitschaft des Landgrafen, die dieser dazu erklärte. Daher solltet Ihr den Herzog bitten, zu Gunsten der Verhandlung die Belagerung der Stadt Wittenberg zu verschieben und zu warten, ob Gott Gnade gibt, dass man Verhandlungen in der Zwischenzeit zustimmt und dass auch die Vettern[2] ausgesöhnt werden. Das scheint mir aber alles unsicher. Würde nur theologisch argumentiert, könnte man einfacher und klarer sprechen, auch wenn es nichts helfen sollte: Der Herzog möge der Stadt gnädig sein, sie um Gottes willen verschonen und nicht angreifen oder aber, wenn es doch dazu kommen sollte, seinen Zorn um Gottes willen mäßigen, die Leute in der Stadt nicht umbringen und den armen Flecken nicht plündern.

Die Angelegenheiten der Fürsten untereinander seien, wie sie sind, Ihr solltet doch um Gnade für diesen armen Flecken bitten,

1. wegen Kirche und Universität in der Stadt, die doch – auch wenn bisweilen menschliche Gebrechen vorkamen – mit aller Treue große Arbeit für die ganze Christenheit geleistet haben. Die Erhaltung dieser Universität wird auch weiterhin zur Einigkeit in der Lehre im Lande beitragen, denn viele Universitätsangehörige sind noch da, die sich immer für die Einigkeit eingesetzt haben.

2. Außerdem sollte sich Herzog Moritz des großen Elends der armen Leute erbarmen, denen wegen der Verwüstung der Güter bereits Nahrung fehlt.

3. Weil der Herzog selbst zusagte, die Lehre der Wittenberger Kirche zu erhalten, wäre es sehr beklagenswert, diesen Ort auszulöschen und den Feinden dieser Lehre damit eine Freude zu machen.

4. Der Herzog möge doch gnädig die arme Stadt verschonen, die – wenn auch klein – doch seit fast 300 Jahren[3] die wichtigste Stadt im sächsischen Kurkreis[4] ist und die Begräbnisstätte von etwa 20 Fürsten und Fürstinnen.

Gutachten für die Fürsten Georg und Johann von Anhalt, Zerbst, 15. Januar 1547

Übersetzungsgrundlage: Landesarchiv Oranienbaum: GAR Neue Sachordnung Nr. 1032, 1a–6a; vgl. MBW 5, 28 f. (Nr. 4556).

Wenn Herzog Moritz die Verhandlung abschlagen wird, wie ich für gewiss halte, weiß ich nicht, was weiter zu tun ist, außer man wollte den Kaiser untertänig ersuchen usw. Sollte Herzog Moritz in Verhandlung einwilligen, muss man auch die Absicht des Kurfürsten von Sachsen kennen, ob er den Frieden sucht oder so weitermachen will wie bisher. Wünscht Johann Friedrich ernstlich Frieden, muss er bedenken, dass dieser nun nur durch Fürbitte und Demut sowie Rückgabe der Lande des Herzogs Moritz und der Stiftsgebiete möglich ist usw. Als seinerzeit Pfalzgraf Philipp in der Acht war, leisteten Kurfürst Friedrich von Sachsen und Bischof Lorenz von Würzburg Fürbitte.

Es muss auch bedacht werden, ob und wie der Entschluss des Kaisers wegen der Kur zu mildern ist, denn wenn dem Kurfürsten die Kur entzogen werden soll, ist zu erwarten, dass er die Sache Gott befehlen und sich so lange wehren wird, wie Gott es zulässt. Diese Sachen bedürfen des Rates hoher und weiser Personen. Ich weiß weiter nichts zu sagen. Die Fürsten sollten aber auch diese äußersten Fälle vor dem Krieg selbst bedacht haben.

Was die Erklärung zur Religion enthalten soll, muss gut bedacht werden. Die Fürsten wurden vor dem Krieg ermahnt, zu beschließen, welche Religionsartikel sie auf jeden Fall so verteidigen wollen, dass sie alles ertragen, was einem Menschen widerfahren kann.

Dass mein gnädiger Herr, Kurfürst Johann Friedrich, sich und sein Land in solche Schwierigkeiten wegen der Wahl des Julius Pflug[5] bringt, hat mich stets betrübt. Unnötige Dinge zu tun und nötige zu unterlassen, bringt viel Ärger. Der Kaiser will die Bistümer erhalten. Daher dürfen auch die Fürsten nicht in fremde Herrschaften eingreifen. Obwohl das Regiment der Bischöfe gewiss nichts taugt, ihre Messen abgöttisch sind, sie keine Konsistorien und keine Kirchendisziplin halten und die Bildung nicht unterstützen, kann ich doch nicht erkennen, welches Kirchenregiment und welche Disziplin die Fürsten verordnen werden, wenn sie die Stifte an sich reißen. Deshalb habe ich stets geraten, man solle sich erbieten, den Bischöfen ihre Autorität zu lassen. Im Gegenzug sollten sie die evangelische Lehre predigen lassen und nicht verfolgen. Das sollte man eindeutig erklären.

Zur Lehre: Man soll die Lehre unserer Kirche mitteilen, auf die Confessio Augustana verweisen und untertänig bitten, dabei gelassen zu werden. Wir sind aber jederzeit bereit, unsere Lehre auf einem christlichen unparteiischen Konzil zu begründen und zu vertreten. Auch der Kaiser will um der Kirche und allgemeinem Frieden in Deutschland willen eine christliche Kirchenordnung ausarbeiten lassen, denn die Regierung der Bischöfe – so wie sie jetzt ist – verwüstet die Kirche. Ich will gern bei einer autorisierten Unterredung dazu beitragen, dass von beiden Seiten dafür Präsidenten verordnet werden, die mit christlichem Verständnis Gottes Ehre suchen und die Parteien überzeugen können und wollen. Meint man auch, die Prädikanten seien zu zänkisch und kümmerten sich um unnötige Sachen, stimmt das doch nicht. Diese Personen sind keinesfalls zu hart und kümmern sich auch nicht um fremde Sachen. Aber die Fürsten haben zum Teil befremdliche Anschauungen.

Das sind menschliche Gedanken, wie die Herren und wir alle schuldig sind, Frieden zu suchen. Was aber Gott machen will, wird sich zeigen. Ist dieser Krieg eine göttliche Fügung, wird ihn niemand verhindern können. Wird der Kaiser zu hart sein und nach Unterdrückung christlicher Lehre streben, wird er es doch nicht schaffen.

Melanchthon an Markgraf Johann von Brandenburg, Wittenberg, 31. Juli 1548

Übersetzungsgrundlage: Berlin: Geheimes Staatsarchiv Preußischer Kulturbesitz: I. HA, Rep 13, 5a2 fasz. 1,65a–67b; vgl. MBW 5, 324 (Nr. 5238).

Gottes Gnade durch seinen eingeborenen Sohn Jesus Christus, unseren Heiland und wahrhaftigen Helfer! Durchlauchter hochgeborener gnädiger Fürst und Herr!

Ich habe von der harten Verhandlung, die mit Euch zu Augsburg[6] geführt wurde, mit großer Verwunderung und Betrübnis gelesen, denn ich hätte nie gemeint, dass Kaiser Karl V. so hart und ungerecht gegen Euch als einem löblichen und verdienstvollen Fürsten hätte handeln können. Ich habe deshalb ein christliches Mitleid mit Euch. Ihr habt wahrlich einen harten Kampf bestehen müssen. Der allmächtige Gott wolle Euch seinen heiligen Geist und guten Rat geben und Euch schützen und gnädig bewahren.

Man sieht allein aus dieser Handlung, dass in diesem großmächtigen Kaiser ein schreckliches Feuer und ein großer Zorn gegen die Lehre in unserer Kirche entbrannt ist. Obgleich unsere Sünden groß und vielfältig sind und uns deshalb die Strafe über den Hals kommt, hoffe ich doch, Gott wird seine Wahrheit nicht vertilgen lassen.

Da Ihr meine eigentlich unmaßgebliche Meinung zum Interim wissen wollt, berichte ich unumwunden, wie ich und meine Kollegen in der Universität Wittenberg vielen Leuten geantwortet haben: Prediger und Lehrer sollen ihre Antwort zum Interim von der der weltlichen Obrigkeit trennen. Gottesfürchtige, kundige Prediger und Lehrer sollen klar und ausdrücklich sagen, dass sie das Interim nicht annehmen, nicht billigen und nicht durchsetzen helfen. Denn im Artikel zur Rechtfertigung werden wir gewiss sehr betrogen. Gegen mancherlei Interpretationsversuch berufe ich mich auf das Urteil vieler gottesfürchtiger gelehrter Männer, die Sophisterei hassen und urteilsfähig sind. Außerdem sind weithin bekannte Irrtümer wieder vorgebracht.

Ich für meine Person will durch Gottes Gnade dieses Buch, genannt Interim, nicht billigen. Dafür habe ich viele sehr wichtige Gründe. Ich will mein irdisches Leben Gott anbefehlen, ob ich nun gefangen oder verjagt werde usw.[7]

Insgesamt ist es leicht zu sagen, was Prediger und Lehrer tun sollen; den weltlichen Regenten zu raten, ist jedoch schwierig. Verschiedene Artikel im Interim betreffen Grundsätzliches, d. h. Dinge, die alle Christen verstehen und bewahren sollen: Rechtfertigung, Beichte, Gottesdienst, Anrufung der Heiligen, grobe Missbräuche des Sakraments beim Herumtragen[8] usw.

Andere Artikel sind nicht grundsätzlicher Natur, sie können nicht von allen Menschen beurteilt werden: Vollmacht zur Auslegung der Heiligen Schrift und die Frage, was ein Konzil darf. Ich rate nicht, dass Fürsten oder Städte über diese Artikel disputieren. Ich will auch nicht raten, über nebensächliche Zeremonien[9] oder über die Vollmacht der Bischöfe zu streiten. Mir wäre jedoch lieber, dass diese ihre Vollmacht im evangelischen Sinne gebrauchen. Es ist vergeblich, Regenten zu raten, die die christliche Lehre nicht verstehen oder denen ihr Ansehen vor anderen Menschen wichtiger ist. Ein Fürst aber, der die Grundartikel recht versteht und erkennt, dass das Interim jenseits aller Sophisterei der Wahrheit keinesfalls entspricht, soll es in den genannten Grundsatzartikeln keinesfalls gegen sein Gewissen annehmen.

Nun meine ich, Zeit bringt Rat. Denn viele norddeutsche Städte werden das Interim nicht annehmen. Konstanz und Lindau haben es rundweg verworfen, in Straßburg wurde bisher noch nichts beschlossen. Es ist zu hoffen, dass sich die Sache verzögert. Deshalb soll man sich mit der Antwort nicht beeilen.

Ich meine auch, wenn ein Fürst gegenüber dem Kaiser mit gebührender Demut erklärt, was ihm annehmbar ist und was nicht, und bereit ist, sich in nebensächlichen Dingen dem Interim gemäß zu verhalten, wird der Kaiser zufrieden sein. Auf solches Entgegenkommen hofft auch Nürnberg. Wenn man diesen Weg geht, wird die Zeit Rat geben.

Es ist auch zu bedenken, dass sich eine Obrigkeit durch Annahme des Interim zur Verfolgung unschuldiger Priester und anderer verpflichtet, die aus guten Gründen nicht einwilligen können. Solche Verfolgung sollen wir aber nicht unterstützen.

Ich wurde auch gefragt, ob man sich verteidigen soll. Das bedarf jetzt keiner Erörterung. So wie ein Hausvater sein Weib und Kind schützen muss, so gut er kann, wenn Mörder in sein Haus einfallen, genauso sind Regenten verpflichtet, ihre Kirche und unschuldigen Untertanen zu schützen, so gut es ihnen möglich ist.

Wo aber der Schutz unmöglich ist, da bedarf es dieser Frage nicht, denn der Text spricht: „Gebt Almosen, sofern es euch möglich ist.“[10] Die Macht des Kaisers ist jedoch so groß, dass die Fürsten ihm wohl keinen Widerstand leisten können. Wer also die Wahrheit bekennen will, der möge sich Gott befehlen und daran denken, wie geschrieben steht: „Alle Haare eures Hauptes sind gezählt.“[11]

Der allmächtige ewige Gott, Vater unseres Heilands Jesu Christi, möge Euch gnädig regieren, schützen und bewahren. Wittenberg am 31. Juli 1548. Euer untertänigster Diener Philipp Melanchthon.

Melanchthon an Fürst Georg von Anhalt, 25. Januar 1549
Übersetzungsgrundlage: CR 7, 319 f. (Nr. 4474); vgl. MBW 5, 419 f.
(Nr. 5424).

Ich grüße Euch, hochberühmter Fürst!

Durch Gottes Gnade blühen in unseren Landen die Kirchen und die Studien der Lehre. In diesem Teil Deutschlands vom Thüringer Wald bis zur Ostseeküste besteht Übereinstimmung der Lehrenden, die benachbarten Universitäten[12] sind die wichtigsten Orte der Lehre.

Deshalb bin ich in Wittenberg geblieben und habe die Einheit der Kirchen mit großem Einsatz unterstützt. Solange es gestattet wird, bemühe ich mich, das zu erreichen. Ich bitte auch Gottes Sohn, dass er alle meine Ratschläge lenken möge und mich auch zu einem Werkzeug der Gnade mache.[13]

Jene letzten Vorgänge,[14] über welche sich auch Johannes Bugenhagen beklagt, bereiteten mir tiefen Schmerz. Die Artikel des Augsburger Interim konnten mit größerem Gewicht zusammengestellt werden, weil sie dem Rat des Kaisers besser gefallen haben. Bugenhagen geriet wegen des triumphierenden Redens Johann Agricolas und der vielen Schmähbriefe in Zorn. Er meinte, er habe im Notwendigen widerstanden und dieses Bekenntnis abgelegt. Damit würden hier die Klagen vieler eingedämmt, die uns wütend geschmäht haben.

Nun fragt Ihr, was wir antworten sollen, wenn es von uns verlangt wird. Euch, die Ihr weit von unseren Erörterungen weg seid, wird die Antwort leicht sein. Meine Antwort ist schwieriger, weil man sagt, dass ich diesen Schaden[15] verdecken müsse.

Ich will nichts entgegnen, doch bin ich wütend, dass sie mich auffordern wegzugehen, wenn ich nicht gefangensitze. Obgleich ich sehr ungern diese Universität und einen sehr vertrauten Freundeskreis zurücklasse, besänftige ich doch den Schmerz, indem ich den Vorteil bedenke, dass mich diese Flucht von den hinterlistigen Erwägungen dieser Menschen befreien wird. Wie groß wird die Gefahr sein, dass wenig später über den Kanon der Messe und über die Leitung der Bischöfe geredet werden muss. Welche Schrecken der Waffen, welche verschiedenen Ränke der Sophisten werden vorgebracht werden. Plato sagt mit Aischylos: Andere Staaten stimmen mit anderen Menschen überein. Vielleicht stimmen auch meine Überzeugungen nicht zu der Gestalt des Staates, die jetzt begründet werden soll.

Wenn Ihr meint, den Scholastikern muss vorgeschrieben werden, dass sie nicht ihre gefährlichen Redereien in Briefen ausstreuen, werden wir durch diesen Befehl diese merkwürdigen Leute nur erregen. Vieles kann aber durch Wegsehen der Weisen geheilt werden. Ich stimme zu, den Protest zu verlesen, aber ich habe ihn anders geschrieben. Dazu erbitte ich das Urteil von Eurer Hoheit. Ich will nicht, dass das Geschreibsel über die Adiaphora nach Dänemark geschickt wird.

Lebt wohl, Euer Hoheit. Gegeben am 25. Januar.

Melanchthon an Martin Bucer, 4. Februar 1549
Übersetzungsgrundlage: Archives et Bibliotheque de la ville de Strasbourg: AST Nr. 40, 801–804; vgl. MBW 5, 423 f. (Nr. 5433).

Weder in den Kirchen dieser Lande noch in der Mark Brandenburg geschah irgendeine Änderung der Lehre oder der liturgischen Gebräuche. Die Erklärungen des Adels auf dem Leipziger Landtag[16] waren gewichtig, ehrenhaft und glaubensfest.

Worauf deuten nun die Absichten etlicher Herrscher: Es ist zweifelhaft, was sie wollen. Eine Veränderung der Liturgie wird noch nicht gefordert. Sie verlangen, dass die anderen Zeremonien, die sie Adiaphora nennen, gleichen Ordnungen folgen. In dieser Sache wollen wir nicht viel kämpfen, denn es besteht beinahe Gleichheit in diesen Landen, und die meisten alten Riten sind erhalten geblieben. Die kurfürstlichen Hofräte sagen, sie hofften, dass der Kaiser mit diesen Zeremonien zufrieden sein werde. Ich meine aber nicht, dass befohlen wird, das Opfer in die Liturgie wieder aufzunehmen. Aber wir wollen Gott die Zukunft anvertrauen. Ich fürchte aber die Verwirrung wie vor vielen Jahren, als ich den Eindruck hatte, die Unseren würden das Opfer aufrecht erhalten, wenn sie die Wandlung des Brotes verteidigten.

König Ferdinand ist aus Ungarn nach Prag gekommen. Er weist an, dass sich in den schlesischen Herzogtümern die Kirchen ändern müssen. Wenn er auch nicht überall die gläubigen Pastoren vertreiben kann, wird trotzdem große Verwirrung sein. In Ungarn hat er Mandate vorgelegt. Die Ungarn sagen: Soll er die Güter rauben! Soll er das Leben rauben! Das Wort Gottes und die Seelen wird er uns nicht rauben! Gestern kam ein Ratsherr aus einer ungarischen Stadt an und bat, aus Wittenberg einen Pastor zur Kirche seiner Stadt zu schicken.

Die niedersächsischen Hansestädte lehnten das Augsburger Interim scharf ab und wiesen es öffentlich zurück. Eine Ablehnung mit Unterschriften zahlreicher Pastoren wurde gedruckt. Ich erwarte täglich ein Exemplar. Gestern erhielt ich von Albert Hardenberg aus Bremen einen Brief voll guter Hoffnung, in dem er auch voller Zuneigung über dich schreibt.

Solange die Kirchen in unseren Landen unverändert bleiben, soll man meiner Meinung nach die Wittenberger Universität nicht verlassen. Jetzt blühen hier die Studien aller Fächer. Hier ordinieren wir die Geistlichen für unsere und benachbarte Kirchen und gewiss auch für viele Kirchen in den Ländern König Ferdinands. Die Bischöfe belasten sich nämlich nicht mit dieser Arbeit. Inzwischen klagen sie über ihre Autorität, obwohl sie nicht tun wollen, was ihre Aufgabe ist.

Ich hoffe, wenn wir in angemessener Geduld diese Heimsuchung ertragen, wird das später unsere Kirchen ruhiger machen. [Der Rest des Briefes ist verloren.]

Gutachten für Kurfürst Moritz von Sachsen, Ende Oktober 1551

Übersetzungsgrundlage: Berlin: Geheimes Staatsarchiv Preußischer Kulturbesitz: I. HA, Rep 13, 5a2 fasz. 1,65a–67b; vgl. MBW 5, 324 (Nr. 5238).

Obwohl ich von den geheimen fürstlichen Handlungen nichts weiß und nichts wissen will, fühle ich mich doch verpflichtet, es mitzuteilen, wenn ich von bedenklichen Reden höre. Deshalb berichte ich untertänig, dass ich aus anderen Ländern hörte, einige Fürsten würden seit zwei Jahren mit Frankreich im Geheimen

zusammenarbeiten und hätten etliche Kronen[17] erhalten. Diese
Fürsten sollen auch andere Leute an sich ziehen, die öffentlich
sagen, dass sie die Bischöfe ausrotten und die Bistümer aufteilen
wollen. Einer sagte neulich zu mir, das Bier sei noch nicht im rechten Fass, aber es werde bald hineinkommen. Diese Leute rühmen
sich auch, dass sie Euch in diese Sachen hineinziehen wollen.

Ich habe keinen Zweifel, dass Ihr von diesen Handlungen wisst
und selbst bedenkt, was Ihr tun müsst. Ich bitte auch Gott, dass er
Euch gnädig regiere und erhalte. Ich kann aber nicht unterlassen,
Euch in Treue meine Besorgnis mitzuteilen. Der Kaiser müsste
zwar halten, was er Euch wegen Landgraf Philipp von Hessen zugesagt hat, aber auch wenn er es nicht tut, muss man bedenken,
ob deshalb ein solcher Krieg gemeinsam mit unzuverlässigen und
sehr unterschiedlichen Leuten zu beginnen ist, der dem ganzen
Deutschen Reich Zerstörung bringt.

1. Zu den ungewissen Unternehmungen: Die Erfahrung zeigt,
dass Frankreich die deutschen Fürsten oft gegen deren rechtmäßi-
ge Herrscher aufgewiegelt und sie dann verlassen hat. Ich erinnere
mich an viele Beispiele während meines kurzen Lebens: Pfalz[18],
Württemberg[19], Lüneburg[20] und Lübeck. Ich weiß auch, dass König Franz I. von Frankreich selbst dem Kaiser die Schriftstücke
ausgehändigt hat, die ihm Herzog Johann Friedrich d. Ä. und
Landgraf Philipp wegen des Bündnisses gegeben hatten.

2. Zurzeit ist an Frankreich besonders schwierig, dass es sich mit
den Türken verbindet. Zur Verschiedenheit dieser Leute: Wol-
len diese den Kaiser stürzen und die Bistümer verteilen, wie sie
selbst sagen, so werden sie Euch nicht lange helfen, wenn sie einen
Herrn finden, dem sie mehr geneigt sind, wie einen der Söhne
Herzog Johann Friedrichs oder diesen selbst, wenn ihn der Kaiser
gegen Euch freilässt. Sobald Frankreich merkt, dass diese Leute in
Deutschland den Bischofsstand beseitigen wollen, werden ohne
Zweifel Papst, Kaiser und Frankreich sich wieder verbünden.
Denn für Frankreich ist es unerträglich, dass die Herrschaft der
Bischöfe zu Boden gestoßen wird. Das Vorhaben jener Leute, die
die Bistümer verteilen und ein neues Reich aufrichten wollen, ist
Aufruhr und unrechte Gewalt. Dazu gibt Gott kein Glück, wie

die Regel sagt: „Wer das Schwert nimmt, wird durch das Schwert umkommen."[21] Es ist besorgniserregend und nicht gutzuheißen, sich an solche Leute zu binden. Scheint auch zuerst Glück vorhanden zu sein, müsst Ihr Euch später doch selbst mit jenen schlagen.

Ihr wisst auch, dass der Kaiser die ordnungsgemäße Obrigkeit ist und dass Gott gemeinhin seine Regel hält, die zu stürzen, die etwas gegen die Obrigkeit unternehmen, wofür es auch im Deutschen Reich viele Beispiele gegeben hat. Man sieht, wie alle Mächte in Europa – Frankreich, der Papst, Venedig, zum Teil auch Spanien und Deutschland – versucht haben, diesen Kaiser in seiner Macht zurückzudrängen. Doch alles war vergeblich, Gott hat ihm wunderbare Siege gegeben.

Zur Rede einiger, man müsse dem Kaiser zuvorkommen, damit er uns nicht mit der Durchsetzung der Konzilsbeschlüsse über den Hals komme: Das ist keine ausreichende Ursache, Krieg und Aufruhr zu beginnen, sondern man soll die Regel halten: „Gebt Gott, was Gottes ist, und dem Kaiser, was des Kaisers ist."[22] Außerdem: Es muss nicht Böses getan werden, damit Gutes daraus hervorgeht.[23] Die Rede, dass man zuvorkommen müsse, habe ich schon vor vielen Jahren gehört. Genauso habe ich sie jetzt gehört. Das ist aber nicht Weisheit, sondern Furcht und gegen das Verfahren einer Vorladung.

Schließlich bitte ich um Gottes willen, Ihr möchtet als sehr ehrenhafter Kurfürst bedenken, was es bedeutet, ein geordnetes Herrschaftsgebiet und ein durch Verfassung geregeltes Reich mit Kurfürsten und Fürsten über den Haufen zu werfen und Zerrüttung und Durcheinander zu schaffen, deren Ende niemand absehen kann. Ihr mögt bedenken, welches Durcheinander die Folge gewesen wäre, wenn der Kaiser im letzten Krieg[24] gefallen wäre und die beiden Herren, Moritz und Johann Friedrich, einander hätten bekämpfen müssen. Jeder hätte seinen Anhang gehabt, und es wären danach neue Parteien, Sekten und Spaltungen in der Religion entstanden usw. Dasselbe würde jetzt auch folgen. Davor möge Gott Euch und dieses Land bewahren. Diese Sache ist so bedeutend und groß, dass kein menschliches Herz den Schaden ausreichend bedenken kann, der folgen würde, wenn das Feuer zu brennen beginnt. Es steht geschrieben: „Wehe der Welt wegen der Zwietracht."[25] Diese Anfechtung ist nicht gering. Unser Herr Jesus Christus möge Euch leiten und schützen.

Gegen Kaiser Otto I. erhoben sich sechs mächtige Herren: 1. Herzog Heinrich von Bayern, sein Bruder; 2. Herzog Ludolf von Schwaben, sein ältester Sohn; 3. Pfalzgraf Arnulf von Bayern; 4. Herzog Giselbert von Lothringen: ist ersoffen; 5. Herzog Eberhard von Franken: ist erstochen worden; 6. Bischof Friedrich von Mainz. Alle diese hatten Hilfe von Frankreich.

Melanchthon an Joachim Moller, Wittenberg, 7. September 1552

Übersetzungsgrundlage: CR 7, 1061–1063 (Nr. 5194); vgl. MBW 6, 344 (Nr. 6552).

Ich grüße Dich, hochberühmter Herr und liebster Bruder!

Heute habe ich deinem Bruder Heinrich, einem durch Begabung und Würde ausgezeichneten Mann, über die Universität und über den Frieden oder, wenn du es so nennen willst, von Halkyonischen Tagen[26] geschrieben. Die Professoren der Universität sind nach Torgau ausgewichen. Die Ansteckungsgefahr der Pest in der Stadt Wittenberg verhindert die Rückkehr, wenn ich auch schon von Wittenberg aus schreibe. Gerade jetzt erkrankt im Haus Bugenhagens dessen Enkeltochter Hannula Cracow an dieser Seuche. Noch mehr droht uns durch den Stand der Gestirne im Oktober und im November. Nach der Wintersonnenwende wird die Luft gesünder sein.

Zum Frieden aber, wenn auch die Urteile der Menschen unterschiedlich sind und die Ansichten verschieden: Ich freue mich trotzdem, dass in diesen Gegenden ganz erträgliche Glückstage herrschen. Auch die Rückkehr Herzog Johann Friedrichs wird in Weimar erwartet. Ebenso ist es besser, dass unser Kurfürst Moritz in Ungarn Krieg führt und nicht im Heimatland. Gewiss ist es eine ehrenvolle Aufgabe für alle tapferen Männer, die ungläubigen, barbarischen Türken zurückzudrängen. Darin bewahrheitet sich das Wort des Euripides: „Eine Hand ist ein schwaches Schwert." Kürzlich wurden nicht wenige deutsche Reiter in Ungarn niedergemetzelt, die Fabian von Schönaich, ein fähiger Mann, führte, der aber durch List von den Türken getäuscht wurde. Ein Teil der Türken hat den Kampf begonnen. Dieser zog durch vorgetäuschte Flucht unsere Truppen zur Stadt, in der ein anderer Teil versteckt war. Als die Unseren an der Stadt vorbeigezogen waren, brachen die Feinde heraus. So wurden unsere Leute von beiden Seiten umringt und geschlagen. Jetzt ist Herzog Moritz in Ungarn eingetroffen, was gesegnet und glücklich sein möge.

Ich habe den Text des Friedensvertrages[27] gelesen. Jakob von Zitzewitz aus Pommern, der kluge und zuverlässige Mann, der bei jenen Verhandlungen anwesend war, hat mir die gesamten Vorgänge berichtet. Die Entlassung Landgraf Philipps von Hessen ist zugesagt. Kaiser Karl und sein Bruder, König Ferdinand, sagen unseren Kirchen zu, dass nichts gegen deren Ordnung vorgenommen wird und sie nicht gezwungen werden, jene Sphinx,[28] die sie Interim nennen, anzunehmen. Sie wollen auch auf dem nächsten Reichstag über ein Nationalkonzil verhandeln. Es folgen noch Artikel über das Reichskammergericht, einige Fürsten und die geächteten Adligen, die restituiert werden sollen. Das sind ungefähr die wichtigsten Artikel. Damit besteht Frieden zwischen Kaiser Karl V., König Ferdinand, Herzog Moritz, Herzog Johann Albrecht von Mecklenburg und den Hessen. Markgraf Albrecht von Brandenburg wollte jenem Friedensvertrag nicht zustimmen. Er beraubte danach Mainz und führte das Kriegsvolk in das Stift Trier. Das französische Heer hielt sich im Gebiet von Luxemburg auf und tat nichts Lobenswertes. Wo es jetzt steht, weiß ich nicht. Aber ich meine, der Anfang dieser wunderlichen Chimäre[29] ist die Verbindung des Unvereinbaren. Wir bitten Gottes Sohn, dass er die Reste seiner Kirchen bewahrt, damit die öffentlichen und die privaten Schäden gelindert werden. Ich schicke dir und deinem Schwiegervater, Balthasar Klammer, die Vorlesungen und hoffe, nicht unangenehm zu sein.

Lebe wohl!

Wittenberg, den 7. September.

Ich grüße euch alle von Herzen.

Gutachten für Kurfürst August von Sachsen zum Problem des geistlichen Vorbehalts bei der Verhandlung des Augsburger Religionsfriedens, Wittenberg, Juli 1555

Übersetzungsgrundlage: Hauptstaatsarchiv Dresden Loc. 10316: Philippi Mel. Bedenken und Handschreiben 1554–1558, 77a–82b; vgl. MBW 7, 329 (Nr. 7545).

Der Artikel der papsttreuen Kurfürsten, Fürsten und Bischöfe, welcher den Bischöfen, ihren Ländern, ihrem Adel und ihren Städten den Weg zum Erkennen des Evangeliums verschließt, darf nicht bewilligt werden. Dieser Artikel richtet sich auch gegen die bischöflichen Länder, die jetzt mit unseren Kirchen den gleichen Glauben haben. Er drängt sie wieder vom Evangelium weg: Halle, Merseburg, Naumburg, Bremen, Halberstadt, Kammin u. a. Gerade durch diesen Artikel würde auch in Zukunft der Weg zur Einigkeit der Kirche verschlossen, denn nach menschlicher Erwartung ist kein anderer Weg zur Einigkeit in der Religion in Deutschland denkbar, als dass die klare Wahrheit selbst fort und fort immer mehr Bischöfe und andere Regenten bewegt, diese Lehre anzunehmen und zu pflanzen.

Es ist auch der Weg zum Nationalkonzil oder zum Nationalkolloquium, dass sich einige Bischöfe klar bekennen müssen usw. Wenn einige beabsichtigen, man solle durch das Nationalkonzil oder Nationalkolloquium eine Einheit erstreben, mit der man die alten, stinkenden, papistischen Missbräuche, Irrtümer und das Mönchtum wiederum aufrichten will, dann ist das unmöglich. Es werden zwar andere Irrtümer und Missbräuche unter anderen Vorgaben und Namen einreißen. Ich halte es aber nicht für möglich, die papistischen Missbräuche und Irrtümer im Namen der päpstlichen Vollmacht wieder aufzurichten, selbst wenn bei den Päpstlichen eine solche Wiederherstellung in England sehr gerühmt wird.

Weil die Kurfürsten und Fürsten die alte, überaus lobenswerte Ordnung der Kurfürsten[30] erhalten und auch die Reichsstandschaft der Bischöfe nicht aufheben wollen, halte ich für gut, dass die evangelischen Kurfürsten und Fürsten sich deutlich vernehmen lassen, sie hätten nicht die Absicht, die Hoheit der Kurfürsten und die Bistümer als Fürstentümer aufzuheben. Sie wollten vielmehr am liebsten, dass die Bischöfe die christliche Lehre annehmen und pflanzen, ihre Herrschaft selbst christlich ausüben und Kirchen, Konsistorien und Schulen christlich ordnen usw.

Ich bin einverstanden, dass man sich bemüht, den Artikel ausdrücklich so abzufassen, wie es der kurfürstliche Vorschlag sagt: Wenn ein Bischof unsere Lehre annehmen würde, sollte er in der Verwaltung des Bistums bleiben und die Kirchen evangelisch ordnen. Es sollte aber die Wahl eines Bischofs das Stift und die Güter nicht verändern.

Wird aber diesem Vorschlag nicht zugestimmt, sollte man als zweiten Weg die Vertagung der Entscheidung auf das Nationalkonzil oder das Nationalkolloquium oder den nächsten Reichstag versuchen. Bis dahin aber sollte Friede geboten sein. Ist auch der Weg der Vertagung nicht zu erreichen, schlägt mein gnädiger Herr, Landgraf Philipp von Hessen, einen dritten Weg vor, damit wir nicht bewilligen, dass den Bischöfen und ihren Gebieten das Evangelium verschlossen wird. Hält man diesen dritten Weg für möglich, möge man darüber weiter reden.

Ich stelle aber fest, wenn Kaiser, König, die päpstlichen Fürsten und die Bischöfe auf ihrem restriktiven Artikel bestehen, wird die evangelische Seite nichts dagegen tun können, als eine förmliche Protestation[31] zu verfassen und vorzutragen. Folgendermaßen: Sie wollen den weltlichen Frieden halten, und es ist nicht ihre Absicht, die Vollmacht der Kurfürsten, den Reichsstand der Bischöfe und den Stiftsbesitz aufzuheben. Sie könnten aber nicht zustimmen, dass den Bischöfen und ihren Untertanen das Evangelium verschlossen sein sollte. Sie können nicht zustimmen, da dieser Punkt die Lehre betrifft. Denn keine Kreatur soll irgendjemandem das Erkennen des Evangeliums verbieten. Dieses nämlich ist Gottes ewiger und unwandelbarer Wille, dass man seinen Sohn hören soll. Es steht geschrieben: „Ihn sollt ihr hören."[32] Lasst uns den Sohn küssen.[33] Und jetzt sollt ihr den König erkennen.[34] Ebenso: Öffnet euren Fürsten die Tore![35] Nicht: Verschließt sie!

Auf dem Reichstag zu Speyer 1529 sind ebendiese Streitpunkte auch vorgefallen, als die papsttreuen Kurfürsten, Fürsten und Bischöfe in den Abschied des Reichstages diese Worte gesetzt hatten: Es sollen und wollen die Kurfürsten, Fürsten usw., die bisher bei der alten Religion geblieben sind, auch weiterhin dabei bleiben usw.

Weil nun diese Restriktion die Absicht hatte, anderen Ständen dadurch das Kennenlernen des Evangeliums zu verbieten, geschah dagegen eine Protestation. Mein gnädiger Herr, der Landgraf, wird sich erinnern, was damals verhandelt wurde und wie man über diese Restriktion einige Tage lang mit vielen Reden gestritten hat usw.

Wenn aber etliche Leute schreien, man solle die Bistümer aufheben, dann ist das nicht Luthers Ratschlag gewesen. Denn dieser hat oft gesagt, er wolle, dass die Bischöfe die christliche Lehre annehmen, ihre Verwaltung, Konsistorien, Kirchen und Schulen ordnungsgemäß bestellen und in ihrem Besitz bleiben sollen. Besonders Bugenhagen ist dazu gekommen, weil der kurfürstlichen Oberhoheit einige Bischöfe untergeordnet sind.

Philipp Melanchthon eigenhändig
Johannes Bugenhagen
Johann Agricola
Albert Hardenberg
Jakob von Zitzewitz.

---

[1] Gegen Kurfürst Johann Friedrich. [2] Kurfürst Johann Friedrich und Herzog Moritz. [3] Wittenberg erhielt 1293 Stadtrecht. [4] Das reichsunmittelbare Gebiet um Wittenberg, mit dem die sächsische Kurwürde verbunden war. [5] Johann Friedrich verhinderte 1541 die Übernahme des Naumburger Bischofsamtes durch Julius Pflug. [6] Der Versuch des Kaisers, von Johann 1548 auf dem Augsburger Reichstag die Zustimmung zum Interim zu erreichen. [7] Vgl. 1Kor 11,20. [8] So z. B. Fronleichnamsprozessionen. [9] Formen des Gottesdienstes und kirchliche Bräuche, die als Adiaphora angesehen werden und zur Seligkeit nicht nötig sind. [10] Vgl. Tob 4,7. [11] Mt 10,30. [12] Wittenberg und Leipzig. [13] Vgl. Röm 9,23. [14] Der Streit um das Augsburger Interim und die Vorbereitung der Vorlage für den Leipziger Landtag (1548/49) in Torgau, Altzelle und Jüterbog. [15] Die

Lehre von den Adiaphora. [16] 21. Dezember 1548 bis 1. Januar 1549. [17] Französische Münzen. [18] Kurfürst Philipp von der Pfalz. [19] Herzog Ulrich von Württemberg. [20] Herzog Heinrich der Mittlere von Braunschweig-Lüneburg zu Lüneburg. [21] Mt 26,52. [22] Mt 22,21. [23] Vgl. Röm 3,8. [24] Schmalkaldischer Krieg 1546/47. [25] Mt 18,7. [26] Halkyone, Gemahlin des Keyx, wurde wegen ihrer Trauer um den ertrunkenen Gemahl wie dieser in einen Eisvogel verwandelt. Während der Brutzeit ließ Zeus alle Winde ruhen; daher halkyonische Tage: Tage glücklicher Ruhe. [27] Passauer Vertrag. [28] Mischgestalt aus Löwenleib und Menschenkopf. [29] Schreckgestalt aus der griechischen Mythologie, vorn als Löwe, in der Mitte als Ziege, hinten als Schlange dargestellt; übertragen: Hirngespinst, Trugbild; hier auf das Verhältnis von Markgraf Albrecht und König Heinrich II. von Frankreich bezogen. [30] Goldene Bulle von 1356. [31] Nach der Reichstagsordnung Mittel der Minderheit, um neue Verhandlungen einer Sache nach einem Mehrheitsbeschluss zu erreichen. [32] Mt 17,5. [33] Vgl. Ps 2,11. [34] Vgl. Jes 6,5. [35] Vgl. Ps 24,7.

Briefe und Gutachten
an die Grafen von Henneberg

Kirchenzucht, Stellenbesetzung, Konsistorium   1551/1552

Zu den Arbeitsfeldern Melanchthons und der Wittenberger Theologen gehörte es, Fürsten und Magistrate in Sach- und Personalfragen zu beraten, die sich aus dem Aufbau eines reformatorischen Kirchenwesens ergaben. Damit gewannen nicht nur die Anliegen der Wittenberger Reformation größeren Einfluss, die Schüler Luthers und Melanchthons erhielten vielmehr auch Schlüsselstellungen, um die Theologie ihrer Lehrer in die Praxis von Kirche, Schule und Universität umzusetzen. So entwickelte sich ab 1551 ein Briefwechsel zwischen den Grafen Wilhelm und Georg Ernst von Henneberg mit Melanchthon, den vermutlich Sebastian Glaser in die Wege geleitet hatte, ein Schüler Melanchthons, der 1550 zum neuen hennebergischen Kanzler bestellt worden war.

Neben der Besetzung von Pfarrstellen in der Grafschaft mit geeigneten Kandidaten spielte vor allem der Streit eine Rolle, wie man nach dem Zusammenbruch der Gerichtsbarkeit der altgläubigen Bischöfe eine reformatorische Kirchenzucht handhaben sollte. Zunächst fiel diese Aufgabe den Ortspfarrern zu, was aber oft zu Misshelligkeiten führte, teilweise zu leichtfertigem Umgang, teilweise zu äußerst rigorosem Vorgehen. Um dieses zu vermeiden, entstanden Konsistorien als unabhängige Entscheidungsinstanzen von Theologen und Juristen. Diese Struktur empfahlen die Wittenberger Theologen auch den Henneberger Grafen, die aber offensichtlich zögerten, diese Institution neben der fürstlichen Kanzlei zu errichten. Eine solche kirchlich bestimmte Behörde stand im Gegensatz zu den deutlichen Bemühungen, in den frühneuzeitlichen Territorien eine zentrale, auf den Landesherrn ausgerichtete Verwaltung auszubauen, die auch die Kirche einschloss. Denn es bestand die Sorge, dass sich hier eine Neuauflage der bischöflichen Kirchengerichtsbarkeit vollziehen könnte.

Die abgedruckten Briefe geben Einblick in die umfangreiche Beratungsarbeit Melanchthons, aber auch in die Probleme und unterschiedlichen theologischen Ansätze beim Ausbau des reformatorischen Kirchenwesens. Melanchthon konnte sich mit seinen Vorstellungen, ein

Konsistorium zu errichten, nicht durchsetzen. Dieses entstand für die Grafschaft Henneberg erst 1574.[1]

Übersetzungsgrundlage: CR 7; genauere Angaben in den Anmerkungen.

An die Grafen Wilhelm und Georg Ernst von Henneberg, Wittenberg, 8. September 1551[2]

Gottes Gnade durch seinen eingeborenen Sohn Jesus Christus, unseren Heiland und wirklichen Helfer!

Durchlauchte, hochgeborene Fürsten und Herren, ich möchte Eure Fürstlichen Gnaden in aller Ehrerbietung wissen lassen, dass hier[3] der verehrungswürdige Herr Doktor Martin Luther vor vielen Jahren dazu geraten hat, nicht jeden Seelsorger und Prediger selbst darüber entscheiden zu lassen, wer zu exkommunizieren ist, sondern dass ein Konsistorium eingerichtet und mit dafür geeigneten Leuten besetzt werden soll. Einem solchen Konsistorium sollten die Pfarrer die Fälle mitteilen, die sie für strafwürdig hielten. Durch Luthers Anregung wurde ein Konsistorium eingerichtet, das Ehesachen verhandeln sollte sowie in strafwürdigen Sachen die Exkommunikation verhängen konnte. Die Pfarrer erhielten eine Verfahrensordnung, welche Fälle sie dem Konsistorium zu übergeben hatten.

Diese Art von Konsistorium hat die unklaren Verhältnisse, die Ihr beschrieben habt, beseitigt. Daher solltet Ihr darauf hinarbeiten, in Eurem Territorium ein angemessenes Konsistorium zu errichten, so wie es auch an anderen Orten geschehen ist. Das wird erfolgreicher sein, als unklare Verhältnisse durch fürstliche Einzelentscheidung verhüten zu wollen.

Die mir durch Euch zugesandte Schrift[4] konnte ich hier mit den Kollegen in der Kürze der Zeit noch nicht beraten. Aber ich werde das Buch auf der Leipziger Messe[5] an Euch zurückschicken und dabei mitteilen, was die Wittenberger darüber denken.

Gott bewahre Euch allezeit in seiner Gnade.

Wittenberg, am Tag von Marias, der Mutter Christi, Geburt.

An die Grafen Wilhelm und Georg Ernst von Henneberg, Wittenberg, 30. November 1551[6]

Gottes Gnade durch seinen eingeborenen Sohn Jesus Christus, unseren Heiland und wirklichen Helfer!

Eure Fürstlichen Gnaden als hochzulobende christliche Regenten wissen, dass jede Herrschaftsausübung mit Bestrafen verbunden ist. Und Ihr wisst, dass Gott das Bestrafen im weltlichen Bereich der weltlichen Obrigkeit auferlegt hat. Nun gab es zu allen Zeiten – bevor Christus wiederkommen wird – Kirchengerichte und Kirchenstrafen. Gottes Sohn selbst hat Mt 18 eine Verfahrensordnung aufgestellt: „Sage es der Gemeinde!"[7] Auch Paulus hält sie gegenüber den Christen von Korinth ein, wenn er sagt, er wolle selbst niemanden ohne Zeugen bestrafen,[8] und weist auch Timotheus im gleichen Sinn an.[9]

Nachdem inzwischen die Kirchengerichte und Kirchenstrafen durch die Bischöfe missbraucht oder ganz beseitigt worden sind, steht es unseren Kirchen, in denen wirkliche Glieder Christi sind, gut an, erneut Kirchengerichte einzurichten; denn so hat man es auf Grund der Ratschläge des verehrungswürdigen Herrn Doktor Martin Luther durch Gottes Gnade in einigen Territorien geordnet.

Daher bitten und empfehlen wir Euch mit aller Ehrerbietung, in Eurem Land ein Konsistorium zu errichten und es mit fünf christlichen, sachkundigen Männern zu besetzen. Dies würde in vielen Fällen zu Zucht und Frieden, ebenfalls zu einträchtiger Lehre der Pastoren selbst führen und Ehrerbietung hervorrufen bei Pfarrern und allen Leuten. Bei diesem Rat bleiben wir! Denn Ihr könnt Euch selbst vorstellen, was mit der Zeit an allgemeiner Zerrüttung entstehen würde, wenn jeder einzelne Pastor die Banngewalt selbst ausüben dürfte. Deswegen heißt es ja: „Sage es der Gemeinde!"[10], damit nicht jeder nach seinem Gutdünken diese folgenreichste Entscheidung unter Christen für sich beansprucht. Mit diesem untertänigen Rat beantworten wir Euren Brief[11] und schicken die uns übersandte Schrift[12] zurück, die vieles enthält, was man gemäß der Heiligen Schrift sagen kann. Jedoch um Kirchengerichte bzw. Konsistorien aufzubauen wird es nötig sein müssen, weitere Gesichtspunkte zu erörtern: welche Fälle vor diese Gerichte gehören und wie man mit ihnen umgeht, wenn vermahnt oder gebannt werden soll.

Außerdem teilen wir Euch mit, dass am 27. Oktober in Ungarn die Türken durch Gottes Gnade in die Flucht geschlagen wurden: Um 8000 türkische Soldaten sollen gefallen und einige Geschütze erbeutet worden sein.

Der allmächtige Gott möge der armen zerstreuten Christenheit helfen und Euch gnädig bewahren und leiten.

Am Andreastag 1551.

Euer Fürstlichen Gnaden untertänigst zu Diensten,

Dr. Johannes Bugenhagen Pomeranus

Dr. Georg Major

Philipp Melanchthon.

An die Grafen Wilhelm und Georg Ernst von Henneberg, Nürnberg, 12. Februar 1552[13]

Gottes Gnade durch seinen eingeborenen Sohn Jesus Christus, unseren Heiland und wirklichen Helfer!

Ich sende Euer Fürstlichen Gnaden das Büchlein vom Bann zurück, zusammen mit dem Gutachten, das ich gemeinsam mit dem Ehrwürdigen Herrn Erasmus Sarcerius, Prediger zu Leipzig, erstellt habe. Ich hatte Euch ein Büchlein übersandt, das sich auf eine Schrift des Andreas Osiander bezieht;[14] davon schicke ich jetzt zwei weitere Exemplare und bitte Euch, die verspätete Zusendung nicht ungnädig aufzunehmen.

Die Ordnung für das Konsistorium[15] konnte in der kurzen Zeit, die ich nach meiner Rückkehr aus Dresden in Wittenberg verbrachte, nicht abgeschrieben werden. Ihr mögt wegen dieser Sache an den Ehrwürdigen Herrn Dr. Johannes Forster schreiben lassen.

Folgende Nachrichten sind nach Nürnberg gelangt: Am 22. Januar wurde der Protektor in England, der Onkel des jungen Königs,[15] enthauptet. Der König von Frankreich belagert eine Festung

an der Grenze. Viele Ortschaften leiden unter Überschwemmung.
Der allmächtige Gott, Vater unseres Heilands Jesus Christus,
möge Euch allezeit gnädig leiten und bewahren.
Nürnberg, am 12. Februar 1552.

Gutachten

Um Spaltungen unter den Predigern zuvorzukommen und aus
vielerlei anderen Gründen, haben ich und andere geraten, ein
Konsistorium aufzubauen, das den Bann auf Grund ordentlicher
Verfahren verhängen soll. Denn es ist nicht rechtens, dass ein Prediger ohne gesichertes Wissen über Vergehen, die nicht offenkundig sind, den Bannstrahl schleudern darf. Was daraus folgen könnte, vermag jeder intelligente Mensch leicht zu erkennen. Denn
ohne Untersuchung über nicht offenkundige Vergehen zu urteilen, ist wider das allseits bekannte Gebot Gottes aus dem 5. Buch
Mose: „Dass es gewiss wahr ist …"[17].

Was aber das uns übersandte Buch[18] angeht, meine ich, dass es
insgesamt unterschiedslos vorgeht und die Unterscheidung zwischen offenkundigen und nicht offenkundigen Vergehen nicht
beachtet. Aber diese Unterscheidung muss man beachten! Denn
wenn jemand offenkundig im Ehebruch lebt oder Vergleichbares
vorliegt, soll ihn der Pastor nicht zur Abendmahlsgemeinschaft
zulassen; auch mag ihn der Prediger öffentlich bannen; zuvor soll
er ihn jedoch ermahnen. Ist das Vergehen aber nicht offenkundig,
muss eine Befragung erfolgen.

Ich glaube, dass das uns zugesandte Buch diese Meinung mit
Recht vertritt. Doch hätte die Unterscheidung zwischen offenkundigen und nicht offenkundigen Vergehen deutlicher ausfallen
sollen. Dem Gezänk, das hier folgen kann, wird ohne ein Konsistorium nicht abgeholfen werden können. Denn die Befragung
kann und soll aus vielen gewichtigen Gründen nicht durch Privat-
personen vorgenommen werden.

Philipp Melanchthon hat mit eigener Hand unterzeichnet, 1552,
Erasmus Sarcerius hat unterschrieben.

An die Grafen Wilhelm und Georg Ernst von Henneberg, Wittenberg, 6. Juli 1552[19]

Gottes Gnade durch seinen eingeborenen Sohn Jesus Christus, unseren Heiland und wirklichen Helfer!

Durchlaucht, hochgeborene, gnädige Fürsten und Herren. Euer gnädiges Schreiben habe ich erhalten und habe Euren Gesandten mit der Euch zukommenden Hochachtung angehört. Obwohl in unserer Zeit schon so viele unglückliche Dinge passieren, bereitet mir das überflüssige Gezänk zwischen den Predigern in Euren Kirchen noch besonderen Schmerz. Denn wir wissen, dass es überaus nötig und von Gott geboten ist, in den Kirchen, welche die rechte Lehre haben, Einigkeit zu halten, und wir wissen, dass Gottes Sohn vor seinem Sterben darum gebetet und es uns auferlegt hat.[20]

Mit dem Ehrwürdigen Herrn Dr. Johann Forster habe ich Personalfragen besprochen. Durch Gottes Gnade haben wir hier noch einige Männer, die sich als Diakone[21] eignen, weil sie gut ausgebildet sind, sich wie Christen verhalten, vernünftig denken und friedliebend sind. Neulich habe ich einen von ihnen, Magister Laurentius Rulich, zu mir gebeten. Euer Gesandter wird über ihn berichten. Ob er als Superintendent in Frage kommt, müsst Ihr entscheiden. Was diese Stelle angeht, so habe ich auch schon an einen anderen[22] gedacht. Er ist älter und war lange genug im Pfarramt in Calbe bei Magdeburg. An ihn werde ich schreiben, sobald mir Eure Antwort vorliegt.

Der Sohn Gottes wolle Euch beide zu seinem Lob und vielen Menschen zur Seligkeit lange gesund erhalten. Wittenberg, am 6. Juli 1552.

Euer Fürstlichen Gnaden untertänigst zu Diensten,
Philipp Melanchthon.

An die Grafen Wilhelm und Georg Ernst von Henneberg, Wittenberg, 8. September 1552[23]

Gottes Gnade durch seinen eingeborenen Sohn Jesus Christus, unseren Heiland und wirklichen Helfer!

Eure gnädigen Schreiben habe ich mit der Euch zukommenden Hochachtung gelesen und den Gesandten angehört. Es trifft zu, dass Eure Kirchen mit Gottes Hilfe außerordentlich gut versorgt worden wären, wenn Ihr den Ehrwürdigen Justus Menius als Superintendenten nach Schmalkalden oder Schleusingen bekommen hättet. Aber ich kann aus vielen Gründen die hochgeborenen Fürsten und Herren, die Herzöge zu Sachsen[24] verstehen, wenn sie ihn ihren Kirchen erhalten wollen. Euch einen solchen Mann zu nennen, ist mir leider unmöglich. Jedoch habe ich mir einige Namen überlegt und in einer Beilage aufgeschrieben. Vielleicht kann man auch Magister Philipp Hermann mit der Superintendentur betrauen. Soweit ich ihn kenne, eignet er sich für ein solches Amt. Sobald die Entscheidung gefallen ist, erbitte ich schnelle briefliche Nachricht.

Außerdem bitte ich darum, dass Ihr Euch nochmals darum bemüht, die beiden Magister Bartholomäus Wolfart und Jodocus Eichhorn in Eurer Grafschaft mit Stellen zu versorgen. Denn wie ich den Briefen entnehme, die sie an Euch gerichtet haben, klagen sie über große Not und Armut. Der eine soll ja in der Lage sein, die Schmalkaldener Pfarrstelle zu übernehmen.

Der ewige Sohn Gottes, Jesus Christus, wolle Euch an Leib und Seele stärken und euch allezeit gnädig bewahren und regieren.

Wittenberg, am Geburtstag der Jungfrau Maria, der Mutter Christi 1552.

Euer Fürstlichen Gnaden untertänigst zu Diensten,
Philipp Melanchthon.

Beilage

Christoph Fischer aus Joachimsthal, jetzt Pfarrer zu Bensen, früher Pfarrer und Superintendent zu Jüterbog – ihn kennt der Herr

Kanzler Sebastian Glaser, denn Fischer ist der Schwiegersohn von Paul Knod – ist als Superintendent geeignet.

Ich will auch mit dem Pfarrer von Gräfenhainichen[25] sprechen, der ebenfalls dem Kanzler bekannt ist.

Zum Pfarramt geeignet ist Magister Matthias Lauterwald aus Elbing in Preußen, der auch dem Herrn Kanzler bekannt ist.

Zum Pfarramt geeignet ist Andreas Dhors aus Coburg, jetzt Pfarrer zu Luckau, eine überzeugende Persönlichkeit, der sehr wohl Superintendent werden könnte.

Als Diaconus[26] ist Laurentius Rulich geeignet.

Die Konsistorialordnung werde ich Euch in Abschrift oder als Druck zuschicken.

An die Grafen Wilhelm und Georg Ernst von Henneberg, Torgau, 29. September 1552[27]

Gottes Gnade durch seinen eingeborenen Sohn Jesus Christus, unseren Heiland und wirklichen Helfer!

Ich teile Euch voller Hochachtung mit, dass der würdige und hochgelehrte Magister, Christoph Fischer, früher Pfarrer zu Jüterbog und danach zu Bensen, der Euch mein Schreiben vorlegt, zu denen gehört, die ich Euch bereits benannt habe. Er ist mir und vielen anderen an dieser Universität wohlbekannt. Somit sage ich die Wahrheit, wenn ich sage, dass er die reine christliche Lehre zu jeder Zeit geradlinig und treu gepredigt hat. Ebenso verhält es sich mit seinen Schriften. Er hat Verstand, fürchtet Gott und lebt wie ein Christ. Er ist mit einer untadeligen Frau verheiratet, deren Vater, Paul Knod, ein aufrechter Mann in der Kanzlei des Kurfürsten Friedrich gewesen ist. Dieser hat die Akten der Kirchenvisitation geführt. Knod und Fischer sind Eurem Kanzler, dem achtbaren und hochgelehrten Herrn Sebastian Glaser, schon seit Längerem bekannt. Ihr mögt ihn anhören, darüber nachdenken und entscheiden.

Fischer hat diese Reise im Vertrauen auf Gott unternommen, ohne auf Eure Antwort zu warten. Denn er hat nicht davon erfahren, dass ich noch auf Eure Rückäußerung warten wollte.

Was die anderen Personalvorschläge angeht, werde ich Eure Antwort abwarten und bitte, Ihr wollt Euch diesen Christoph Fischer gnädig angelegen sein lassen, der als Superintendent oder als Pfarrer geeignet sein wird.

Der allmächtige Gott, der Vater unseres Heilandes Jesus Christus, wolle Euch gnädig allezeit bewahren, leiten und stärken, zu seinem Lob und zu Eurer und vieler Menschen Seligkeit.

Torgau, am Fest der heiligen Engel[28], 1552.

An die Grafen Wilhelm und Georg Ernst von Henneberg, Torgau, 2. Oktober 1552[29]

Gottes Gnade durch seinen eingeborenen Sohn Jesus Christus, unseren Heiland und wirklichen Helfer!

Ich hoffe, dass der ehrwürdige und gelehrte Magister Christoph Fischer aus Joachimsthal nun bei Euch angekommen ist. Wenn Ihr ihn gehört habt und mit seinem Predigen zufrieden gewesen seid, werdet ihr mit ihm gewiss übereingekommen sein. Weil Ihr aber zum Superintendentenamt jemanden mit mehr Erfahrung haben wollt, er aber dafür noch zu unerfahren ist, so solltet ihr ihn als Pfarrer einsetzen.

Nachdem Ihr auch an den durchlauchtigen und hochgeborenen Fürsten und Herrn, Herrn Georg, Fürst zu Anhalt usw., geschrieben habt, will ich dem Fürsten diesen Brief zusenden und dabei mitteilen, an wen ich gedacht habe, nämlich an den Pastor zu Gräfenhainichen,[30] der erfahren ist und nötige Kenntnisse mitbringt. Ich meine, dass auch der Fürst keine weiteren geeigneten Personen kennt. Aber weil es mir lieb wäre, dass Ihr meine Meinung über Christoph Fischer schnell in Händen haltet, habe ich den Boten umgehend zu Euch zurückgesandt. Denn es ist in dieser unruhigen Zeit fraglich, ob er Fürst Georg auch antrifft. Denn auf der Straße, die durch das Magdeburger Stiftsgebiet führt, ist wieder viel Kriegsvolk unterwegs. Gegen Graf Volrad von Mansfeld ist ein Aufgebot ergangen, der dem Hochstift Magdeburg, dem Herzog Heinrich von Braunschweig und anderen Mansfelder Grafen die Fehde erklärt hat.[31]

Was die Besetzung des Superintendentenamtes angeht, schadet, denke ich, eine kleine Verzögerung nicht. Ich will aber Euer Schreiben unverzüglich dem Fürsten Georg zugehen lassen und ihn um Anwort bitten. Gott bewahre Euch allezeit gnädig.
Torgau, am Sonntag nach Michaelis 1552.

An die Grafen Wilhelm und Georg Ernst von Henneberg, Torgau, 28. Oktober 1552[32]

Gottes Gnade durch seinen eingeborenen Sohn Jesus Christus, unseren Heiland und wirklichen Helfer!

Untertänig bitte Ich Euch um gnädige Nachsicht, dass ich nicht eher geantwortet habe. Ich war mit Kirchensachen beschäftigt, die Augsburg betrafen und die Ihr vom Überbringer dieses Schreibens erfahren könnt. Dieser ist Pastor der Kirche zu Gräfenhainichen, das bei Wittenberg liegt. Er ist ein kenntnisreicher, gelehrter und gottesfürchtiger Mann, und Euer Kanzler kennt ihn ohne Zweifel. Er ist etwa 20 Jahre in unserer Nähe gewesen und hat mit einigen rechtschaffenen, vernünftigen Leuten besondere Freundschaft gepflegt. Ihr werdet, wenn er spricht, bemerken, wie gebildet er ist. Er stammt aus der Nähe von Soest, sein Name ist Christoph Wustehof. Obwohl er eine etwas dunkle Stimme hat, so hat er doch sonst so gute Eigenschaften, dass ich ihn für fähig halte, ein Leitungsamt mit Gottes Gnade auszufüllen. Doch steht es Euch ganz frei, nach dem Gespräch mit ihm zu einer Entscheidung zu kommen. Er weiß selbst, welch schwere Last jetzt ein Superintendent trägt, der sein Amt auf vernünftige und gottesfürchtige Weise führt, und stellt sich Eurer Entscheidung. Wird er berufen, so bitten ich und er, dass Ihr zum Lobe Gottes und gutem Frieden in Eurem Land ein christliches Konsistorium einrichtet. Das wird durch Gottes Gnade auch den Nachkommen sehr nützlich sein.

Der allmächtige Sohn Gottes, Jesus Christus, der sich im menschlichen Geschlecht gewiss eine ewige Kirche durch Evangelium sammelt, wolle Euch gnädig bewahren, stärken und leiten.

Torgau, am 28. Oktober 1552.

An die Grafen Wilhelm und Georg Ernst von Henneberg, Torgau, 31. Oktober 1552[33]

Gottes Gnade durch seinen eingeborenen Sohn Jesus Christus, unseren Heiland und wirklichen Helfer!

Zuerst danke ich Gott, dass er Euch, Eurem Land und Eurer Kirche in dieser unruhigen Zeit gnädig Frieden gibt, sowie Euch und Eure Untertanen auch zu ewiger Seligkeit erleuchtet. Dann danke ich Euch, dass Ihr den hochgelehrten Christoph Fischer in Gnaden angestellt habt. Ich bitte Gott, er wolle uns alle gnädig regieren.

Von dem Mann, den ich zur Superintendentur vorschlage, berichte ich untertänig: Christoph Wustehof, jetzt Pastor zu Gräfenhainichen bei Wittenberg, war vor einigen Tagen hier in Torgau und erhielt einen Brief an Euch. Ihm gab ich auch die Schrift des durchlauchtigen und hochgeborenen Fürsten und Herrn, Fürst Georg zu Anhalt, an Euch mit. Ich hoffe, Wustehof wird in dieser Woche in Schleusingen ankommen.[34] Weiterhin werde ich einem anderen rechtschaffenen, sittsamen und gottesfürchtigen jungen Mann[35] einen Brief an Euch mitgeben. Er eignet sich für die Gemeinde zu Rosa.

Der allmächtige Gott wolle Euch, Euer Land und Eure Kirche allezeit gnädig bewahren und leiten.

Torgau, am Abend vor Allerheiligen, dem Tag, an dem vor 35 Jahren der Ehrwürdige Herr Martin Luther die Ablassthesen angeschlagen hat.

---

[1] Vgl. Heinz Scheible: Von Meiningen nach Bretten: Melanchthon und Aquila über den Kirchenbann (1994). In: Ders.: Melanchthon und die Reformation: Forschungsbeiträge/hrsg. von Gerhard May und Rolf Decot. Mainz 1996, 333–351.
[2] CR 7, 1173 f. (Nr. 5301); vgl. MBW 6, 206 (Nr. 6198).   [3] Ernestinisches Kursachsen.   [4] Caspar Aquila: Getreue Unterweisung für die jungen Priester, wie sie sich in ihrem Amt mit Strafung der Sünden rechtgeschaffen halten sollen.   [5] Melanchthon besuchte regelmäßig die Leipziger Messen, nicht nur um mit Verlegern zu sprechen, sondern auch um den geistigen Austausch zu pflegen und Freunde zu treffen, die zugleich als Briefüberbringer dienten.   [6] CR 7, 1174 f. (Nr. 5302); vgl. MBW 6, 233 f. (Nr. 6267).   [7] Mt 18,15–17: „Sündigt aber dein

Bruder, so gehe hin und halte es ihm vor zwischen dir und ihm allein. Hört er dich, so hast du deinen Bruder gewonnen. Hört er dich nicht, so nimm noch einen oder zwei zu dir, damit jede Sache durch den Mund von zwei oder drei Zeugen bestätigt werde. Hört er auf die nicht, so sage es der Gemeinde. Hört er auch auf die Gemeinde nicht, so sei er für dich wie ein Heide und Zöllner." [8] Vgl. 2Kor 13,1 f. [9] Vgl. 1Tim 5,19. [10] Vgl. oben Anm. 7. [11] Verloren. [12] Vgl. oben Anm. 4. [13] CR 7, 1176 f. (Nr. 5303); vgl. MBW 6, 266 f. (Nr. 6344 f.). [14] Melanchthon: Antwort auf das Buch Herrn Andreae Osiandri von der Rechtfertigung des Menschen. Wittenberg 1552; MSA 6, 452–461. [15] Wittenberger Konsistorialordnung. [16] Edward Seymour, Herzog von Somerset. [17] Vgl. Dtn 17,4. [18] Vgl. oben Anm. 4. [19] CR 7, 1021 f. (Nr. 5146); vgl. MBW 6, 320 (Nr. 6487). [20] Vgl. Joh 17,20–23. [21] Inhaber einer zweiten bzw. dritten usw. Pfarrstelle. [22] Leonhard Jacobi. [23] CR 7, 1064 f. (Nr. 5196); vgl. MBW 6, 344 f. (Nr. 6553). [24] Johann Friedrich der Mittlere und Johann Wilhelm von Sachsen. [25] Christoph Wustehof. [26] Vgl. oben Anm. 21. [27] CR 7, 1084 f. (Nr. 5213); vgl. MBW 6, 351 (Nr. 6573). [28] Michaelis. [29] CR 7, 1092 (Nr. 5220); vgl. MBW 6, 353 (Nr. 6577). [30] Vgl. oben Anm. 25. [31] Graf Volrad zog mit Markgraf Albrecht Alkibiades von Brandenburg-Kulmbach zur Unterstützung des Adels in das Herzogtum Braunschweig-Wolfenbüttel und vertrieb zeitweise Herzog Heinrich. Die Fehde endete Anfang November 1552. [32] CR 7, 1119 f. (Nr. 5252); vgl. MBW 6, 370 (Nr. 6621). [33] CR 7, 1120 f. (Nr. 5253) – MBW 6, 372 (Nr. 6525). [34] Trotz Melanchthons Bemühungen wurde Wustehof nicht in der Grafschaft angestellt. [35] Johannes Heller aus Nürnberg.

ANHANG

Abkürzungsverzeichnis

Abgekürzte Quellen und Literatur

Benzing   Lutherbibliographie: Verzeichnis der gedruckten Schriften Martin Luthers bis zu dessen Tod/bearb. von Josef Benzing; Helmut Claus. Bd. 1. 2. Aufl. Baden-Baden 1989; Bd. 2: mit Anhang: Bibel- und Bibelteile in Luthers Übersetzung. Baden-Baden 1994. (Bibliotheca bibliographica Aureliana; 10. 143).

CR   Corpus Reformatorum. Bd. 1–28: Philipp Melanchthon: Opera ... omnia/hrsg. von Karl Gottlieb Brettschneider und Heinrich Ernst Bindseil. Halis Saxonum; Brunsvigae 1834–1860; Bd. 29–87: Johannes Calvin: Opera ... omnia [Bd. 1–59]/hrsg. von Wilhelm Baum ... Brunsvigae; Berolinae 1863–1900; Bd. 88 ff.: Huldreich Zwingli: Sämtliche Werke/hrsg. von Emil Egli ... Berlin; Leipzig; Zürich 1905 ff.

HuWR   Humanismus und Wittenberger Reformation: Festgabe anläßlich des 500. Geburtstages des Praeceptor Germaniae, Philipp Melanchthon, am 16. Februar 1997; Helmar Junghans gewidmet/hrsg. von Michael Beyer und Günther Wartenberg unter Mitwirkung von Hans-Peter Hasse. Leipzig 1996.

Koehn   Horst Koehn: Philipp Melanchthons Reden: Verzeichnis der im 16. Jahrhundert erschienenen Drucke. Archiv für Geschichte des Buchwesens 25 (1984), 1277–1486; Sonderdruck. Frankfurt 1985.

MBW   Melanchthons Briefwechsel: kritische und kommentierte Gesamtausgabe/im Auftrag der Heidelberger Akademie der Wissenschaften hrsg. von Heinz Scheible. Abt. Regesten/bearb. von Heinz Scheible; Walter Thüringer. Bd. 1 ff. Stuttgart-Bad Cannstatt 1977 ff.

MBW.T   Melanchthons Briefwechsel: kritische und kommentierte Gesamtausgabe/im Auftrag der Heidelberger Akademie der Wissenschaften hrsg. von Heinz Scheible. Abt. Texte/bearb. von Richard Wetzel ... Bd. 1 ff. Stuttgart-Bad Cannstatt 1991 ff.

MSA   Melanchthons Werke in Auswahl/hrsg. von Robert Stuppe-
           rich. 7 Bde. in 9 Teilbdn. Gütersloh 1951–1975.
PCCSL   Patrologiae cursus completus/hrsg. von Jaques-Paul Migne.
           Series Latina. 221 Bde. Parisiis 1844–1864 = Patrologia Lati-
           na database/© Chadwyck-Healey Inc. Alexandria, VA 1993–
           1995. 5 CD-ROM.
RGG³   Die Religion in Geschichte und Gegenwart. 3. Aufl. Tübin-
           gen 1957–1965.
SupplMel   Supplementa Melanchthoniana: Werke Philipp Melanch-
           thons, die im Corpus Reformatorum vermißt werden/hrsg.
           von der Melanchthon-Kommission des Vereins für Refor-
           mationsgeschichte. 5 Bde. Nachdruck der Ausgabe Leipzig
           1910–1928. Frankfurt a. M. 1968.
VD 16   Verzeichnis der im deutschen Sprachbereich erschienenen
           Drucke des XVI. Jahrhunderts: VD 16/hrsg. von der Bayeri-
           schen Staatsbibliothek in München in Verb. mit der Herzog
           August Bibliothek in Wolfenbüttel. 1. Abt.: Verfasser, Kör-
           perschaften, Anonyma/Redaktion: Irmgard Bezzel. 22 Bde.
           Stuttgart 1983–1995.
WA D.   Martin Luthers Werke: kritische Gesamtausgabe. Weimar
           1883 ff.
WA Br D.   Martin Luthers Werke: kritische Gesamtausgabe; Briefwech-
           sel. 18 Bde. Weimar 1930–1985.
WA TR D.   Martin Luthers Werke: kritische Gesamtausgabe: Tischreden.
           6 Bde. Weimar 1912–1921.

Abkürzungen der biblischen Bücher

Altes Testament

Gen	1. Buch Mose	Spr	Sprüche
Ex	2. Buch Mose	Pr	Prediger
Lev	3. Buch Mose	Cant	Hoheslied
Num	4. Buch Mose	Weish	Weisheit
Dtn	5. Buch Mose	Sir	Jesus Sirach
Jos	Josua	Jes	Jesaja
Ri	Richter	Jer	Jeremia
Ruth	Ruth	Klgl	Klagelieder
1Sam	1. Buch Samuel	Bar	Baruch
2Sam	2. Buch Samuel	Ez	Ezechiel
1Kön	1. Buch der Könige	Dan	Daniel
2Kön	2. Buch der Könige	Hos	Hosea
1Chr	1. Buch der Chronik	Jo	Joel
2Chr	2. Buch der Chronik	Am	Amos
Esra	Esra	Obd	Obadja
Neh	Nehemia	Jona	Jona
Tob	Tobit	Mi	Micha
Jdt	Judit	Nah	Nahum
Est	Ester	Hab	Habakuk
1Makk	1. Buch der Makkabäer	Zph	Zephanja
2Makk	2. Buch der Makkabäer	Hag	Haggai
Hiob	Hiob	Sach	Sacharja
Ps	Psalm	Mal	Maleachi

Neues Testament

Mt	Matthäusevangelium	Eph	Brief an die Epheser
Mk	Markusevangelium	Phil	Brief an die Philipper
Lk	Lukasevangelium	Kol	Brief an die Kolosser
Joh	Johannesevangelium	1Thess	1. Brief an die Thes-
Apg	Apostelgeschichte		salonicher
Röm	Brief an die Römer	2Thess	2. Brief an die Thes-
1Kor	1. Brief an die Korinther		salonicher
2Kor	2. Brief an die Korinther	1Tim	1. Brief an Timo-
Gal	Brief an die Galater		theus

2Tim	2. Brief an Timotheus	3Joh	3. Johannesbrief
Tit	Brief an Titus	Hebr	Brief an die Hebräer
Phm	Brief an Philemon	Jak	Jakobusbrief
1Petr	1. Petrusbrief	Jud	Judasbrief
2Petr	2. Petrusbrief	Offb	Offenbarung des
1Joh	1. Johannesbrief		Johannes
2Joh	2. Johannesbrief		

Namenregister

Das Register verzeichnet die in Melanchthons Texten erwähnten Namen von Personen und Völkerschaften einschließlich der biblischen und mythologischen Gestalten. Außerdem wurden die Namen aus den Einleitungen und den Anmerkungen weitestgehend aufgenommen, wobei allerdings auf die nachgewiesenen Autoren grundsätzlich verzichtet wurde.

Abkürzungen:

AT	Altes Testament	myth.	mythologische Gestalt
ngw.	nachgewiesen	NT	Neues Testament.

Mitarbeiterverzeichnis

Dr. *Michael Beyer*, wissenschaftlicher Mitarbeiter, Institut für Kirchengeschichte der Theologischen Fakultät der Universität Leipzig

Prof. Dr. *Siegfried Bräuer*, Oberkirchenrat i. R., Institut für Kirchengeschichte, Theologische Fakultät der Humboldt-Universität Berlin

PD Dr. *Hans-Peter Hasse*, Pfarrer, DD

Dr. *Johannes Herrmann*, Pfarrer i. R., wissenschaftlicher Mitarbeiter der Sächsischen Akademie der Wissenschaften zu Leipzig

Prof. em. Dr. Dr. *Helmar Junghans* †, ehemals Institut für Kirchengeschichte der Theologischen Fakultät der Universität Leipzig

Prof. Dr. *Volker Leppin*, Institut für Kirchengeschichte, Evangelisch-Theologische Fakultät der Eberhard-Karls-Universität Tübingen

Prof. Dr. *Ute Mennecke*, Institut für Kirchengeschichte, Schwerpunkt Reformation und Neuzeit, Evangelisch-Theologische Fakultät der Rheinischen Friedrich-Wilhelms-Universität Bonn

Prof. Dr. *Christian Peters*, Institut für (Westfälische) Kirchengeschichte an der Westfälischen Wilhelms-Universität Münster

Dr. *Bärbel Schäfer*, Universitätsbibliothek der Philipps-Universität Marburg

Dr. *Martin Treu*, Bereichsleiter bei der Stiftung Luthergedenkstätten in Sachsen-Anhalt, Wittenberg

Prof. Dr. Dr. Dr. h. c. *Günther Wartenberg* †, ehemals Institut für Kirchengeschichte, Theologische Fakultät der Universität Leipzig

Oberstudienrat a. D. *Gerhard Weng* (†), ehemals Meldorf

Dr. *Christian Winter*, Sächsische Akademie der Wissenschaften zu Leipzig, Forschungsstellenleiter „Quellen und Forschungen zur sächsischen Geschichte"

Philipp Melanchthon

Melanchthon deutsch I

Schule und Universität,
Philosophie, Geschichte und
Politik

Herausgegeben von
Michael Beyer, Stefan Rhein
und Günther Wartenberg †

360 Seiten | 12 x 19 cm
Hardcover
EUR 18,80 [D]
ISBN 978-3-374-02831-3

Die auf fünf Bände geplante Werkausgabe zu dem
berühmten Reformator, der gleichzeitig zu den
bedeutendsten Gelehrten seiner Zeit gehörte, bringt
seine wichtigsten Schriften in moderner deutscher
Übersetzung. Flüssig und hoch interessant zu lesen
sind Melanchthons Texte zu Schule und Universität, Philosophie und Medizin, Theologie und Recht,
Geschichte und Politik. Bei Letzterer geht es nicht
nur um Kirchenpolitik, sondern – speziell im dritten
Band – um Europapolitik.

EVANGELISCHE VERLAGSANSTALT
Leipzig

www.eva-leipzig.de

Philipp Melanchthon

Melanchthon deutsch III

Von Wittenberg nach
Europa

Herausgegeben von Günter
Frank und Martin Schneider

328 Seiten | 12 x 19 cm
Hardcover
EUR 18,80 [D]
ISBN 978-3-374-02854-2

Die auf fünf Bände angelegte Werkausgabe bringt Melanchthons wichtigste Schriften in moderner deutscher Übersetzung. Flüssig und hoch interessant zu lesen sind die Texte zu Schule und Universität, Philosophie und Medizin, Theologie und Recht, Geschichte und Politik. Melanchthon war sowohl einer der bedeutendsten Gelehrten seiner Zeit als auch ein Politiker von europäischem Rang. Dem trägt der dritte Band unter dem Titel *Von Wittenberg nach Europa* Rechnung. Die vorgelegte Auswahl mit ca. 30 Dokumenten legt den Schwerpunkt auf theologische und kirchliche Inhalte, die – von der deutschen Situation ausgehend – englische, französische, italienische und südosteuropäische Angelegenheiten betreffen. Melanchthons humanistische Bildung und seine Kontakte zu Gelehrten in aller Herren Länder ließen ihn zum wichtigsten Vermittler der reformatorischen Lehre werden.

EVANGELISCHE VERLAGSANSTALT
Leipzig

www.eva-leipzig.de

Philipp Melanchthon

Heubtartikel Christlicher Lere

Melanchthons deutsche
Fassung seiner Loci theologici,
nach dem Autograph und dem
Originaldruck von 1553

Herausgegeben von Ralf Jenett
und Johannes Schilling

512 Seiten | 17 x 24 cm
Hardcover
EUR 24,00 [D]
ISBN 978-3-374-01950-2

Der junge Philipp Melanchthon schuf mit seinen ›Loci
theologici‹, den ›theologischen Grundbegriffen‹, die
erste evangelische Glaubenslehre. Luther empfahl sie
gleich nach der Bibel; Georg Spalatin und Justus Jonas
übertrugen sie ins Deutsche: Heubtartikel Christlicher
Lere.

Der ältere Melanchthon begann, eine eigene deutsche
Fassung zu schreiben. Tröstlicher, genauer denn je
formulierte er die ersten drei Fünftel seines epo-
chalen Lehrbuchs: Melanchthons längste deutsche
Handschrift, im Original dieses Einbands heute in der
Wissenschaftlichen Bibliothek Olmütz, wird hiermit
erstmals herausgegeben – vervollständigt aus dem
Originaldruck der so erneuerten Heubtartikel Christlicher Lere.

EVANGELISCHE VERLAGSANSTALT
Leipzig

www.eva-leipzig.de

Martin Luther

Lateinisch-Deutsche Studienausgabe

Herausgegeben von Wilfried Härle, Johannes Schilling und Günther Wartenberg † unter Mitarbeit von Michael Beyer

Band 1

Der Mensch vor Gott

720 Seiten | 14 x 21 cm
Hardcover
EUR 38,00 [D]
ISBN 978-3-374-02239-7

Die zweisprachige Studienausgabe in drei Bänden bietet die Hauptschriften Martin Luthers. Sämtliche Übersetzungen wurden neu angefertigt und ermöglichen es vor allem Studierenden, den Reformator mit Hilfe zuverlässiger und verständlicher Übersetzungen zu lesen und gleichzeitig die Übersetzungen anhand der Ursprache zu überprüfen.

Der erste Band enthält zum Thema »Der Mensch vor Gott« sechs wichtige Schriften, darunter »De servo arbitrio«.

EVANGELISCHE VERLAGSANSTALT
Leipzig

www.eva-leipzig.de

Martin Luther

**Lateinisch-Deutsche
Studienausgabe**

Herausgegeben von
Wilfried Härle, Johannes
Schilling und Günther Wartenberg † unter Mitarbeit
von Michael Beyer

Band 2

Christusglaube und
Rechtfertigung

560 Seiten | 14 x 21 cm
Hardcover
EUR 38,00 [D]
ISBN 978-3-374-02240-3

Der zweite Band der Lateinisch-Deutschen Studienausgabe versammelt Texte Luthers zum Thema »Christusglaube und Rechtfertigung«. Er steht in der Mitte der
dreibändigen Ausgabe – so wie Jesus Christus die Mitte
des christlichen Glaubens ist und die Erfahrung der
Rechtfertigung des sündigen Menschen durch den gnädigen Gott die Mitte der Theologie Martin Luthers bildet.
Der Band enthält insgesamt siebzehn Texte. Der erste ist
der berühmteste, die »95 Thesen« vom Oktober 1517.

EVANGELISCHE VERLAGSANSTALT
Leipzig

www.eva-leipzig.de

Martin Luther

Lateinisch-Deutsche Studienausgabe

Herausgegeben von Wilfried Härle, Johannes Schilling und Günther Wartenberg † unter Mitarbeit von Michael Beyer

Band 3

Die Kirche und ihre Ämter

800 Seiten | 14 x 21 cm
Hardcover
EUR 38,00 [D]
ISBN 978-3-374-02241-0

Der dritte Band der Lateinisch-deutschen Studienausgabe Martin Luthers bietet insgesamt acht Texte zum Thema »Die Kirche und ihre Ämter«.
Im Zentrum stehen die beiden aufeinander bezogenen, aber selten im Zusammenhang edierten Schriften: »De captivitate Babylonica ecclesiae, praeludium« (1520) und »Ad librum ... Ambrosii Catharini ... responsio lutheri« (1521).

EVANGELISCHE VERLAGSANSTALT
Leipzig

www.eva-leipzig.de